本书为湖北省社科基金一般项目（后期资助项目）成果，并受到湖北省重点学科"管理科学与工程"、江汉大学"城市圈经济与产业集成管理"学科群的资助。

中国宏观调控的历史考察：1978—2008

张璐 ◎ 著

长江出版传媒

湖北人民出版社

图书在版编目(CIP)数据

中国宏观调控的历史考察:1978—2008 / 张璐著. — 武汉:湖北人民出版社, 2022.12
ISBN 978-7-216-10436-4

Ⅰ.①中… Ⅱ.①张… Ⅲ.①宏观调控—研究—中国—1978-2008 Ⅳ.①F123.16

中国版本图书馆CIP数据核字(2022)第065571号

责任编辑:刘天闻
封面设计:刘舒扬
责任校对:范承勇
责任印制:肖迎军

出版发行:湖北人民出版社	地址:武汉市雄楚大道268号
印刷:湖北大合印务有限公司	邮编:430070
开本:787毫米×1092毫米 1/16	印张:13.25
字数:253千字	插页:2
版次:2022年12月第1版	印次:2022年12月第1次印刷
书号:ISBN 978-7-216-10436-4	定价:68.00元

本社网址:http://www.hbpp.com.cn
本社旗舰店:http://hbrmcbs.tmall.com
读者服务部电话:027-87679656
投诉举报电话:027-87679757
(图书如出现印装质量问题,由本社负责调换)

本书为湖北省社科基金一般项目（后期资助项目）成果，并受到湖北省重点学科"管理科学与工程"、江汉大学"城市圈经济与产业集成管理"学科群的资助。

中国宏观调控的历史考察：1978—2008

张 璐 ◎ 著

长江出版传媒

湖北人民出版社

图书在版编目（CIP）数据

中国宏观调控的历史考察：1978—2008 / 张璐著. — 武汉：湖北人民出版社，2022.12
ISBN 978-7-216-10436-4

Ⅰ.①中… Ⅱ.①张… Ⅲ.①宏观调控—研究—中国—1978-2008 Ⅳ.①F123.16

中国版本图书馆CIP数据核字（2022）第065571号

责任编辑：刘天闻
封面设计：刘舒扬
责任校对：范承勇
责任印制：肖迎军

出版发行:湖北人民出版社	地址:武汉市雄楚大道268号
印刷:湖北大合印务有限公司	邮编:430070
开本:787毫米×1092毫米 1/16	印张:13.25
字数:253千字	插页:2
版次:2022年12月第1版	印次:2022年12月第1次印刷
书号:ISBN 978-7-216-10436-4	定价:68.00元

本社网址：http://www.hbpp.com.cn
本社旗舰店：http://hbrmcbs.tmall.com
读者服务部电话：027-87679656
投诉举报电话：027-87679757
（图书如出现印装质量问题，由本社负责调换）

序

中国共产党十九届六中全会通过的《中共中央关于党的百年奋斗重大成就和历史经验的决议》指出:"改革开放和社会主义现代化建设的伟大成就举世瞩目,我国实现了从生产力相对落后的状况到经济总量跃居世界第二的历史性突破,实现了人民生活从温饱不足到总体小康、奔向全面小康的历史性跨越,推进了中华民族从站起来到富起来的伟大飞跃。"[①] 读懂这种"历史性突破""历史性跨越"和"伟大飞跃",必须读懂中国社会主义市场经济。读懂中国社会主义市场经济,必须读懂政府的作用,读懂政府在社会主义市场经济中的作用,读懂中国的宏观调控。

读懂中国的宏观调控,必须把握中国宏观调控的内生性质。宏观调控是中国特色社会主义市场经济体制及其运行的重要内生变量,这是中国市场经济与西方市场经济的重大区别。在西方市场经济体制中,政府是作为市场的对立面或者市场缺陷的"弥补"存在的,是市场的"体外物",宏观调控也只是作为市场经济的外生变量而存在。而在中国,宏观调控则是社会主义市场经济体制的重要组成部分。习近平总书记指出,"坚持党的领导,发挥党总揽全局、协调各方的领导核心作用,是我国社会主义市场经济体制的一个重要特征","科学的宏观调控,有效的政府治理,是发挥社会主义市场经济体制优势的内在要求"。[②] 中国共产党十九届四中全会通过的《中共中央关于坚持和完善中国特色社会主义制度 推进国家治理体系和治理能力现代化若干重大问题的决定》,明确将社会主义市场经济体制纳入社会主义基本经济制度,明确提出健全以国家发展规划为战略导向,以财政政策和货币政策为主要手段,就业、产业、投资、消费、区域等政策协同发力的宏观调控制度体系。作为基本经济制度的中国社会主义市场经

---

① 中共中央关于党的百年奋斗重大成就和历史经验的决议[M].北京:人民出版社,2021:22.

② 习近平.习近平谈治国理政(第一卷)[M].北京:外文出版社,2014:117-118.

济,有着完全不同于西方自由市场经济的政府与市场的关系,即实现有效市场和有为政府有机结合,形成市场作用和政府作用有机统一、相互补充、相互协调、相互促进的关系格局。中国的宏观调控是内生于中国特色社会主义市场经济体制的,是政府主导的市场经济体制的重要构件。

读懂中国的宏观调控,还必须植根于改革开放以来社会主义市场经济体制的构建过程。中国的宏观调控是在改革开放突破传统计划经济体制,构建社会主义市场经济体制的过程中逐步形成并演变的。总体上看,中国的宏观调控经历了从宏观管理到宏观调控再到宏观治理的演变过程,宏观调控方式经历了从直接调控到间接调控再到综合调控的演变过程。宏观调控演变的历史,是中国特色改革开放史的重要组成部分。是中国特色社会主义市场经济体制产生与发展史的重要组成部分。把握中国宏观调控,必须建基于对宏观调控、市场经济、改革开放三者的互动关系之上。

习近平总书记指出,"2008 年国际金融危机是我国发展格局演变的一个重要分水岭"①。2008 年以后,面对严重的外部危机冲击,中国开始把扩大内需作为保持经济平稳较快发展的基本立足点,推动经济发展向内需主导转变,国内市场在中国经济中的作用开始显著上升。伴随发展立足点、发展主导与发展格局的深刻变化,宏观调控开始发生一系列深刻变化,也进入了新的历史阶段。因此,1979—2008 年这三十年,已经构成中国改革开放以来宏观调控史上的一个相对独立的阶段,可以对其进行整体历史研究。同时,这三十年间的宏观调控是改革开放以来中国宏观调控中的一个过渡阶段,研究这一阶段,对于理解 2008 年来中国宏观调控的重大变化,对于理解如何更好发挥政府作用,对于理解坚持党的领导是社会主义市场经济体制的一个重要特征等,具有重要意义。2007 年我与张璐讨论博士论文选题时,将这三十年的宏观调控的历史考察作为研究对象确定下来。2009 年,张璐完成了博士论文撰写和答辩。经过十多年的沉淀,这三十年宏观调控在改革开放以来中国经济发展史上的地位,在改革开放以来中国宏观调控与治理史上的地位日益清晰,这篇论文的基本结论也获得检验;同时,新的历史阶段也提出了与宏观调控有关的一系列值得深入研究的问题。在这种背景下,张璐博士对这篇论文进行修改、补充和提升,并公开出版,有利于推动学术界对这三十年中国经济发展史的历史反思,有利于推动学术界关注和研究中国改革开放以来的宏观调控问题。

《中国宏观调控的历史考察:1978—2008 年》一书将这三十年的宏观调控置

---

① 习近平.习近平谈治国理政(第四卷)[M].北京:外文出版社,2022:155.

于改革开放和社会主义市场经济体制形成与演变的大背景中进行历史考察,包括宏观调控的历史阶段和每个阶段宏观调控的历史背景、历史内涵与历史特征,在此基础上归纳了行政命令直接控制型宏观调控、经济手段间接调节型宏观调控、预防性局部间接微调型宏观调控三种宏观调控类型,并用"一放就热、一收就冷"现象贯穿这三种模式,揭示了这三十年间宏观调控与市场经济协同演进的历史过程,说明了这一时期改革的渐进式特征,说明了改革还必须推进到更为全面、更为深化的新阶段的必要性,说明了市场经济体制改革、宏观调控完善必须与经济发展方式转变深度联动的紧迫性。

习近平总书记2022年4月25日在考察中国人民大学时指出,加快构建中国特色哲学社会科学,归根结底是建构中国自主的知识体系。构建中国特色马克思主义政治经济学,迫切需要构建中国自主的政治经济知识体系。西方经济学关于金融、价格、货币、市场、竞争、贸易、汇率、产业、增长、管理等方面的知识,有反映社会化大生产和市场经济一般规律的一面,要注意借鉴,但从中国丰富的宏观调控实践中提炼和升华中国特色宏观调控知识体系,是构建中国特色政治经济学知识体系的重要方面。希望张璐博士朝着这一目标继续努力,希望学界朝着这一目标共同努力!

是为序。

赵凌云

2022年8月8日

目 录

第一章 总论 ……………………………………………………………（1）
 第一节 选题的缘由与意义 …………………………………………（1）
 第二节 本书的研究思路与结构 ……………………………………（2）
 第三节 已有研究成果综述 …………………………………………（3）
 第四节 改革开放和经济运行情况概述 ……………………………（10）
 第五节 本书研究的时限与分期 ……………………………………（15）
 第六节 本书的结论与创新 …………………………………………（16）

第二章 体制转轨局部推进阶段宏观调控的历史过程：1978—1991 年 …（17）
 第一节 1979—1981 年：以调整国民经济比例关系为主的宏观
    调控 ……………………………………………………（17）
 第二节 1985—1986 年：以压缩总需求、稳定物价为主的宏观
    调控 ……………………………………………………（32）
 第三节 1989—1991 年：以治理通货膨胀为主的宏观调控 …………（46）
 小结 ……………………………………………………………………（71）

第三章 体制转轨全面推进阶段宏观调控的历史过程：1992—2002 年 …（73）
 第一节 1993—1996 年：以整顿金融秩序、稳定物价为主的宏观
    调控 ……………………………………………………（73）
 第二节 1998—2002 年：以防止通货紧缩、促进经济增长为主的
    宏观调控 ………………………………………………（87）

小结 …………………………………………………………… (101)

第四章　市场经济体制初步完善阶段宏观调控的历史过程：2003—2008 年
　………………………………………………………………………… (103)
　第一节　市场经济体制初步完善阶段经济运行情况 ………… (103)
　第二节　2003—2005 年经济的运行与调控 ………………… (107)
　第三节　2006—2008 年经济的运行与调控 ………………… (112)
　小结 …………………………………………………………… (120)

第五章　1978—2008 年中国宏观调控模式的历史演变 ……… (122)
　第一节　1978—1991 年：行政命令控制型的宏观调控模式 … (122)
　第二节　1992—2002 年：经济手段间接调节型的宏观调控模式 … (134)
　第三节　2003—2008 年：预防性局部间接微调型的宏观调控
　　　　　模式 ……………………………………………… (142)
　小结 …………………………………………………………… (144)

第六章　宏观经济运行中"一放就热，一收就冷"现象的历史考察 ……… (152)
　第一节　"一放就热、一收就冷"现象的界定 ………………… (152)
　第二节　"一放就热、一收就冷"现象的宏观分析 …………… (156)
　第三节　"一放就热、一收就冷"现象的微观分析 …………… (160)
　第四节　"一放就热，一收就冷"现象的各微观基础长期存在的
　　　　　原因分析 ……………………………………………… (172)
　第五节　"一放就热，一收就冷"现象长期存在的综合原因分析 ……… (180)
　小结 …………………………………………………………… (186)

第七章　结论与启示 ……………………………………………… (187)

参考文献 ………………………………………………………… (194)

第一章 总 论

第一节 选题的缘由与意义

1978—2008年,中国的改革开放取得重大历史转变。经济体制实现从计划经济向市场经济的历史转变,经济体系实现从封闭型经济向开放型经济的历史转变。① 改革开放所取得的巨大成就,是中央积极探索改革开放道路、并长期坚持改革开放的结果,而作为改革开放重要组成部分的宏观调控也功不可没。

在30年的改革开放过程中,国民经济出现多次总量问题、结构问题、局部问题,改革开放经历多次的严峻考验。但是,在多次宏观调控的作用下,国民经济保持了良好的发展势头,改革开放顺利度过一个个历史关口。这一时期,中央共进行了六次宏观调控,每一次宏观调控都在一定程度上化解了当时经济中的突出矛盾和问题,使改革开放能够继续进行,使国民经济能够继续发展,使人民生活水平能够继续提高。在取得巨大成绩的同时,也必须看到宏观调控还存在着一些不足和缺陷,经济生活中的深层次矛盾和问题没有得到完全的解决,宏观经济运行中"一放就热、一收就冷"的现象虽然逐渐减少,但对经济的持续、健康发展仍存在一定的影响。整体来看,宏观调控仍然是保证改革开放顺利进行的关键,是保证国民经济持续、健康发展的关键。

国内外学术界对于宏观调控的研究可谓浩如烟海,已有研究主要侧重于对当时问题、当时形势、当时政策的分析,没有对宏观调控进行系统梳理,缺乏历史视角。而经济发展中的任何问题都是在历史长河中逐步累积形成的,众多历史因素都是相互影响、相互交织在一起的,这就为笔者的研究提供了现实基础。

---

① 赵凌云.中国发展过大关:发展方式转变的战略与路径[M].武汉:湖北人民出版社,2008:3.

因此，本书从历史的角度对1978—2008年间的宏观调控进行深入考察，具有重要的历史意义。一方面，改革开放以来的这30年，中国刚好进行了六次完整的宏观调控。对这30年间的宏观调控进行历史考察，深刻总结其经验教训，可以为后人提供更多可借鉴的研究成果。另一方面，改革开放成功实现历史性转变后，经济发展进入一个新的历史时期。在开放条件下，中国同世界各国的联系更加紧密，经济运行态势受国际经济形势的影响也日益扩大。同时，经济结构的转型和发展方式的转变也都进入关键阶段，宏观调控的重要性进一步凸显出来。因此，对1978—2008年间的宏观调控进行动态考察，研究宏观调控的历史演变，对宏观调控模式、宏观经济运行中"一放就热，一收就冷"的现象等进行历史考察，可以对已经完成的宏观调控进行更为深刻的反思，为新形势下的宏观调控提供可借鉴的历史经验，为宏观调控政策的制定提供参考，使宏观调控的功能更有效发挥。

通过研究，本书试图解决以下三个问题：

第一，完整描述改革开放前30年宏观调控的历史过程，弄清历次宏观调控决策的形成过程，宏观调控措施如何实施，对中国改革开放和经济运行的影响等。

第二，揭示宏观调控同改革、开放、发展之间的关系，研究宏观调控模式的历史演变，以及在不同的宏观调控模式下，宏观调控目标、手段等的历史变迁轨迹。

第三，考察宏观经济运行中"一放就热，一收就冷"现象的基础、原因，寻找这一现象与宏观调控、经济体制等方面的关系，以及宏观调控中存在着的问题和缺陷，探究提高宏观调控效力和消除这一现象的途径。

第二节　本书的研究思路与结构

宏观调控涉及的内容非常广泛，宏观调控的原因、宏观调控的手段、宏观调控的内容、宏观调控的政策等，每一个方面都可以单独展开研究。历次宏观调控由于所处经济环境的不同，在原因、手段、内容等各个方面都存在着较大差异。但是，从历史的角度来看，宏观调控的内容和手段等都不是单独存在的，都是在特定的宏观调控体系下产生的，历次宏观调控之间也都存在着密切的联系。宏观调控的效果不仅指对当时问题的解决情况，也指对经济的长远影响；不仅指对表面问题的解决情况，也指对经济中深层次问题的解决情况。本书从改革开放前30年宏观调控的历史过程入手，以宏观调控体系的形成为主线，深入研究这

30年改革开放过程中历次宏观调控的原因、决策、手段、内容等,纵向对比历次宏观调控中目标、体系、手段等的历史变迁,考察宏观经济运行中"一放就热、一收就冷"现象的存在、基础及原因。由此,本书分为七章,第一章为总论,其中包括本书的选题意义、成果综述、改革开放和经济运行的概述等;第二章、第三章、第四章分阶段、分时段对改革开放前30年宏观调控历史过程进行深入描述和分析,将每一时段的宏观调控放在当时的经济背景下进行考察,从历史的视角来考察经济思想、体制改革、对外开放等与宏观调控之间的相互影响;第五章是在对改革开放前30年宏观调控历史过程考察的基础上,对宏观调控目标、体系、手段等方面的历史变迁进行总体考察;第六章是对改革开放前30年宏观经济运行中"一放就热、一收就冷"现象(各种问题的总体描述)进行历史考察,并探索宏观调控的作用,分析其长期存在的内在基础和原因;第七章是对前文研究的总结归纳,并根据已经总结的历史经验对中国特色社会主义市场经济体制下的宏观调控体系的运行情况及实施的宏观调控进行分析和研究。

第三节 已有研究成果综述

本书主题涉及的范围极其广泛,长期以来都是学术界研究的热点问题,相关文献可谓汗牛充栋,很难作出一个全面的综述。笔者将择其要者作一简要概述。

一、有关宏观调控理论的研究成果

笔者对于宏观调控理论的综述主要从两个方面展开,一是对众多经济学流派的宏观调控理论进行简述,二是对中国自身的宏观调控理论进行简述。

在众多经济学流派的理论中,笔者认为具有代表性的宏观调控理论主要有两种:一是"纯粹的"国家干预理论。这种理论也可称为计划经济下的宏观调控理论,主张国家对经济进行全面的严格管理和控制,完全排除市场经济和价格形成机制。马克思曾经设想:"生产资料的全国性的集中将成为由自由平等的生产者的联合体构成的社会的全国性基础,这些生产者将按照共同的合理的计划自觉地从事社会劳动。"①恩格斯也指出:"一旦社会占有了生产资料,商品生产就将被消除……社会生产内部的无政府状态将为有计划的自觉的组织所代替

---

① 马克思,恩格斯.马克思恩格斯选集:第2卷[M].北京:人民出版社,1972:454.

……这是人类从必然王国进入自由王国的飞跃。"① 列宁也指出："没有一个使千百万人在产品的生产和分配中最严格遵守统一标准的有计划的国家组织,社会主义就无从设想。"②

二是适度的宏观调控理论。这种理论也可称为市场经济下的宏观调控理论,主张在以市场调节经济为主的基础上,国家应对经济运行进行适度的宏观调控。提到市场经济下的宏观调控,就必然提到凯恩斯,他是市场经济下宏观调控理论的创立者。凯恩斯在对亚当·斯密"看不见的手"的理论③进行大力批判后,系统阐述了国家干预经济的理论政策,摈弃了通过市场自动调节可以实现充分就业和经济均衡的传统定义,认为在没有政府干预经济生活的情况下,资本主义社会总是有效需求不足。④ 他主张采取"举债支出"的办法,即推行赤字财政政策,认为"浪费式的"举债支出在得失相抵之后还是可以增加社会财富。⑤ 在凯恩斯之后,出现了众多经济学流派,都对宏观调控理论提出了一些新的看法。比如新制度经济学派的主要代表人物约翰·加尔布雷斯等,他提出一整套国家干预经济的理论和政策。同凯恩斯的看法一样,加尔布雷斯认为,需求不足或需求过度是储蓄与投资不协调的结果,必须通过国家对经济生活的干预,通过国家的税收政策和货币信贷政策加以调节,才能保证经济的均衡发展。他明确提出:"如果需求过大,一般说来的适当做法是增税……如果需求不足,一般的正规做法是增加政府支出。"⑥凯恩斯的宏观调控理论在20世纪60年代到70年代受到严重挑战。以弗里德曼为代表的现代货币主义学派是作为凯恩斯国家干预理论的对立物而产生和发展的。现代货币主义学派在强调市场机制的自动调节作用之外,在宏观调控上,与凯恩斯主义的争论主要集中于宏观调控的方式上。现代货币主义学派认为,通过减少政府财政支出,严格控制货币供应量以及削减众多的政府法规,主张实行一种"单一规则"的货币政策,即把货币存量作为唯一的政策工具,由政府公开宣布一个在长期内固定不变的货币增长率,这个增长率应该是在保证物价水平稳定不变的条件下,与预计的实际国民收入在长期内会有

---

① 马克思,恩格斯.马克思恩格斯选集:第3卷[M].北京:人民出版社,1972:323.
② 列宁.列宁选集:第3卷[M].北京:人民出版社,1979:545.
③ 亚当·斯密.国民财富的性质和原因的研究:下卷[M].北京:商务印书馆,1979:27.
④ 约翰·梅纳德·凯恩斯.就业、利息和货币通论[M].北京:商务印书馆,2017:300.
⑤ 约翰·梅纳德·凯恩斯.就业、利息和货币通论[M].北京:商务印书馆,2017:133.
⑥ 加尔布雷斯.经济学和公共目标[M].北京:商务印书馆,1980:303.

的平均增长率相一致。① 20世纪70年代兴起的供给学派,对政府的经济政策提出了不同的看法。供给学派着重分析税制对生产要素供给和利用的效果,主张大幅度减税,认为减税能刺激人们多做工作,更能刺激个人储蓄和企业投资,从而大大促进经济增长,并可抑制通货膨胀。而对于货币政策,供给学派基本同意货币主义学派的基本观点,但认为控制货币数量的目的不只是与经济增长相适应,而是为了稳定货币价值。货币价值保持稳定,人民的通货膨胀心理就会消失,就能保证财政政策。② 20世纪80年代新凯恩斯主义逐步发展起来,认为没有紧缩性宏观调控,通货膨胀会进一步上升;没有扩张性宏观调控,失业会更严重。主要政策包括价格政策、工资政策和信贷政策,提出货币政策能够稳定总产出和就业率,主张利用信贷政策来提高社会福利。③

面对众多经济学流派的宏观调控理论,中国并没有照搬,而是结合中国的国情,逐步形成了自己的宏观调控理论。中国在改革开放前实行的是高度集中的计划经济体制,在宏观调控方面是以马克思主义的"纯粹的"国家干预论为指导,通过指令性计划层层下达、行政命令手段和带有浓厚的行政强制色彩的经济手段来完成的。改革开放以后,中国对宏观调控理论进行了不断的探索。在改革开放初期,鉴于计划手段调控经济的弊端,邓小平开始了对宏观调控理论的探索与发展。1980年,邓小平在总结以往工作的教训时指出:"现代化建设的任务是多方面的,各个方面需要综合平衡,不能单打一。"④之后的"六五"计划、"七五"计划中都体现了政府宏观调控保持综合平衡的目标要求。对于宏观调控的手段问题,邓小平同志指出:"我们要学会用经济方法管理经济。自己不懂就要向懂行的人学习,向外国的先进管理方法学习。"⑤宏观调控手段增加了经济手段、法律手段等。针对宏观调控的调控范围,邓小平提出:"不能再搬用过去困难时期那些方法了。现在中央说话,中央行使权力,是在大的问题上,在方向问

---

① Milton Friedman.The Optimum Quantity of Money and Other Essays[M].Chicago:Aldine,1969:1-50.
② 蒙代尔.蒙代尔经济学文集:第二卷·一般货币与宏观经济理论[M].北京:中国金融出版社,2003:11-18,69-73.
③ N.G.Mankiw, D.Romer.New Keynesian Economics[M].Boston:MIT Press,1991:181-210.
④ 邓小平.邓小平文选:第二卷[M].北京:人民出版社,1994:250.
⑤ 邓小平.邓小平文选:第二卷[M].北京:人民出版社,1994:150.

题上。"①宏观调控理论有了较大的进步,改革开放前对宏观、微观经济都进行控制,而改革开放以后宏观调控主要应对宏观问题进行调控。1992年以后,市场的因素增强,江泽民在中共中央党校省部级干部进修班上的讲话中明确指出,"市场也有其自身的明显弱点和局限性。……因此,这就要求我们必须发挥计划调节的优势,来弥补和抑制市场调节的这些不足和消极作用,把宏观经济的平衡搞好,以保证整个经济全面发展。在那些市场调节力所不及的若干环节中,也必须利用计划手段来配置资源。同时,还必须利用计划手段来加强社会保障和社会收入再分配的调节,防止两极分化。"②1993年6月,中共中央、国务院关于当前经济情况和加强宏观调控的意见中指出:"主要运用经济办法,也要采取必要的行政手段和组织措施。要强化间接调控,更多地采取经济手段、经济政策和经济立法。"③在市场经济体制建立的过程中,许多学者都认为宏观调控应该摈弃计划行政手段,运用经济手段。对此,江泽民指出:"国家计划是宏观调控的重要手段之一……在当前新旧经济体制转换的过程中,为保证整个国民经济稳定协调发展,尽量减少可能出现的不协调甚至混乱现象,必须运用经济手段、法律手段,同时辅之以必要的行政手段加强宏观调控。那种以为搞市场经济就可以离开国家的宏观指导和调控,放任自流、自行其是、随心所欲,完全是一种误解。"④在社会主义市场经济体制初步建立后,2003年中共中央国务院指出:"进一步健全国家计划和财政政策、货币政策等相互配合的宏观调控体系。国家计划明确的宏观调控目标和总体要求,是制定财政政策和货币政策的主要依据。财政政策要在促进经济增长、优化结构和调节收入方面发挥重要功能……货币政策要在保持币值稳定和总量平衡方面发挥重要作用。"⑤在中国共产党人的集体努力下,中国特色的宏观调控体系逐步形成,它是在计划的指导下,利用财政政策、货币政策、法律政策、行政手段等组合使用,共同完成宏观调控的任务。本书的研究也说明了中国宏观调控的独特性及自成一体的宏观调控理论。

---

① 邓小平.邓小平文选:第三卷[M].北京:人民出版社,1993:278.
② 江泽民.江泽民文选:第一卷[M].北京:人民出版社,2006:201.
③ 中共中央文献研究室.十四大以来重要文献选编(上)[M].北京:人民出版社,1996:314.
④ 江泽民.论社会主义市场经济[M].北京:中央文献出版社,2006:31,90.
⑤ 中共中央文献研究室.十六大以来重要文献选编(上)[M].北京:中央文献出版社,2005:471.

二、有关中国宏观调控过程的重要文献

有关中国历次宏观调控过程的研究属于一个较为客观的领域,学术界对于1978—2008年中国宏观调控的次数、时间并无太大分歧。笔者通过查找一手资料,并参考和借鉴前人的相关研究成果和数据资料,力求对中国宏观调控的原因、过程进行真实的回顾。

对历次宏观调控进行比较分析的研究文献可谓浩如烟海,代表性的文献有刘树成(2004)以第五次紧缩性宏观调控为主,从经济运行态势、经济体制环境、政府管理方式、国际市场环境等方面同前四次宏观调控进行比较,得出第五次宏观调控的新特征;乌家培(1995)对1985—1995年间的三次宏观调控进行比较分析,认为宏观调控中存在着财政调控软弱乏力、金融调控过于滞后、计划调控偏离实际等问题;汪同三(2005)对六次宏观调控进行简要比较分析后,认为宏观调控有三种结果:"软着陆""硬着陆"和"反弹",提出宏观调控是否应该只是总量问题和短期政策;钟鸣远(2006)通过对六次宏观调控的比较分析,提出要建立稳定的政策规则,才能避免经济的大起大落;汪同三(2005)经过对宏观调控的比较分析,提出宏观调控要注意把握时机和力度,注重价格波动问题,处理好市场手段与行政手段的使用,坚持深化改革等建议;等等。上述研究主要侧重于历次宏观调控的比较,探索宏观调控的异同和经验教训,对宏观调控变迁的历史分析较少,没有对经济运行和宏观调控的长期历史态势进行研究,但仍为本书对历次宏观调控的比较研究提供了不可或缺的方法和理论。

三、有关宏观调控中行政手段研究的重要文献

学术界有关宏观调控行政手段的研究主要集中于行政手段是否应该采用、行政手段是否使用过多等方面展开,对此问题的争论主要出现于1993—1996年和2003—2004年间的宏观调控过程中。普遍的学术观点是,在市场经济体制下,行政手段应该尽量少用;在已经进行的宏观调控中,1978—1996年间的四次宏观调控,行政手段的使用过多。但也有一些不同的声音:何相荣、邓新生(1994)认为社会主义市场经济初始时期,一些与社会主义市场经济体制相配套的经济手段和法律手段仍未建立和完善,这就客观上要求政府在宏观调控价格时,仍需强化行政手段。纪岩(1994)认为行政手段并不是依附于某种经济体制,而是政府职能或者是行政功能的载体,只要存在政府,就要有政府的职能,有政府的职能,也就必然要求有与之相适应的行政手段。但市场经济体制下行政手段的角色也要转换,要通过加强宏观调控来发挥行政手段。戴双美(1995)认

为1993年以来政府的宏观调控运用了严厉的行政手段,不是有人认为的向计划经济体制的倒退,市场经济宏观调控使用一定的行政手段是必需的,在调控中要注意必要的范围和限度,通过深化改革实现宏观调控手段的转换,转换是逐步的,如果经济手段还不能置换行政手段,行政手段就不能减少或弱化,甚至某些放松得过早过宽的行政手段该收回的就要收回来重新使用,避免造成宏观调控的某些真空。熊子永(1995)认为管理经济的手段不外乎经济、行政和法律三种手段,行政手段也是必须使用的,使用要符合经济规律。乔新生(1995)认为行政手段也是必须使用的,它是个历史范畴,只要有行政存在,就会有行政手段,是现代化大生产条件下的客观需要。谢士强、余道春(2005)通过对2003—2004年经济情况的具体分析,提出运用较多的行政手段是当前和今后一段时期宏观调控的基本特点。

四、有关宏观调控中经济手段研究的重要文献

有关宏观调控中经济手段的研究成果比较多,一些专著是从纯理论的角度来研究宏观调控的经济手段,如:埃普里姆·艾沙著《发展中国家的财政政策与货币政策及其问题》,戴园晨等著《积极财政政策与宏观经济调控》,刘溶沧、赵志耕编著《财政政策论纲》,夏兴园、洪正华著《财政政策与货币政策效应研究》,格雷纳著《财政政策与经济增长》,郭庆旺等著《积极财政政策效益及淡出策略研究》,刘锡良、戴根有主编《宏观经济与货币政策》,等。一些专著是结合中国的宏观调控来研究宏观调控的经济手段,如:刘溶沧著《财政体制改革与财政政策》,田一农著《论中国财政体制改革与宏观调控》,柏冬秀著《中国:财政政策的选择》,项怀诚著《中国:积极的财政政策》,刘溶沧著《中国财政政策货币政策理论与实践》,孙文学著《中国财政政策实证分析与选择》,林志远著《中国宏观经济问题和改革出路:货币政策和财政政策》,李念斋著《中国货币政策研究》,周正庆著《中国货币政策研究》,李海谦著《高点的透视——金融宏观调控政策稽核》,赵海宽主编《经济转轨时期的宏观调控与货币政策》,等。

五、有关宏观调控效果的研究

有关宏观调控效果的研究,学术界普遍的观点都是认为宏观调控解决当时的问题后,对引发这些问题的原因没有有效解决,在一定程度上影响了宏观调控的效果,代表性的研究有:杨帆(2006)对20世纪80年代的三次宏观调控进行分析后指出,中央数次调控力度不够,不能遏制经济过热,矛盾越积越多。刘伟、蔡志洲(2006)认为,我国经济发展的特殊国情是使得宏观调控效果有所降低的主

要原因。易宪容(2006)认为,宏观调控效果弱化的原因在于中国整个经济基础与市场体制都发生了根本性变化,而传统的计划经济思维还有一定的残留,对制定宏观调控政策产生一定的影响,进而影响调控效果。赵晓、谭国荣(2006)认为宏观调控弱化,一方面由于当时无论是国内市场还是国际市场,资金都处于"超级流动"状态,这就使得虽然中央政府不断加大调控力度,但实际运行效果不佳;另一方面,政府的宏观调控尤其是房地产调控涉及中央和地方以及多个部门,但由于受不同利益取向的约束,多只"看得见的手"在相互牵制,从而大大抵消了调控的效果,最终"看不见的手"打败了多只"看得见的手"。余华义、朱志明(2008)认为中央和地方政府的代理关系及事权、财权不分使宏观调控效果弱化。

尽管普遍认为宏观调控效果不佳,但大多数学者都认为"一放就热、一收就冷"的现象在1993年以后就退出了历史舞台,对于这一现象存在的原因也大多归因为体制性因素。具有代表性的研究成果有:田江海在《社会主义市场经济宏观调控》一书中对这一现象的表现形式进行论述,将这一现象存在的原因更多地归结到改革滞后与宏观调控乏力等体制性因素上,根本出路是深化改革;樊纲、张晓晶在《怎么又过热了?》一书中,指出在1993—1996年经济软着陆以后,中国经济增长由大起大落变成小起小落,经济中出现大起大落的原因是体制上的原因和宏观调控的艺术两方面;胡鞍钢在《中国经济为什么会大起大落》一文中指出,中国经济波动的根源主要来自外部冲击;周天勇在《宏观经济:关键是要走出放热控冷的怪圈》一文中指出,投资与消费比例失调、政府行政性为主的调控方式和中央与地方之间的博弈是这一现象存在的三大原因;刘树成在《经济周期与宏观调控》一书中指出,历史上大起大落的经验教训有两类:一是中国原有计划经济体制下大起大落的经验教训,二是西方市场经济体制下大起大落的经验教训,主要都是两种体制自身特点造成的,而中国改革开放后出现的大起大落主要是体制性因素;刘国光、戴园晨、沈立人、张燕生、张德霖在《不宽松的现实和宽松的实现:双重体制下的宏观经济管理》一书中指出,这一现象是经济体制改革和经济发展摩擦的主要反映,根源是在作出放和收的选择时所利用的是通货膨胀和短缺可以互换的关系,但总供需缺口并未缩小,反而进一步扩大,结构失衡更加严重,依靠短期方案来解决是不行的。

六、现有研究述评

综上所述,宏观调控相关问题的研究成果已经相当丰富,归纳前贤们的结论如下:第一,西方经济学各个流派从不同角度出发,提出了各具特色的宏观调控理论;中共领导集体从中国国情出发,创立了具有中国特色的宏观调控理论。第二,在对宏观调控过程的研究中,对历次宏观调控都有大量的研究成果,揭示了经济运行和宏观调控的深层次问题。但是,已有研究局限于对当时问题、当时形势、当时政策的分析,缺乏对改革开放30年宏观调控历史过程的研究,缺乏对宏观调控过程进行系统的梳理。第三,在对宏观调控手段的研究中,现有文献主要集中在对宏观调控手段的选择使用上,普遍的观点是应该减少行政手段、多使用经济手段。而对改革开放30年宏观调控模式、宏观调控手段等的历史演变的研究较少。第四,在对宏观调控效果的研究中,学术界普遍认为宏观调控解决当时问题后,没有有效解决引发这些问题的原因。对于同宏观调控密切相关的宏观经济运行中"一放就热,一收就冷"现象的研究少之又少,且普遍观点都认为在1993年以后此现象就已经消失,已有的一些研究多是简单的描述,没有展开详细的论述和研究。这些开拓性的成果给本书提供了大量研究资料的同时,也留下诸多进一步探索的内容。

(1)改革开放前30年宏观调控历史过程的研究有待进一步加强。笔者将从历史角度出发,对宏观调控的历史过程进行系统梳理,寻找历次宏观调控之间的历史关联。

(2)学术界对于宏观调控模式尚缺乏系统性的研究。笔者将从历史角度出发,对宏观调控模式的历史演变进行分析总结,探索宏观调控体系的形成过程,宏观调控手段、宏观调控目标的历史变迁轨迹。

(3)关于宏观经济运行中"一放就热、一收就冷"现象的研究非常薄弱,这一现象的内涵、表现形式、基础、存在原因等方面的研究都有待进一步扩展。

第四节 改革开放和经济运行情况概述

1978—2008年间的宏观调控不是一般经济运行过程中出现的宏观调控,是和这一时期的改革开放密切联系在一起的。同时,经济运行中失衡问题的出现是宏观调控产生的基础,而宏观调控的实施又对经济运行情况产生影响。因此,笔者对1978—2008年间的改革开放和经济运行情况作一简要的概述,使读者对宏观调控所处的体制环境和经济环境有一初步了解。

一、改革开放进程的概述

1978年,安徽省凤阳县梨园公社小岗村大旱,秋种无法进行。面对严重旱情,安徽省委做出决策,小岗村农民开始尝试包产到户,农村改革的启动拉开了中国改革开放的序幕。

第一阶段:1978—1991年,体制转轨局部推进阶段的改革开放过程。1978年12月22日,中共中央召开十一届三中全会,会议做出对计划经济体制进行改革的重大战略决策。1979年4月召开的中共中央工作会议上,李先念在谈到改革经济管理体制的问题时指出,"我们现行的经济管理体制,弊病很多,非逐步改革不可……总的看来是集中过多,计划搞得过死"①。会议提出以"计划经济为主、市场调节为辅"作为改革的指导思想和目标模式。改革目标的确立,标志着经济体制改革的正式开始。1984年以前,改革主要是以农村经济体制改革为重点,提高农产品收购价格、实行联产承包责任制等接连展开。另外,对地方和企业也开始了放权让利的试点性改革。先后在各省份实行"划分收支、分级包干"的财政管理体制;对少数工业企业进行扩权试点,在企业中分两步实行"利改税";对流通体制和商品销售体制也进行了适当的改革;设立经济特区进行改革开放的试点等。由此可见,1978—1984年的改革基本上是以维护和完善原有计划经济体制为出发点来展开的。1984年10月,中共中央召开十二届三中全会,会议作出了《中共中央关于经济体制改革的决定》,提出了以城市为重点全面开展经济体制改革的任务,并以"有计划的商品经济"作为改革的指导思想和目标模式。1985年,中国开始了以城市为重点的全面经济体制改革,生产资料价格试行计划内价格和市场价格并行的"双轨制",消费品价格分类别、分批次逐步放开;财政管理体制先后实行了"划分税种、核定收支、分级包干"体制和各种"包干"体制;企业实行经营责任制;技术、金融、劳务、物资市场也开始发育成长;开放东部沿海地区,发展外向型经济等。但是,经济体制改革的指导思想和目标模式在1991年之前没有取得突破性进展,1987年进步到"国家调节市场、市场引导企业"后,1989年又回到"计划经济和市场调节相结合"。在这一阶段,伴随经济体制改革的展开,计划体制迅速解体,市场机制由弱变强,覆盖范围逐渐扩张。但是,整体来看,体制改革的指导思想仍然侧重于对计划经济体制的修补和完善,体制转轨只是在价格体制、流通体制等部分领域展开,因此这一时期可以称为体制转轨局部推进阶段。

第二阶段:1992—2002年,体制转轨全面推进阶段的改革开放过程。1992年,在邓小平南方谈话解决了社会主义与资本主义、计划与市场之间的问题后,

---

① 中共中央文献研究室.新时期经济体制改革重要文献选编[M].北京:中央文献出版社,1998:17.

中共十四大明确提出改革的目标是建立社会主义市场经济体制。这一时期改革的重点是构建社会主义市场经济体制的基本框架,在财税体制、金融体制、外汇管理体制、企业体制和社会保障体制等领域全面展开市场经济体制的建设过程。财政上实行分税制;国有企业改革上逐步建立现代企业制度;金融体制上实行政策性银行和商业银行分离;加快对外贸易的改革进程;先后开放长江沿岸港口城市、内陆地区省会城市和东北、西北、西南的一批边境城市,形成从沿海到沿江、沿线和沿边多层次全方位开放格局等。经济体制转轨进入全面推进阶段,并基本实现了从计划和市场并存的双轨制向市场经济单轨制的转轨过程,所以可以称为体制转轨全面推进阶段。

第三阶段:2003—2008年,市场经济体制初步完善阶段的改革开放过程。2002年,中共十六大宣布,社会主义市场经济体制已初步确立,中国实现了计划和市场双轨经济体制向市场经济体制单轨制的转轨过程,市场开始在资源配置中发挥基础性作用。但是,计划还未完全退出,传统体制下的一些因素还在发挥作用,在政府职能转变、金融体制、投资体制等方面还带有较多的计划经济色彩。改革的重点是消除旧体制留下的体制性障碍,完善社会主义市场经济体制。农村税费改革、公共财政的建立、汇率制度改革、利率市场化、国有商业银行实行服务制改革、建立服务型政府等改革措施全面展开,并加快市场经济的法制建设。另外,2001年中国加入WTO后,2002—2006年间中国处于入世过渡期,随后各行业逐步结束过渡期,进入全面开放的新时期。因此,2003年以来,改革进入市场经济体制的完善阶段,所以可以称为市场经济体制初步完善阶段。

综上所述,改革开放后的前30年,中国的经济体制改革经历了体制转轨局部推进阶段、体制转轨全面推进阶段和市场经济体制初步完善阶段等连续的三个阶段,经济体制改革走出了一条具有中国特色的渐进式道路。

二、经济运行情况的概述

在经济体制改革的三个历史阶段中,经济中起主导作用的因素是不同的,经济中的主要矛盾也存在差异。因此,在这三个历史阶段中,经济运行所表现出来的总体态势也是截然不同的。

(一)1978—1991年:体制转轨局部推进阶段

这一时期,经济运行的总体态势是大起大落,经济波动幅度比较大,经济波动比较频繁(见图1-1)。国内生产总值(GDP)增长率在1978年、1984年、1985年、1987年和1988年都处于较高的位置,商品零售价格指数在1980年、1985

年、1988年、1989年也都位于较高的位置。GDP的高速增长,引起了物价上涨,国民经济出现过热。进一步分析可知,国民经济出现过热的年份同前面提到的改革目标转变的时间基本一致,这说明经济过热同体制改革之间存在着密切的联系。中央针对这三次经济过热,分别在1979—1981年、1985—1986年和1989—1991年进行了三次紧缩性的宏观调控,国民经济过热的现象得到有效抑制,但经济中又随即出现了过冷的现象。因此,宏观经济运行中存在着非常明显的"一放就热、一收就冷"的现象。

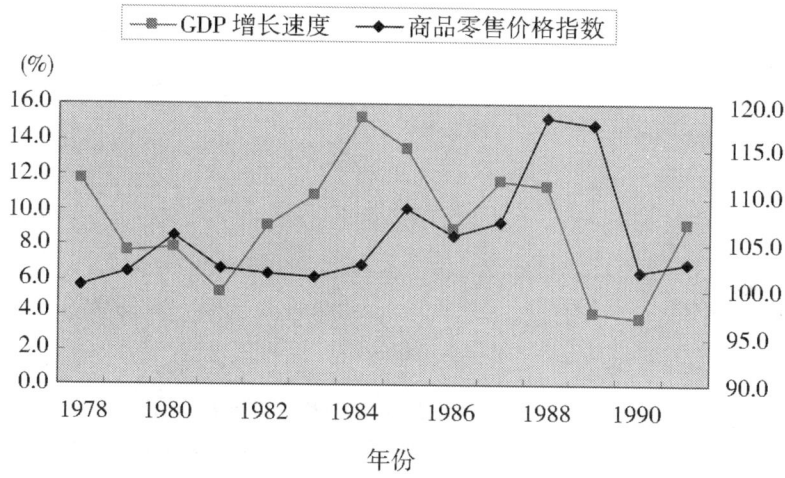

图1-1　1978—1991年GDP增长和物价波动情况

资料来源:国家统计局.中国统计年鉴:2009[M].北京:中国统计出版社,2009.

(二)1992—2002年:体制转轨全面推进阶段

在这一时期,经济运行的总体态势比上一时期平稳许多,经济波动幅度变小,经济波动频率下降(见图1-2)。1992年和1993年,GDP增长速度在1992年和1993年处于高位,1994年商品零售价格指数达到这一时期的最高点。GDP的高速增长又引起了物价上涨,经济中出现过热现象。不同于上一个时期,此次的经济过热情况是逐步得到缓解的,1992—1996年,GDP增长速度、商品零售价格指数都逐年回落。针对这次经济过热,中央展开了紧缩性的宏观调控。由于种种因素,在紧缩性宏观调控结束后,国民经济依然处于下滑趋势,1998年、1999年GDP增长速度位于这一时期的最低点,商品零售价格指数也进一步下滑,国民经济出现过冷现象。相比体制转轨局部推进阶段,1998年以后的经济升温也较为平稳。1998年中央开始扩张性宏观调控,GDP

增长速度逐步回升,2002年经济中开始出现过热的苗头。在这一时期,宏观经济运行中"一放就热、一收就冷"的现象表现得较为隐蔽,特征没有上一个时期那么明显。

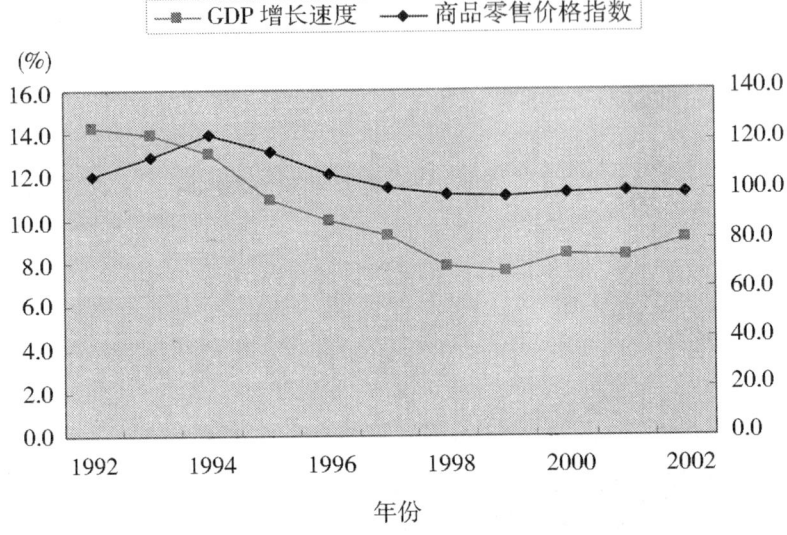

图1-2　1992—2002年GDP增长和物价波动情况

资料来源:国家统计局.中国统计年鉴:2009[M].北京:中国统计出版社,2009.

(三)2003—2008年:市场经济体制初步完善阶段

在2003—2006年,经济运行的总体态势表现得更加平稳,经济的波动幅度非常小(见图1-3)。2003—2006年,GDP增长速度都超过两位数,而商品零售价格指数最高点尚未超过4%,国民经济整体表现出"高增长、低通胀"的良好运行态势。2003年经济中出现局部过热,导致2004年商品物价有小幅度上涨。中央采用了预防性局部微调,使商品零售价格指数在2005年、2006年又回落到较低的水平上。但是,2007年经济出现过热的趋势进一步明显,中央在2007年加大了紧缩性宏观调控的力度。在国际、国内经济环境的共同作用下,2007年前后国民经济中又出现大起大落的现象。这说明,经济运行和宏观调控中"一放就热、一收就冷"的现象并没有完全消失,且在2007年前后有再次显现的苗头。

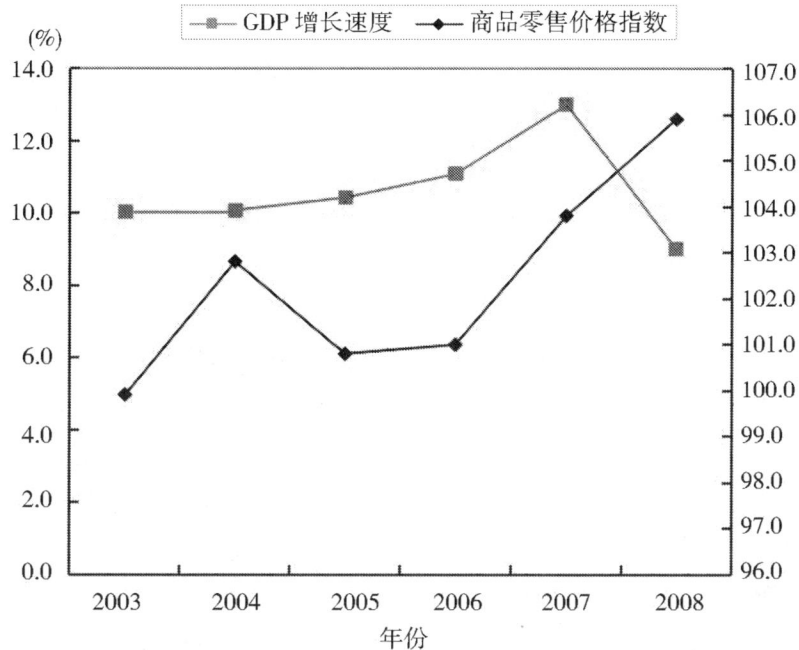

图1-3 2003—2008年GDP增长和物价波动情况
资料来源：国家统计局.中国统计年鉴:2009[M].北京:中国统计出版社,2009.

第五节 本书研究的时限与分期

本书研究的上限起于1978年,下限迄至2008年。之所以将1978年定为本研究的上限,是因为该年是中国进行改革开放的起点。2008年,中央结束了上一轮的宏观调控,并开始了新一轮的宏观调控,而中国的改革开放也刚好走过了30个年头。因此,从宏观调控的角度来看,截至2008年,国民经济经历了六次完整的宏观调控过程;从体制改革的角度来看,体制改革进入一个新的历史阶段。故本书将2008年作为研究的下限。

根据经济体制改革的进程,经济体制转型过程中计划与市场两种体制所占比重的大小,本书将1978—2008年划分为三个时段:1978—1991年为体制转轨局部推进阶段,"计划经济为主、市场调节为辅""有计划的商品经济""计划经济和市场调节相结合"等指导思想说明对经济体制的改革是以完善计划经济体制为目标,体制转轨只是在局部领域展开;1992—2002年为体制转轨全面推进阶段,1992年中共十四大明确提出改革的目标是建立社会主义市场经济体制,改革在财税体制、金融体制、外汇管理体制、企业体制和社会保障体制等各个领域全面展开,体制转轨进入全面推进阶段;2003—2008年为市场经济体制初步完善阶段,2002年中共十六大宣布中国已初步建立社会主义市场经济体制,市场成为调节资源的主要手段,但计划尚未完全退出历史舞台,政府职能等领域计划色彩仍较浓厚,市场经济体制还不完善。

第六节 本书的结论与创新

根据本书对中国改革开放后的前30年宏观调控相关问题的详细分析,对如何解决经济中存在的根本性问题和深层次矛盾,进一步减少"一放就热、一收就冷"的现象,并最终消除这一现象,实现国民经济的持续、健康、快速发展,本书得出如下结论:最根本的途径是进一步完善宏观调控体系,进一步完善市场经济体制,彻底转变发展观和发展方式。2008年,受国际金融危机等多重因素影响,我国开启了以四万亿投资计划为主导的新一轮宏观调控。现在看来,此次宏观调控有效地抑制了经济增速的下行,但对前一时期新的宏观调控模式、手段的运用略有不足。新的宏观调控观念的转变、体系的建设、时机的选择、手段的实施等都还有较长的路要走,还需要改革的深化、发展方式的转变等来保证。

本书从经济史的角度展开研究,通过回顾宏观调控的历史过程,总结归纳出三种不同类型的宏观调控模式,探索出三种模式下宏观调控的目标、手段、体系等方面的历史变迁轨迹。另外,对宏观经济运行中"一放就热、一收就冷"的现象进行科学界定,笔者认为这一现象在1992年以后并没有消失,而是依然存在,并对其内涵、表现形式、基础和原因等提出创新性的看法。

当然,本书还存在诸多不足。由于本书选题涵盖内容较多,出于学科特点和突出主线的考虑,许多与宏观调控相关的问题并未纳入本书的分析框架之中。在本书的后续研究中,笔者会努力在此基础上向外拓展,以求获得在中国宏观调控问题上更全面的研究成果。此外,由于准备稍嫌仓促,占有资料有限,一些论点的证据稍嫌薄弱。限于笔者的理论水平,对一些问题的分析也存在言未尽意之处。

第二章　体制转轨局部推进阶段宏观调控的历史过程:1978—1991年

1978—1991年是中国经济体制改革的第一阶段,旧体制开始解体,新体制中市场的因素开始逐步成长。1984年之前体制改革主要在农村展开,1984年之后改革的重点从农村转移到了城市,逐步形成了以"价格双轨制"为主要特征的两种体制并存的局面。在这一时期,由于"左"倾思想的影响、市场因素的成长和计划与市场的摩擦等因素,国民经济出现多次过热,中央针对国民经济失衡分别进行了三次宏观调控。第一次是在1979—1981年间,以调整国民经济比例关系为主的宏观调控;第二次是在1985—1986年间,以压缩总需求、稳定物价为主的宏观调控;第三次是在1989—1991年间,以治理通货膨胀为主的宏观调控。

第一节　1979—1981年:以调整国民经济比例关系为主的宏观调控

中华人民共和国成立以后,在重工业优先发展战略的指导下,农业、轻工业和能源、燃料动力工业的发展比较缓慢。"文化大革命"期间存在的一些错误认识,加剧了农业、轻工业和能源工业落后,使发展无法适应重工业快速增长的需要,无法满足居民日常消费的需要,使国民经济的正常运转受到很大影响。1956年毛泽东在《论十大关系》中就指出,要适当调整重工业和农业、轻工业的投资比例……农业、轻工业的比例要加重一点。① 但这个方针长期以来并没有很好地贯彻执行,农业、轻工业、重工业的比例不协调现象仍有所扩大。1976年10月"文化大革命"结束时,国民经济已经到了几乎崩溃的边缘。1976年国内生产

---

① 中共中央文献研究室.毛泽东文集:第七卷[M].北京:人民出版社,1999:24.

总值比 1975 年下降 1.6%,其中农业下降 1.9%,工业仅增长 2.4%,①市场物资出现匮乏的局面,经济结构失衡,国民经济比例关系失调。

一、国民经济的恢复和"洋跃进"战略

1975 年 1 月,全国人大四届一次会议在北京举行,周恩来在政府报告中重申三届人大政府工作报告提出的"两步设想":第一步,即在 1980 年以前,建成一个独立的比较完整的工业体系和国民经济体系;第二步,在 20 世纪内,全面实现农业、工业、国防和科学技术的现代化,使我国国民经济走在世界的前列。"文化大革命"结束后,社会各界都急于把浪费的时间补回来,加快国民经济的建设速度。随着工作重心逐步转移到经济建设上来,国民经济出现了恢复性增长。1977 年 7 月 30 日,中共中央转发了国务院《关于 1977 年上半年工业生产情况的报告》(以下简称《报告》)。《报告》中说,上半年,我国工业生产改变了过去那种长期停滞不前甚至下降的局面,正在以较快的速度回升。80 种主要工业产品,5—6 月份的产量,绝大多数高于上年同期水平,其中 26 种创造了历史最高月产水平;29 个省、市、自治区的工业总产值,有 24 个省、市、自治区的工业总产值上半年超过了上年同期水平。② 1977 年上半年工业生产的迅速好转,是带有很大的恢复性的,《报告》过高地估计了这种形势,认为这标志着"国民经济新的跃进局面正在出现"③。在经济指导思想上,提出了一些超出实际的口号和目标。

1977 年 12 月,华国锋批准并下达了《国家计委关于 1976—1985 年国民经济发展十年规划纲要(修订草案)》(以下简称《十年规划纲要》)。早在 1975 年邓小平就研究编制了十年规划纲要草案,提出第五个五年计划的基本建设投资为 2400 亿元,财政收入为 500 亿元。这个计划已经有些超出实际的生产能力,之后由于一些历史原因,十年规划纲要草案实际未能执行。而这次通过的《十年规划纲要》中的指标比两年前的还略高。不仅如此,1978 年 2 月所作的政府工作报告中提出要对《十年规划纲要》进行再次修改,要求到 1985 年,粮食产量达到 4000 亿公斤,钢产量达到 6000 万吨,石油达到 2.5 亿吨,国家计划新建和续建 120 个大型项目,其中 10 个钢铁基地,9 个有色金属基地,8 个煤炭基地,10

---

① 国家统计局国民经济综合统计司.新中国五十年统计资料汇编[M].北京:中国统计出版社,1999:5,31,37.

② 贺耀敏,武力.五十年国事纪要:经济卷[M].长沙:湖南人民出版社,1999:275.

③ 陈锦华.国事忆述[M].北京:中共党史出版社,2005:95.

个大油气田等。① 这些计划指标超出了实际可能,没有注意到经济发展的规律。

《十年规划纲要》通过后到正式开始引进技术和设备期间,国务院召开务虚会,研究加快中国四个现代化建设的速度问题。② 这次会议以后,仅1978年就引进化工、煤炭、纺织等22个大项目,需要外汇130亿美元(1978年已签约部分为58亿美元),约折合人民币390亿元,加上国内工程投资200多亿元,共需600多亿元。③ 这样大的引进规模,对于基本建设、外汇收支平衡以至整个国民经济来说,都会带来较大的影响。在大规模引进之前的1977年,中国的全部财政收入是874.46亿元人民币,全部出口的贸易总额是75.9亿美元,基本建设投资为382.37亿元人民币(见表2-1)。和国家计划引进所需的180亿美元外汇和1300亿元人民币投资相比④,差距较大。1978年基本建设投资上升到500.99亿元,比上年增加31.0%,达到历史上的最高水平,不仅大大超过了工业总产值和国民生产总值增长速度,而且超过了财政收入增长速度(见表2-1)。这种超过自身国力的投资规模,对国民经济造成了较大的影响,使国民经济比例关系进一步失调。

表2-1 1977—1978年投资规模与国力对比情况

年份	财政收入(亿元)	全部出口贸易总额(亿美元)	基本建设投资总额(亿元)	指数(上年=100)			
				工业增长速度	国民生产总值增长速度	财政收入增长速度	基建投资增长速度
1977	874.46	75.9	382.37	114.4	107.6	112.6	101.6
1978	1132.26	97.5	500.99	116.4	111.7	129.5	131.0

资料来源:国家统计局国民经济综合统计司.新中国五十年统计资料汇编[M].北京:中国统计出版社,1999:5,7,8,60,61.

(1)农业和工业的比例失调。农业的投资比重长期以来都较低(见表2-2)。在此基础上,农业所得又长期用于支持工业建设,导致农业发展缓慢,长期落后于工业。"文化大革命"后虽有所发展,但还不能满足工业发展、人口增长

---

① 华国锋.团结起来,为建设社会主义的现代化强国而奋斗[N].人民日报,1978-03-07.
② 肖冬连.1979年国民经济调整方针的提出与争论[J].党史博览,2004(10):4-10.
③ 马洪,孙尚清.现代中国经济大事典[M].北京:中国财政经济出版社,1993:65.
④ 陈锦华.国事忆述[M].北京:中共党史出版社,2005:98.

和改善人民生活的需要。中华人民共和国成立以后农业占工农业总产值的比重呈持续下降的趋势,受一些因素影响,1977年和1978年农业总产值占工农业总产值的比重分别下降为28.1%和27.8%,低于1976年水平(见表2-3)。

(2)工业内部轻工业、重工业比例失调。在重工业优先发展战略的指导下,长期以来重工业投资比例都大于轻工业(见表2-2)。1976—1978年这一状况没有改善,反而有加大的趋势,1978年重工业的投资比重是48.7%,轻工业是5.8%,低于"一五"期间的水平(见表2-2)。这种投资结构导致轻工业发展落后,轻工产品市场供应出现紧张局面。1977年和1978年轻工业在工业总产值中所占的比重分别为44.0%和43.1%,也低于1976年的水平(见表2-3)。

表2-2 1978—1984年农业、轻工业、重工业基本建设投资额及比重

时间	基本建设投资额(亿元)			比重(以投资总额为100)		
	农业	轻工业	重工业	农业	轻工业	重工业
"一五"时期	41.83	37.47	212.79	7.1	6.4	36.1
"二五"时期	135.71	76.59	651.71	11.3	6.4	54.0
1963—1965年	74.46	16.47	193.71	17.7	3.9	45.9
"三五"时期	104.27	42.62	498.89	10.7	4.4	51.1
"四五"时期	173.08	103.03	874.94	9.8	5.8	49.6
"五五"时期	246.08	156.25	1075.46	10.5	6.7	45.9
其中:1978年	53.34	29.30	243.86	10.6	5.8	48.7
1979年	57.92	30.60	226.25	11.1	5.9	43.2
1980年	52.03	50.89	224.72	9.3	9.1	40.2
"六五"时期						
1981年	29.21	43.38	172.63	6.6	9.8	39.0
1982年	34.12	46.45	214.15	6.1	8.4	38.5
1983年	35.45	38.75	243.53	6.0	6.5	41.0
1984年	37.12	42.43	299.16	5.0	5.7	40.3

资料来源:国家统计局.中国统计年鉴:1985[M].北京:中国统计出版社,1985:424.

表 2-3　1952—1982 年工农业总产值及其构成

年份	工农业总产值（亿元）	农业总产值（亿元）	工业总产值（亿元）	轻工业（亿元）	重工业（亿元）	农业占工农业比重(%)	工业占工农业比重(%)	轻工业比重(%)	重工业比重(%)
1952	810	461	349	225	124	56.9	43.1	64.5	35.5
1957	1241	537	704	387	317	43.3	56.7	55.0	45.0
1966	2534	910	1624	796	828	35.9	64.1	49.0	51.0
1970	3138	1058	2080	960	1120	33.7	66.3	46.2	53.8
1976	4536	1378	3158	1395	1763	30.4	69.6	44.2	55.8
1977	4978	1400	3578	1573	2005	28.1	71.9	44.0	56.0
1978	5634	1567	4067	1753	2314	27.8	72.2	43.1	56.9
1979	6379	1896	4483	1958	2525	29.7	70.3	43.7	56.3
1980	7077	2180	4897	2309	2588	30.8	69.2	47.2	52.8
1981	7580	2460	5120	2637	2483	32.5	67.5	51.5	48.5
1982	8291	2785	5506	2766	2740	33.6	66.4	50.2	49.8

资料来源:国家统计局.中国统计年鉴:1983[M].北京:中国统计出版社,1983:16,20.其中各类总产值都是按当年价格计算。

（3）农业总产值中农林牧副渔比例失调。一段时期中,由于"左"倾思想影响,渔业、社员家庭副业等没有得到应有的重视,被当作"资本主义尾巴"加以批判和取缔。这使农业(作物栽培)在农业总产值中所占比重较大,1976 年农业(作物栽培)占农业总产值的 69.3%(见表 2-4),农业(作物栽培)和林牧副渔业的发展不太协调。

表 2-4　1966—1981 年农业总产值中农林牧副渔比例

单位:%

年份	1966	1971	1976	1977	1978	1979	1980	1981
农业(作物栽培)	76.1	75.1	69.3	67.5	67.8	66.9	63.7	63.2
林业	1.9	2.5	3.3	3.2	3.0	2.8	4.2	4.2
牧业	14.2	14.8	13.9	13.7	13.2	14.0	15.3	15.2
副业	6.1	6.2	12.0	14.1	14.6	15.1	15.1	15.7
其中:村办工业		3.6	9.1	11.0	11.7	12.5	11.2	11.7
渔业	1.7	1.4	1.5	1.5	1.4	1.2	1.7	1.7

注:1966 年按 1957 年不变价格计算,1971 年、1976 年、1977 年、1978 年、1979 年按 1970 年不变价格计算,1980 年、1981 年按 1980 年不变价格计算。

资料来源:国家统计局.中国统计年鉴:1983[M].北京:中国统计出版社,1983:151.

(4)材料等基础工业的生产满足不了生产和建设的需要。基本建设所需钢材、木材、水泥等主要材料的供应不足,机电设备的缺口也较大,而且往往是"锣齐鼓不齐",不能成套供应。据统计,1975年到1977年,未能按计划建成投产的大中型项目和单项工程中,直接由于材料设备供应不上影响建成投产的占50%。①

(5)积累和消费的比例失调。1975—1978年积累率不断提高,1976年积累占国民收入的比例约为31%,1978年提高到36.5%,高于"一五"时期和"二五"时期的平均水平(见表2-5)。1975—1980年,积累率年年超过30%,超过了合理的界限。② 1978年在"洋跃进"的影响下,财政预算中的基本建设拨款增长50%,积累率达到36.5%,接近"大跃进"时39%的水平。③ 在基本建设投资中,同人民生活直接相关的住宅、文教卫生、城市公用事业等非生产性建设所占的比重较低,1978年只有20.9%,而"一五"时期平均水平为33%(见表2-6)。

表2-5 1966—1982年国民收入中消费和积累比例

时间	国民收入使用额（亿元）	消费额（亿元）	积累额（亿元）	消费率（%）	积累率（%）
"一五"时期	4122	3124	998	75.8	24.2
"二五"时期	5616	3884	1732	69.2	30.8
1966年	1535	1065	470	69.4	30.6
1971年	2008	1324	684	65.9	34.1
1975年	2451	1621	830	66.1	33.9
1976年	2424	1676	748	69.1	30.9
1977年	2573	1741	832	67.7	32.3
1978年	2975	1888	1087	63.5	36.5

---

① 周叔莲,谭克文,林森木.基本建设战线过长的问题为什么长期不能得到解决[J].经济研究,1979(2):12-18.

② 根据马克思主义的再生产理论、两大部类比例理论和综合平衡理论为依据,并借鉴西方的宏观经济理论和微观经济理论,参照经济数据,长期以来的共识是:积累占国民收入的比重,以25%~30%为宜,一般不宜超过30%。

③ 薛暮桥.调整国民经济 搞好综合平衡[J].经济研究,1981(2):25-31.

续表

时间	国民收入使用额（亿元）	消费额（亿元）	积累额（亿元）	消费率（%）	积累率（%）
1979 年	3356	2195	1161	65.4	34.6
1980 年	3696	2531	1165	68.5	31.5
1981 年	3905	2799	1106	71.7	28.3
1982 年	4290	3054	1236	71.2	28.8

注：本表按当年价格计算。国民收入使用额不等于国民收入总额，是由于进出口差额和计算误差的影响。

资料来源：国家统计局.中国统计年鉴：1987[M].北京：中国统计出版社，1987：59.

表 2-6 1978—1983 年生产性和非生产性基本建设投资额

时间	基本建设投资额（亿元）			占投资总额比重（%）		
	生产性建设	非生产性建设 合计	其中：住宅	生产性建设	非生产性建设 合计	其中：住宅
"一五"时期	394.50	193.97	53.79	67.0	33.0	9.1
"二五"时期	1029.66	176.43	49.56	85.4	14.6	4.1
1963—1965 年	335.05	86.84	29.09	79.4	20.6	6.9
"三五"时期	818.02	158.01	39.32	83.8	16.2	4.0
"四五"时期	1455.16	308.79	100.74	82.5	17.5	5.7
"五五"时期	1729.94	612.23	277.29	73.9	26.1	11.8
其中：1978 年	396.24	104.75	39.21	79.1	20.9	7.8
1979 年	365.14	158.34	77.28	69.8	30.2	14.8
1980 年	359.28	199.61	111.66	64.3	35.7	20.0
"六五"时期						
其中：1981 年	252.43	190.48	111.19	57.0	43.0	25.1
1982 年	302.90	252.63	141.05	54.5	45.5	25.1
1983 年	346.44	247.69	125.07	58.3	41.7	21.1

资料来源：国家统计局.中国统计年鉴：1985[M].北京：中国统计出版社，1985：420.

由此可知,国民经济比例关系在多个方面出现失调,对国民经济的正常运转带来了较大的阻碍,并引发了以后年度财政经济困难和货币投放过量等问题。

二、国民经济的初步宏观调控

鉴于以上情况,中央政府于1979年开始了以调整国民经济比例关系为主要任务的宏观调控。由于经济建设中"左"倾思想的影响较深,这次宏观调控指导方针的形成也经历了较长时间。

(一)宏观调控指导方针的形成

在"洋跃进"战略形成和实施的过程中,陈云就对这一战略的可行性提出过疑问。1978年的务虚会议上,大多数人都提议要进行更大规模的技术引进。而陈云在和与会人员交流时提出:"引进这么多资金,又那么容易,但考虑过没有,引进了国外资金,我们中国要有配套资金。就算人家借给你那么多钱,我们自己有那么多资金配套吗?"①然而,由于与会人员中普遍存在着加快发展、赶超西方的心情,这一看法并未引起重视。1978年底的中央工作会议上,陈云又一次提出"工业引进项目,要循序而进……不要一拥而上。……对于生产和基本建设都不能有材料的缺口"②。随后召开的十一届三中全会认真分析了经济发展中面临的问题,提出对国民经济进行调整,对经济体制进行改革,是"调整、改革、整顿、提高"这一"新八字方针"形成的萌芽。

1979年初,在充分考虑陈云提出的意见后,邓小平也逐步转变了看法,指出:"我们要从总方针来一个调整……今年计划有些指标要压缩一下,不然不踏实,不可靠。"③并暂时搁置了几年内引进800亿美元的想法,转而支持调整。1979年3月14日,李先念、陈云给中央的信中指出现在的国民经济是没有综合平衡的,比例失调的情况是相当严重的,要有两三年的调整时期,才能把各方面的比例失调情况大体上调整过来。④ 1979年4月5日,李先念在中央工作会议上正式提出"调整、改革、整顿、提高"这一"新八字方针"⑤,经过讨论,会议确立了经济结构调整、经济体制改革的新任务。调整,就是要针对林彪、"四人帮"长

---

① 肖冬连.1979年国民经济调整方针的提出与争论[J].党史博览,2004(10):4-10.
② 中共中央文献研究室.陈云文选:第三卷[M].北京:人民出版社,1995:236,237.
③ 赵凌云.中国经济通史:第十卷·下册[M].长沙:湖南人民出版社,2002:55.
④ 中共中央文献研究室.陈云文选:第三卷[M].北京:人民出版社,1995:248.
⑤ 中共中央文献研究室.三中全会以来重要文献选编(上)[M].北京:人民出版社,1982:121.

期干扰破坏所造成的经济比例严重失调的状况,自觉调整比例关系,使农、轻、重和工业各部门能够比较协调地向前发展,使积累和消费之间保持合理的比例。改革,就是要对现行经济管理体制坚决地有步骤地实行全面改革。整顿,就是要把现有企业特别是一部分目前管理混乱的企业坚决整顿好。提高,就是要大大提高生产水平、技术水平和管理水平。调整、改革、整顿、提高是相互联系、相互促进的,要以调整为中心,边调整边前进,在调整中改革,在调整中整顿,在调整中提高。

(二)国民经济的初步宏观调控

1979年3月21日,中共中央政治局开会讨论1979年计划和国民经济调整问题,会议同意国家计委修改和调整1979年国民经济计划的意见,决定用三年时间调整国民经济。1979年5月到1980年底,国民经济的调整工作开始在"调整、改革、整顿、提高"方针的指导下全面实施。

(1)通过政策上的保护、改革农村经济体制等措施来加快农业发展,理顺农业和工业的比例关系。1979年9月28日,中共十一届四中全会正式通过了《中共中央关于加快农业发展若干问题的决定》(以下简称《决定》)。《决定》提出了25条加快农业发展的政策和增产措施,主要有:保障社员自留地、自留畜、家庭副业;发展农村集市贸易;继续稳定地实行"三级所有、队为基础"的制度;增加对农业的投资和贷款;改革农村价格体系,粮食统购价格从1979年夏粮上市起提高20%,超购部分在这个基础上再加价50%。1979年提高油料、糖料、畜产品、水产品、林产品等农副产品的收购价格,降低农业机械、化肥、农药、农用塑料等家用工业品的出厂价格和销售价格。1980年提高羊皮、黄麻、红麻、木材、生漆、桐油等农副产品的收购价格;因地制宜地发展农、林、牧、副、渔业的机械化,实行农、林、牧、副、渔业五业并举。在贯彻上述政策的同时,试验和推广了多种形式的农业生产责任制,逐步展开了农村经济体制的改革。

(2)加快轻纺工业的发展,加强能源、燃料工业的生产建设,使商品供应同国内购买力和对外出口的增长相适应,使工业内部的比例协调起来。一方面,国家适当提高轻纺工业的投资比重,适当增加轻工业生产和建设所需要的外汇,对轻工业采取了增加贷款,保证煤、电和原材料的优先供应;多发展一些投资少、见效快、赚钱多、国内外市场需要的轻工业等措施,国家对轻纺工业实行"六个优先"①的原则,确保轻工业、纺织工业、手工业加快发展步伐,并针对轻工业集体

---

① "六个优先"是指:原材料、燃料、电力供应优先;挖潜、革新、改造的措施优先;基本建设优先;银行贷款优先;外汇和引进新技术优先;交通运输优先。

企业多和小商品多的特点,大力支持集体企业和小商品生产的发展。另一方面,扭转长期以来重工业自我服务的倾向,促使重工业的生产面向农业、轻工业及市场。在重工业生产中突出地加强煤、电、油、运和建筑材料工业的生产建设,压缩能源生产、调整能源生产的内部关系,初步调整了能源采储、采掘比例,并按照国民经济发展的需要和燃料动力、原材料供应的可能,认真调整工业企业,关停并转一些企业,保证产品对路、消耗低、质量好、盈利多的企业开足马力生产。

(3)压缩基本建设战线,控制引进规模,减慢引进速度。对现在的工程逐个审查排队,条件具备的特别是国家急需的项目,要坚决保上去,条件不具备的项目要坚决停建或缓建,即使条件具备而国家不需要的也要停建,使建设规模同钢材、水泥、木材、设备和资金的供应相适应。要突出重点,多引进一些煤、电设备和投资少、见效快、换汇率高的项目和先进技术。以扩大出口所能得到的外汇收入和可能借到的国外贷款为限,严格控制引进规模。

(4)调整积累和消费的比例关系,把提高人民生活置于首位。在农村,通过实行家庭联产承包责任制,改革农村价格体系,增加农民的收入。在城市,通过安排职工就业,提高职工工资和调整工资类别,发放职工副食补贴,恢复企业的奖金制度等措施,增加城镇居民的直接收入;通过扩大职工住宅、科学、教育、文化、卫生以及市政建设等非生产性投资的比重,增加城镇居民的福利保障。力求在上述措施作用下,缓解积累和消费比例关系的失调。

三、国民经济的进一步宏观调控

经过1979年、1980年对国民经济的调整和改革,农民的积极性被调动起来,农业获得了快速发展,工业生产在能源几乎没有什么增长的情况下,也保持了一定的增长速度,特别是轻工业增长幅度很大。1979—1980年两年,城镇安排了1600多万人就业,全民所有制单位职工的平均工资,1980年要比1977年增加200元左右,增长30%。[①] 由表2-2、表2-3、表2-4、表2-5、表2-6可知,1979年、1980年国民经济主要比例关系失调的现象已大大缓解。但是,一方面,国民经济比例失调的现象由来已久,在短期内难以彻底消除;另一方面,经济建设中长期存在的"左"倾指导思想仍存在,各级政府对经济调整的必要性认识不足。因此,虽然经过近两年的调整,国民经济比例关系失调的情况尚未能从根本上改变过来,同时又出现了一些新的问题,如财政赤字过大,货币发行过多,物价上涨速度过快,而且商品涨价的面也较大。

---

① 桂世镛.论进一步调整的特点与意义[J].经济研究,1981(4):10-16.

第二章 体制转轨局部推进阶段宏观调控的历史过程:1978—1991年

(一)国民经济中出现的新问题

(1)基本建设规模过大,基本建设战线过长。经过两年的调整,基本建设规模仍有扩大,22个大的引进项目没有全部停止,有的地方和企业利用改革带来的自主权又新上了一批重复建设项目。1980年9月底比1979年底,全国在建的大中型项目虽然减少了200多个,但在建项目总规模并没有减少。① 1980年基本建设新建、扩建项目投资分别为290.24亿元和237.49亿元,分别比上年增加10.57亿元和27.11亿元。②

出现这种情况的原因:一方面,各级政府对此次调整的重视程度不够,计划内投资没有完成压缩任务。按照调整计划,基本建设投资中,预算内投资将从1978年的396亿元减少到1979年的360亿元和1980年的241.5亿元,③④但两年的实际预算内投资分别为418.57亿元和349.27亿元,⑤大大高于计划调整指标。另一方面,为了增加地方和企业的生产积极性,中央对地方和企业采取了以"划分收支、分级包干"和"利润留成"为主的放权让利的改革措施,地方和企业掌握的资金显著扩大。但是,由于相应的约束机制没有建立,地方和企业利用相当大一部分的资金进行了重复生产和重复建设,基本建设预算外投资超标。1979年、1980年基本建设预算外投资分别为104.91亿元和209.62亿元,远远高于1978年的83.62亿元,预算外投资占总投资的比重也从1978年的16.7%快速上升到1979年的20%和1980年的37.5%。⑥

(2)财政收支不平衡,出现财政赤字。1979年财政赤字达到170.6亿元,1980年为127.5亿元(见表2-7)。出现巨额财政赤字的原因:一是"洋跃进"战略下大规模的成套设备引进使财政支出大幅度增加;二是财政支出中用于提高农副产品收购价格的补贴、提高职工工资等改善人民生活的消费支出增长过猛,1979年的消费支出总额达到173亿元,比原定计划多41亿元,1980年上述开支

---

① 周叔莲.调整国民经济的几个理论问题[J].经济研究,1981(3):13-20.
② 国家统计局固定资产投资统计司.中国固定资产投资统计数典:1950—2000[M].北京:中国统计出版社,2002:106.
③ 关于1978年国家决算和1979年国家预算草案的报告[N].人民日报,1979-06-30.
④ 王丙乾.关于1979年国家决算、1980年国家预算草案和1981年国家概算的报告[N].人民日报,1980-09-13.
⑤ 国家统计局.中国统计年鉴:1983[M].北京:中国统计出版社,1983:323.
⑥ 国家统计局.中国统计年鉴:1983[M].北京:中国统计出版社,1983:323.根据相关数据计算。

增加到 330 多亿元,比 1979 年增加 150 多亿元①;三是由于通过财政拨款来进行的基本建设投资的规模过大,使财政支出过大;四是对地方和企业的放权让利的改革措施,减少了中央财政收入。而财政支出并未相应减少,有些地区发生亏空时,仍要中央贴补,这样就削弱了中央平衡预算的力量。在多重因素的作用下,财政收入小于财政支出,出现了较大的财政赤字。

表 2-7 1977—1982 年全国财政收支总额及增长速度

年份	财政收入（亿元）	财政支出（亿元）	收支差额（亿元）	指数(上年=100) 财政收入	财政支出
1977	874.5	843.5	31.0	112.6	104.6
1978	1121.1	1111.0	10.1	128.2	131.7
1979	1103.3	1273.9	-170.6	98.4	114.7
1980	1085.2	1212.7	-127.5	98.4	95.2
1981	1089.5	1115.0	-25.5	100.4	91.9
1982	1124.0	1153.3	-29.3	103.2	103.4

注:1985 年及以前价格补贴冲减财政收入,1985 年以后改列财政支出。
资料来源:国家统计局.中国统计年鉴:1987[M].北京:中国统计出版社,1987:617.

(3)消费基金增长较快,市场物价开始上涨。一方面,为协调积累和消费的比例关系,中央采取了一些提高居民收入的政策措施。但是,仍有企业巧立名目,普遍提高职工工资、发放奖金,消费基金增加较快。1979 年和 1980 年城乡居民人民币储蓄存款年底余额分别达到 281.0 亿元和 399.5 亿元,分别比上年增加 70.4 亿元和 118.5 亿元②,社会购买力大大增加。另一方面,为了弥补财政赤字,1979 年运用历年财政结余 80.4 亿元,向银行透支 90.2 亿元,增发货币 56 亿元。1980 年财政向银行借款 80 亿元,从 1981 年发行国库券收入中动用 47.5 亿元,多发 76 亿元货币。③ 在消费基金增长较快的情况下,货币流通量又超过正常需要量,从而引起市场物价上涨。1979 年全国零售物价比上年上涨 2%,农副产品收购价格上涨 22.1%;1980 年全国零售物价上涨 6%,职工生活费用上涨

---

① 赵凌云.中国经济通史:第十卷·下册[M].长沙:湖南人民出版社,2002:62.
② 国家统计局国民经济综合统计司.新中国五十年统计资料汇编[M].北京:中国统计出版社,1999:25.
③ 赵凌云.中国经济通史:第十卷·下册[M].长沙:湖南人民出版社,2002:62.

7.5%（见表2-8）。

表2-8　1978—1982年各种物价总指数

年份	全国零售物价总指数	职工生活费用价格总指数	农副产品收购价格总指数	农业工业品零售价格总指数	工农业商品综合比价指数
1978	100.7	100.7	103.9	100.0	96.2
1979	102.0	101.9	122.1	100.1	82.0
1980	106.0	107.5	107.1	100.8	94.1
1981	102.4	102.5	105.9	101.0	95.4
1982	101.9	102.2	102.2	101.6	99.4

注：以上年价格为100。本表零售物价总指数、职工生活费用价格总指数是包括牌价、议价和市价的指数。农副产品收购价格总指数是包括牌价、议价和超购加价（1985年为合同订购价、比例价和议价等市场收购价）的指数，工农业商品综合比价指数以农副产品收购价格总指数为100。

资料来源：国家统计局.中国统计年鉴：1987[M].北京：中国统计出版社，1987：647.

（4）在工业方面出现了重复生产、重复建设的倾向，工业生产战线过长，工业改组和整顿进展不快。如前所述，1979年、1980年国家对财政和工业企业进行了一些放权让利的改革，调动了各级政府和企业当家理财的积极性，便于地方统筹安排把经济搞活，推动了国民经济调整工作的展开，有利于增收节支。但是，这些改革措施也导致新矛盾和新问题的出现，中央与地方、政府与企业、微观搞活与宏观稳定这三对矛盾逐步出现；为了地方利益和企业利益，地方和企业利用手中掌握的财权和生产自主权，盲目新建发展起来一批企业。如小丝厂、小烟厂、小酒厂、小油漆厂、小肥皂厂等，不仅同老厂争原料，以小挤大，以落后挤先进，而且也加剧了农产品原料和加工工业的矛盾。在中央宏观调控政策的作用下，1980年，国有企业数目从上年的8.38万个减少到8.34万个，而地方兴办的集体企业数目却从上年的27.12万个增加到29.35万个。[①]

（二）国民经济的进一步宏观调控

鉴于以上情况，为保证经济的持续快速增长，1980年11月28日国务院召开全国计划会议，会议决定调整五届全国人大三次会议通过的1981年国民经济计

[①] 国家统计局国民经济综合统计司.新中国五十年统计资料汇编[M].北京：中国统计出版社，1999：36.

划和财政预算。随后于12月16日召开的中央工作会议上,全党对进行国民经济调整的必要性统一了认识,决定从1981年起对国民经济进行进一步的调整,做到"两平一稳",即基本上做到财政收支平衡,基本实现信贷收支平衡,把物价基本稳定下来。

(1)压缩基本建设规模。1981年2月25日,五届人大常委会第十七次会议指出,基本建设要进一步压缩投资,由原计划的550亿元调为300亿元。其中,国家预算直接安排的投资由原计划的242亿元调减为170亿元,减少72亿元。①3月25日,国家计委、建委和财政部联合作出《关于制止盲目建设、重复建设的几项规定》。规定提出了"12个不准":不准搞"长线"产品项目;不准搞重复建设项目;不准搞"楼堂馆所";等等。4月16日,全国基本建设会议提出,要继续严格控制基建规模,一定不能松劲。1981年全民所有制单位完成基本建设投资总额428亿元,比上年减少111亿元,压缩20.6%,其中国家预算内投资208亿元,比上年减少73亿元,压缩26%。全年停建、缓建的大中型项目151个,年末在建的大中型项目为663个,比上年减少241个。②

(2)努力平衡财政收支,控制货币发行,控制消费基金的过度增长,稳定市场物价。1981年1月7日,中国人民银行全国分行行长会议结束,确定1981年的中心任务是加强信贷管理,控制货币发行。1月16日,国务院发布《关于正确实行奖励制度、制止滥发奖金的几项规定》。1月23日,全国控制社会集团购买力领导小组召开电话会议,要求进一步控制和压缩社会集团购买力。2月12日,国务院作出《关于加强信贷管理,严格控制货币发行的决定》,提出八条具体的措施来控制货币发行。1981年,财政收支基本平衡,财政赤字下降到25.5亿元,财政性货币发行大量减少,市场物价的上涨势头得到遏制。全国零售物价总指数回落到102.4,比1980年的106.0下降了3.6个百分点;职工生活费用价格总指数回落到102.5,比1980年的107.5下降了5个百分点(见表2-8)。

(3)调整工业结构,降低能源消耗,提高经济效益。超过能源和原材料供应可能的加工工业要控制,1978年签订的22个进口项目中耗能高、投资大的项目,或下马,或缓建。为了协调采储、采掘比例关系,原油、煤炭产量都适当调低,对消耗高、质量差、亏损大、产品不对路的企业实行关、停、并、转。1981年2月,

---

① 姚依林.关于调整一九八一年国民经济计划和国家财政收支的报告[J].中华人民共和国国务院公报,1981(3):68—80.

② 国家统计局.中华人民共和国国家统计局关于一九八一年国民经济计划执行结果的公报[J].中华人民共和国国务院公报,1982(9):419—432.

国务院发出《关于调整农村社队企业工商税负担的若干决定》。5月,国务院颁发《社队企业贯彻国民经济调整方针的若干规定》,指出当前社队企业存在的主要问题是发展中存在着盲目性、发挥经济效益和充分利用资源不够等,规定社队企业必须贯彻中央关于进一步调整的方针,进行认真的调整和整顿。[①] 1981年社队企业总数由1980年的18.66万个减少到18.55万个,净减1073个。[②]

经过进一步的调整,"两平一稳"的目标基本实现。由表2-2、表2-3、表2-4、表2-5、表2-6可知,截至1981年国民经济主要比例关系已趋于正常,全国零售物价指数进一步回落到102.0,整体物价水平基本平稳(见表2-8)。但是,经济中仍然潜伏着各类矛盾:财政管理体制和对企业放权让利的改革削弱了中央财政的权力,使中央财政收入和支出之间存在矛盾,1978年以后中央财政收入呈现下降态势,1979年为1103.3亿元,1980年为1085.2亿元,1981年为1089.5亿元;1981年财政收支基本平衡,但仍有25.5亿元的财政赤字(见表2-7),而赤字的缩小是在大量压缩开支的情况下实现的。农业和轻工业的发展仍不能满足消费者对商品的需求,加上货币连年的大量投放,市场物价仍存在不稳定因素。基本建设中国家预算内投资虽大幅度压缩,但由于改革使中央对地方和企业的控制力减弱,预算外资金没有得到有效的控制,基本建设规模仍然过大,盲目投资、盲目建设的情况依然存在等。国民经济发展中长期积累的问题不可能在短期内完全解决,国民经济比例关系的协调还是初步的。在农轻重内部以及工农业与交通运输、基本建设等部门之间还存在着许多不平衡的因素,没有完全得到解决。

因此,为巩固此次宏观调控的成效,促进经济的快速、健康发展,1982年各级政府进一步贯彻"调整、改革、整顿、提高"的"新八字方针",力求在更高的水平上达到比较稳定的平衡。调控重点从调整国民经济比例关系为主转移到提高国民经济效益上来,围绕提高经济效益,进一步调整和整顿。在相关措施的作用下,1982年国民经济的各项比例关系基本合理,国民经济恢复了快速、稳定的发展趋势。但是,国民经济中的各类深层次矛盾依然存在,经济依然有再次出现失调的可能。

---

① 国务院关于社队企业贯彻国民经济调整方针的若干规定[J].中华人民共和国国务院公报,1981(9):263-266.

② 赵凌云.中国经济通史:第十卷·下册[M].长沙:湖南人民出版社,2002:64.

第二节 1985—1986年:以压缩总需求、稳定物价为主的宏观调控

1979年12月,邓小平同志会见日本首相大平正芳时谈道:"我们的四个现代化的概念,不是像你们那样的现代化的概念,而是'小康之家'。……要达到第三世界中比较富裕一点的国家的水平,比如国民生产总值人均一千美元。……中国到那时也还是一个小康的状态。"①1981年11月,五届全国人大四次会议提出,要力争用20年的时间使工农业总产值翻两番,使人民生活达到小康水平。1982年,当调整的任务基本完成,国民经济比例关系基本正常、物价恢复稳定时,早日实现工农业总产值翻两番就成为这一时期的首要任务。

一、国民经济的过热和通货膨胀出现

"两步走"现代化战略的形成经历了很长的时间,其思想来源于三届人大政府工作报告上提出的"两步设想"。经过邓小平的创新和改造,有了具体的目标和内容。1982年9月,中共十二大正式确定"两步走"现代化战略,会议指出,从1981年到20世纪末的20年间,中国经济建设总的奋斗目标是,在不断提高经济效益的前提下,力争使全国工农业总产值翻两番,即由1980年的7100亿元增加到2000年的28000亿元左右。"两步走"现代化战略将工农业总产值作为衡量经济增长的指标,侧重于经济的增长速度。

"两步走"现代化战略正式确定以后,在计划经济体制的传统观念影响下,各地方政府和部门仍然追求提前完成中央提出的翻两番的目标,全国上下生产积极性高涨。由于国家三令五申不准突破计划,继续各项调整整顿措施,采取严格的行政控制,才使固定资产投资规模过大等问题得到基本上的控制,暂时没有出现经济过热。但是,经济中处处潜伏着引发过热的因素,一旦中央放松控制,国民经济就有再次出现过热的可能。

(一)"六五"计划的提前完成

在"两步走"现代化战略的指导和一系列改革开放政策的作用下,经济发展态势良好,原定于1985年实现的"六五"计划的主要指标在1984年已提前实现。

---

① 邓小平.邓小平文选:第二卷[M].北京:人民出版社,1994:237.

1983年,工农业总产值和粮食、棉花、油料、原煤、原油、钢材等33种主要产品产量,已提前两年达到第六个五年计划规定的1985年指标①,各地加快生产建设的积极性进一步高涨。截至1984年,固定资产投资(见表2-9)已提前完成"六五"期间共投资3600亿元的计划指标;职工工资总额、农民纯收入(见表2-9)都分别超过1985年达到983亿元、255元的计划指标;居民消费水平1984年比1980年增长44%②,超过到1985年比1980年增长22%的计划指标,各年增长(见表2-9)也超过年均增长4.1%的计划指标。在居民消费水平快速提高的同时,社会集团购买力也大大增强,1984年社会集团购买力的增长指数达到126.5,远远高于社会商品零售指数118.5和居民消费指数118.7(见表2-10)。③ 在投资和消费快速增长的同时,铁路、公路、水运运输量以及邮电业务量也提前完成,商业零售网点数超过"六五"计划指标的1倍多,社会零售额相当于1985年指标的116%,进出口总额相当于1985年指标的140%。④

(二)总需求膨胀和经济失调

1984年10月,中共十二届三中全会通过的《中共中央关于经济体制改革的决定》指出,改革是中国当前经济形势发展的迫切需要,新技术革命要求改革经济体制,现在全面改革经济体制的条件已经具备。同时还指出,就总体来说,我国实行的是计划经济,即有计划的商品经济,而不是那种完全由市场调节的市场经济。⑤ "六五"计划的提前完成,使社会各界生产积极性高涨,经济中出现过热趋势。而中央对经济中的各类问题认识不够充分,对改革开放可能带来的负面影响认识不足,对两种体制间可能产生的摩擦准备不足,在制定改革措施时出现一些偏差,国民经济中的一些总量指标出现一些问题。

---

① 中华人民共和国统计局.关于1983年国民经济和社会发展计划执行结果的公报[N].新华月报,1984(4):88-94.

② 国家统计局.中国统计年鉴:1985[M].北京:中国统计出版社,1985:552.按"居民年平均消费水平"中的相关数据计算得来。

③ 相关"六五"计划指标参见:中共中央文献研究室.十二大以来重要文献选编(上)[M].北京:人民出版社,1986:163-182.

④ 赵凌云.中国经济通史:第十卷·下册[M].长沙:湖南人民出版社,2002:75.

⑤ 中国社会科学院经济研究所.中国改革开放以来经济大事辑要:1978—1998[M].北京:经济科学出版社,2000:67-68.

表 2-9 "六五"计划各项指标完成情况

年份	全社会固定资产投资总额(亿元)	全社会固定资产投资增长速度(%)	基建投资总额(亿元)	职工工资总额(亿元)	农村居民家庭平均每人纯收入(元)	居民消费水平指数(上年=100)
1981	961.00	5.5	442.91	820.0	223.4	108.0
1982	1230.40	28.0	555.89	882.1	270.1	106.5
1983	1430.10	16.2	594.13	934.6	309.8	117.8
1984	1832.90	28.2	743.15	1133.4	355.3	111.6
1985	2543.20	38.8	1074.37	1383.0	397.6	113.1

资料来源:国家统计局固定资产投资统计司.中国固定资产投资统计数典:1950—2000[M].北京:中国统计出版社,2002:15;国家统计局国民经济综合统计司.新中国五十年统计资料汇编[M].北京:中国统计出版社,1999:22,23,24.

表 2-10 1981—1985 年社会商品零售总额及指数

年份	社会商品零售总额(亿元)	消费品		社会商品零售总额指数(以上年为100)	消费品	
		售给居民(亿元)	售给社会集团(亿元)		售给居民(以上年为100)	售给社会集团(以上年为100)
1981	2350.0	1798.5	204.0	109.8	111.8	109.7
1982	2570.0	1956.1	225.4	109.4	108.8	110.5
1983	2849.4	2169.5	256.6	110.9	110.9	113.8
1984	3376.4	2574.5	324.7	118.5	118.7	126.5
1985	4305.0	3391.4	410.0	127.5	131.7	126.3

资料来源:国家统计局.中国统计年鉴:1987[M].北京:中国统计出版社,1987:555,558.

(1)工业出现高速增长,生产结构出现失调。1982 年以后,在企业实行经济责任制的基础上实行利改税,进一步扩大企业自主权。1983 年 4 月,国务院做出《关于在国营企业征收所得税的决定》,利改税开始展开。1984 年 5 月,国务院发布《关于进一步扩大国营企业自主权的暂行规定》,原来按照指令性计划实行生产的企业,现在已经把生产分成计划内和计划外两个部分。1984 年 9 月,中央又开始推行第二步利改税。在各种放权让利的改革措施的刺激下,工业企业生产积极性高涨,出现逐月高速上涨的局面。1984 年 2 月开始工业生产增长速度达到两位数,8 月份以后实现了逐月增长,12 月份增长速度达到

13.6%(见表2-11)。受短期利益影响,地方和企业把大量资金更多地投入到投资周期短、价高利大的加工工业上,造成原材料短缺、能源紧张、外汇不足、企业周转资金困难等问题,使基础工业的"瓶颈"作用更加突出,生产结构出现失调。1984年全国积压待运的煤炭、木材、粮食及其他物资共5000万吨左右,全国缺电450亿~500亿度,拉闸限电的情况越来越严重。[①] 工业的高速增长有力地带动了经济的发展,但也引发了一些宏观经济失衡问题,投资和消费出现双膨胀,外汇和信贷都出现失调的趋势。

表2-11　1984年各月的工业生产增长速度

单位:%

月份	1月	2月	3月	4月	5月	6月	7月	8月	9月	10月	11月	12月
增速	8.0	12.0	12.0	11.7	11.7	11.6	11.9	12.2	12.5	12.7	13.1	13.6

资料来源:樊纲,张曙光,王利民.双轨过渡与"双轨调控":上[J].经济研究,1993(10):15-26.

(2)固定资产投资规模较大,投资出现膨胀。随着对地方和企业采取的一系列放权让利的改革措施,地方和企业可支配的资金明显增加。在此情况下,1984年10月计划管理体制改革措施出台,规定对地方部门、企业自筹资金的投资和利用自借自还的外资进行的建设项目,实行"指导性计划",并放宽了投资审批权限,增加了地方的审批权力。由于投资经济责任制还没有建立,地方和企业还是争项目、争投资,企业仍然有较强的"投资扩张冲动"。在企业投资约束不健全的情况下,这些改革构成了基层"自主投资"迅速扩大的体制条件。1984年,全社会固定资产投资中国内贷款所占比重从上年的14.1%上升到20.1%,增长速度从上年的-0.4%上升到47.3%;自筹及其他投资所占比重从上年的59.1%上升到60.3%,增长速度从上年的18.7%上升到27.6%(见表2-12)。国内贷款和自筹及其他投资的过快增长是导致固定资产投资规模过大的重要因素。1982—1984年固定资产投资与国民经济主要指标增长速度的差距越来越大,到1984年,全社会固定资产投资增长速度远远高于国民生产总值的增长速度,也远远高于重要能源和原材料的增长速度(见表2-13)。1984年,全社会固定资产投资、全社会在建项目投资和基本建设投资的增长速度过快、规模过大(见表2-14),投资战线过长,潜伏着引发总需求膨胀的危险。

---

① 朱涵萍.我国当前经济增长速度与需求膨胀问题[J].经济研究资料,1985(9):1-10.

表 2-12 1982—1986 年全社会固定资产投资的比重及增长速度

年份	总计	国家投资	国内贷款	利用外资	自筹及其他投资
一、比重(%)					
1982	100.0	23.8	12.3	4.7	59.3
1983	100.0	23.0	14.1	3.9	59.1
1984	100.0	16.0	20.1	3.6	60.3
1985	100.0	14.6	21.1	4.4	59.9
1986	100.0	13.1	23.0	4.8	59.1
二、增长速度(%)					
1982	28.0	3.5	44.4	66.4	34.1
1983	16.2	21.6	-0.4	10.0	18.7
1984	28.2	23.9	47.3	6.2	27.6
1985	38.8	-3.1	97.4	29.5	41.6
1986	22.7	11.7	29.0	50.1	21.9

注:增长速度是以上年为基期。

资料来源:国家统计局固定资产投资统计司.中国固定资产投资统计数典:1950—2000[M].北京:中国统计出版社,2002:20.

表 2-13 1981—1985 年固定资产投资与主要经济指标增长速度对比

(以 1980 年为基期)

单位:%

年份	全社会固定资产投资	国民生产总值	财政收入与预算外资金收入	能源生产总量	成品钢材产量	水泥产量	木材产量
1981	5.5	7.6	2.1	-0.8	-1.7	3.8	-7.8
1982	35.1	17.4	10.3	4.8	6.8	19.2	-5.9
1983	57.0	31.9	21.5	11.8	13.1	35.5	-2.4
1984	101.2	59.5	38.7	22.2	24.2	54.0	19.1
1985	179.2	99.0	63.2	34.2	36.0	82.8	18.0

资料来源:国家统计局固定资产投资统计司.中国固定资产投资统计数典:1950—2000[M].北京:中国统计出版社,2002:14.

表 2-14　1984—1986 年全社会固定资产、在建项目和基本建设投资情况

年份	投资总额(亿元)			增长速度(%,以上年为基期)		
	全社会固定资产投资	全社会在建项目	基本建设投资	全社会固定资产投资	全社会在建项目	基本建设投资
1984	1832.9	6792	743.15	28.2	17.5	25.1
1985	2543.2	8498	1074.37	38.8	25.1	44.6
1986	3120.6	10649	1176.11	22.7	25.3	9.5

资料来源:国家统计局固定资产投资统计司.中国固定资产投资统计数典:1950—2000[M].北京:中国统计出版社,2002:15,16,87.

(3)消费基金增长较快。从1978年实行改革以来,随着对企业的放权让利,1982—1984年间职工工资和农民纯收入增长速度较快(见表2-9)。企业根据获得的自主权,在进行收入分配时更多地倾向个人利益,国民经济中出现"工资侵蚀利润""收入分配向个人倾斜"和"集团消费增加"等问题。收入的快速增长使居民消费水平和社会集团购买力大幅度增加,消费的快速增长使经济中潜伏着引发总需求膨胀和物价上涨的可能。1984年,国家对企业工资管理体制进行进一步的改革,规定下放"奖金分配"的自主权,取消"奖金封顶",并可以在一定幅度内自主决定工资调整,试行"工资效益挂钩"。在这些改革措施下,地方、企业、职工的积极性得到较大提升,收入也大幅提高,消费能力不断增强,但也有个别企业不规范发放奖金,使用行政经费另作他用等。1984年,全国银行工资性支出为1415.7亿元,比上年增长22.3%,大大超过国内生产总值15.2%的增长速度;行政企业管理费支出为271.1亿元,比上年增长38.0%(见表2-15)。1984年底,在酝酿1985年企业工资体制改革的过程中,有些人提出在实行企业工资总额同经济效益挂钩浮动时,工资总额以1984年的实际数为基数核定。在这种改革背景下,由于中央在1984年第四季度对消费基金管理略有放松,一些企业和行政事业单位为了在1985年的工资体制改革中有较大的工资基数,1984年底有意提高工资、奖金的发放,从而使消费基金增长较多。其中,居民消费从上年的2957亿元增加到1984年的3395亿元,社会消费从上年的401亿元增加到1984年的510亿元。[①] 居民消费和社会消费的大幅度增长,使消费基金出现过快增长和膨胀势头,这种情况不仅造成宏观经济出现不平衡,而且影响工资、

---

① 中国经济年鉴编辑委员会.中国经济年鉴:1991[M].北京:经济管理出版社,1991:Ⅷ-16.

物价改革的顺利进行。

表 2-15　1984—1986 年全国银行现金支出

年份	支出总额(亿元)		增长速度(%,以上年为基期)	
	工资性支出	行政企业管理费支出	工资性支出	行政企业管理费支出
1984	1415.7	271.1	22.3	38.0
1985	1786.5	364.8	26.2	34.6
1986	2158.2	412.9	20.8	13.2

资料来源:国家统计局国民经济综合统计司.新中国五十年统计资料汇编[M].北京:中国统计出版社,1999:5,70.增长速度按相关数据计算得到。

（4）信贷规模较大。1984 年,金融领域正式确立了中央银行体系,并取消贷款的指令性计划,实行了"差额包干"制,允许专业银行"多存多贷",但准备金制度尚未立即建立,专业银行与中央银行的结算通过同一账户进行,专业银行可将"汇差"资金当作储备金,所以事实上资金是敞开供应的。1984 年在酝酿金融体制改革的过程中,有关部门提出各专业银行可以自主支配的信贷资金数额,以 1984 年的实际贷款数为基数核定。同时,由于中央在 1984 年第四季度对信贷基金管理不严,结果一些金融单位为了增大信贷基数,竞相放贷,致使银行信贷增长较快。1984 年,银行贷款总额比 1983 年增加 28.9%；货币投放 262.3 亿元,比上年增长 189.2%；货币流通量达到 792.1 亿元,比上年增长 49.5%（见表 2-16,增长速度根据表中数据计算所得）。货币的大量投放和货币流通量的快速增长成为经济中诱发物价上涨的危险因素。

表 2-16　1983—1986 年全国金融机构人民币业务基本情况

单位:亿元

年份	金融机构		现金投资与回笼			货币流通量
	存款余额	贷款余额	现金收入	现金支出	投放	
1983	2788.6	3589.9	3428.7	3519.4	90.7	529.8
1984	3583.9	4766.1	4207.6	4469.9	262.3	792.1
1985	4264.9	5905.6	5499.1	5694.8	195.7	987.8
1986	5354.7	7590.8	6613.3	6843.9	230.6	1218.4

资料来源:国家统计局国民经济综合统计司.新中国五十年统计资料汇编[M].北京:中国统计出版社,1999:64,65,66,72。

(5)外汇收支不平衡。1982年到1984年间,国家对贸易出口商品实行分类经营,开放天津、上海等14个沿海港口城市,加快利用外资、引进先进技术的步伐,采取政企分开、简政放权、实行进出口代理制等外贸改革措施。在这些改革措施的推动下,中国的对外贸易政策也从进口替代型向出口导向型转变,借助于国家的对外开放政策,以及中国在劳动力方面拥有的比较优势,来料加工贸易获得了较好的发展。受国内资源短缺的制约,为支持经济的快速发展,企业大量进口原材料。1982年到1984年进口钢材分别为303万吨、891万吨和1182万吨,1984年进口木材700立方米,铜、铝、锌的进口由1982年的39万吨增加到1984年的73万吨,据估算,1984年通过外贸进口支持国内的增长速度为3%~4%。①来料加工贸易的快速增长和原材料的大量进口,使进口的增长速度大于出口。1984年,进口总额从上年的213.9亿美元上升到274.1亿美元,增加60.2亿美元;出口总额从上年的222.3亿美元上升到261.4亿美元,增加39.1亿美元;对外贸易出现逆差,进口用汇大量增加,外汇储备也减少到82.20亿美元(见表2-17)。

表2-17 1982—1986年全国进出口贸易总额和外汇储备情况

单位:亿美元

年份	进出口总额	出口总额	进口总额	差额	外汇储备
1982	416.1	223.2	192.9	30.3	69.86
1983	436.2	222.3	213.9	8.4	89.01
1984	535.5	261.4	274.1	-12.7	82.20
1985	696.0	273.5	422.5	-149.0	26.44
1986	738.5	309.4	429.1	-119.7	20.72

资料来源:国家统计局国民经济综合统计司.新中国五十五年统计资料汇编[M].北京:中国统计出版社,2005:68,76.

(三)通货膨胀的出现

1984年国民经济中已经逐步出现过热趋势,工业的高速增长并未缓解市场供应紧张的局面,投资和消费双膨胀引发了总需求膨胀,加之过量的货币投放,1984年第四季度出现通货膨胀。

在生产资料市场上,1984年5月,国务院发布《关于进一步扩大国营工业企

---

① 朱涵萍.我国当前经济增长速度与需求膨胀问题[J].经济研究资料,1985(9):1-10.

业自主权的暂行规定》。规定指出,工业生产资料属于企业自销的和完成国家计划后的超产部分,一般在不高于或低于20%幅度内,企业有权自定价格,或由供求双方在规定幅度内协商定价。[①] 这个规定的出台使生产资料市场上出现两种价格,即计划内价格和计划外价格。在1984年基建投资膨胀引致物资缺口加剧的情况下,生产资料价格双轨制的出现引发了市场投机现象。1984年下半年,一些重要生产资料的计划外价格出现大幅上涨。以钢材为例,年初,企业定价比国家规定的价格大约高30%;到下半年,钢材、汽车、煤炭、铝锭、木材、水泥、纯碱等重要商品的企业定价进一步上涨,有的比国家规定价格高一倍左右,有的高两倍左右。[②]

生产资料价格的上涨,也进一步推动了商品市场上的物价上涨。在商品市场上,钢材、汽车等生产资料以及家电等耐用消费品供不应求,多数商品出现价格大幅度上涨。1984年,全年全国零售物价总指数比1983年上升2.8%,整体上保持了比较低的上升幅度。但是,一部分商品的价格有比较大的起伏。上半年,呢绒、棉布、电视机等部分消费品,曾经出现滞销积压,价格下降,不少企业采取打折扣、给优待、削价等方式降价推销;有的地方,棉布价格下降10%左右,有的地方呢绒价格下降10%以上,但到下半年,这些商品又由滞销变为畅销,价格立即回升,有的恢复原价,有的超过原价。1984年第四季度物价涨幅达10%[③],价格发生这样大的波动,是多年少见的。

二、国民经济的宏观调控

1982—1984年,国民经济在调整和初步改革等措施的影响下,呈现出良好的发展势头,但1984年下半年出现的经济过热势头,使经济运行趋于紧张,为进行全面的经济体制改革增加了难度。为保证经济的正常发展,保证全面的经济体制改革的顺利进行,避免出现大的经济波动,中央推出了一系列措施对经济发展中出现的总需求膨胀和物价上涨等问题进行治理,某些下放了的自主权又被回收,中央开始了新一次的宏观调控。

---

① 中共中央文献研究室.新时期经济体制改革重要文献选编(上)[M].北京:中央文献出版社,1984:230,231.
② 中国经济年鉴编辑委员会.中国经济年鉴:1985[M].北京:经济管理出版社,1985:Ⅳ-41.
③ 余广人.巴山轮:为改革开辟航道[J].中国新闻周刊,2006(32):87.

第二章 体制转轨局部推进阶段宏观调控的历史过程:1978—1991年

(一)宏观调控的具体措施

(1)严格控制消费基金的盲目增长。一方面,加强指令性计划和采取行政命令的手段。1985年2月,国务院办公厅接连发出《关于严格控制发放奖金、补贴的紧急通知》《关于严禁用公款为职工购买高档耐用消费品的通知》和《关于严格控制社会集团购买力的紧急通知》。随后,又下达国有企业和事业单位调资控制指标,指示银行冻结工资奖金总额等措施,控制消费基金和社会集团购买力的增长。另一方面,通过对国有企业和事业单位征收奖金税、对实行工资与上缴利润挂钩的国有企业开征工资调节税。尝试运用间接的财政手段调控工资和奖金,实现收入的再分配。

(2)压缩信贷规模、控制货币发行量。加强信贷额度控制,1985年4月,国务院批转中国人民银行《关于控制一九八五年贷款规模的若干规定》。为保证货币发行不突破计划,要求1985年贷款规模控制在710亿元左右。国务院办公厅向各地各部门发出《关于加强银行金融信贷管理工作的通知》,加强中国人民银行对宏观经济的控制和调节职能,严格控制信贷总规模和现金投放,各专业银行和各地分行必须按计划执行。

(3)压缩基本建设投资,控制预算外资金。1985年初,中央明确规定计划安排基本建设投资的总额,加强基本建设自筹资金的管理,1985年上半年预算内投资得到控制。但是,由于地方和企业仍拥有相当的财权和投资决策权,预算外投资和地方项目投资增长过快,全国基本建设投资仍呈上升趋势。1985年1—7月,全国完成基本建设投资394亿元,比上年同期增加122亿多元,增长44.9%。其中,国家预算内投资比上年同期仅增加13亿元,增长8.8%,而预算外投资则增加了109亿元,增长了90%。[①] 为进一步控制投资规模,中央采取了以收权为特征的行政性措施。重申严格按计划办事,实行行政首长负责制,要求各部门、各地区固定资产投资规模必须按计划执行,不得自行扩大;各级银行不准发放计划外固定资产贷款,各地区、各部门不准用银行贷款以自筹资金名义擅自扩大建设规模;凡6月30日以后存入建设银行的存款,下半年不准运用等。

(4)加强物价管理,控制市场物价。一方面,中央采取措施控制货币发行量和消费基金的膨胀,减少市场上的货币流通量,控制社会集团购买力,从而稳定市场物价。另一方面,采取直接的行政措施来控制物价。针对一些部门、企业和个人,不顾国家和群众利益,乘改革之机,乱涨价或变相涨价,倒卖紧缺物资和消

---

① 中国社会科学院经济研究所.中国改革开放以来经济大事辑要[M].北京:经济科学出版社,2000:400.

费品,牟取暴利,扰乱市场现象,要求各地坚决刹住乱涨价的不正之风;在税收、财务大检查中,同时开展物价大检查。

(5)发展外向型经济,加强外汇管理。1985年2月,长江三角洲、珠江三角洲和厦漳泉三角地区被开辟为沿海经济开放区,沿海开放范围从开放几个城市扩展到整个东部沿海,开放纵深不断扩大。1985年8月,邓小平在会见日本访华代表团时提出:"我们特区的经济从内向转到外向,现在还是刚起步,所以能出口的好的产品还不多。只要深圳没有做到这一步,它的关就还没有过。"①另外,针对外汇市场混乱的现象,在全国范围内开展了查处违反外汇管理规定的工作,下达指令性指标控制各地区、各部门的进口用汇。

(二)国民经济宏观调控的初步情况和政策转向

1. 国民经济宏观调控的初步情况

1985年上半年,由于各地、各部门认识上的分歧和利益上的矛盾,宏观控制的实施效果没有达到预期。零售物价上涨幅度由第二季度的8.8%上升到第三季度的10.1%。② 9月23日邓小平提出:"速度过高,带来的问题不少,对改革和社会风气也有不利影响,还是稳妥一点好。一定要控制固定资产的投资规模,不要把基本建设的摊子铺大了。"③会后,国务院进一步加强了宏观调控的力度,过热的经济逐步开始降温。

(1)工业增长速度有所减缓,但基础工业和加工工业之间的矛盾未得到有效解决。工业生产的过高速度从1985年7月份开始才逐步减缓,7月份增长20.2%,8月份增长17.5%,9月份增长14.5%,第三季度增长17.2%;第四季度工业增长幅度下降较大,10月份增长11.7%,11月份增长8.8%,12月份增长10.2%,第四季度平均增长10.2%。④ 能源、原材料等基础工业的"瓶颈"作用仍然较强。在1984年下半年和1985年工业的高速增长形势下,基础工业的发展相对落后,1978年采掘工业、原材料工业和加工工业之间的比例为12.1:35.5:52.4,经过调整,1981年这一比例变为15.2:40.6:44.2,而1985年这一比例又变为11.5:35.5:53.0,⑤工业内部的结构矛盾再一次加剧。1954—

---

① 邓小平.邓小平文选:第三卷[M].北京:人民出版社,1993:133.
② 赵德馨.中华人民共和国经济史:1985—1991[M].郑州:河南人民出版社,1999:81.
③ 邓小平.邓小平文选:第三卷[M].北京:人民出版社,1993:143.
④ 中国经济年鉴编辑委员会.中国经济年鉴:1986[M].北京:经济管理出版社,1986:V-7.
⑤ 李剑阁.也谈当前宏观经济政策问题[J].经济研究,1987(5):32-34.

1980年电力对工业生产的超前系数为1.33(即工业总产值每增长1%,发电量增长1.33%),进入"六五"时期以后,这个系数降到1以下,由超前变为滞后;"六五"前三年保持在0.7左右,1984年降到0.52,1985年进一步降低到0.44。据水利电力部测算,1985年全国缺电450亿~500亿度,占当年发电量的12%,缺发电能力1200万千瓦,占总装机容量的15%。[①] 尽管钢材、有色金属等增产较多,但仍要大量进口。

(2)投资增长势头尚未得到有效缓解。1985年中央对经济体制展开了全面的改革,在1984年底信贷规模失控的背景下,1985年全社会固定资产投资、全社会对在建项目投资和基本建设投资总额分别达到2543.2亿元、8498亿元和1074.37亿元,增长速度分别为38.8%、25.1%和44.6%,都高于1984年的增长速度(见表2-14),投资膨胀的势头没有得到缓解。

(3)消费基金的增长速度有所减缓。从银行现金支出看,工资奖金和对个人其他支出在1985年第四季度仍比上年同期增长了19.1%。[②] 1985年全年银行工资性支出为1786.5亿元,比上年增长26.2%,行政企业管理费支出为364.80亿元,比上年增长34.6%(见表2-15)。行政企业管理费支出的增长比上年略有下降,工资性支出的增长速度同上年相比还有所提高。产生这一现象的原因主要是由于工资存在刚性,提高工资较为容易,而降低工资水平则比较困难。

(4)信贷规模得到控制,货币投放数量减少。1985年,银行贷款总额比1984年增加23.9%,低于上年32.8%的增长速度;货币投放195.7亿元,低于上年262.3亿元的货币投放量;流通中现金达到987.8亿元,比上年增长24.7%,大大低于1984年49.5%的增长速度(见表2-16,增长速度根据表中数据计算所得)。

(5)外贸逆差有待进一步解决,但外汇市场混乱问题得到有效解决。为满足工业的高速增长和国民经济的快速发展,1985年生产建设和市场物资进口量增加较多,致使进口贸易增长速度大于出口,出现较大的贸易逆差。1985年贸易逆差扩大到149.0亿美元,外汇储备从上年的82.20亿元大幅度下降到26.44亿元(见表2-17)。在外汇市场上,单位、企业在外汇方面的违法乱纪行为基本得到制止,敞口用汇的情况逐步得到扭转,自有外汇的使用控制在国家规定的范

[①] 吴季,张军扩,岳冰,等.论经济增长的有效约束[J].经济研究,1986(6):19-24.
[②] 宋国青,张维迎.关于宏观平衡与宏观控制的几个理论问题[J].经济研究,1986(6):25-35.

围以内,没有超过全年用汇指标。

虽然物价上涨幅度、工业增长率、信贷规模等方面的指标显示,经济已逐步降温,但仍有许多地方和单位在盲目上项目、铺摊子,国民经济总量失控的问题没有得到有效解决,经济中的深层次矛盾依然存在。

2. 宏观调控的政策转向

鉴于1985年各项指标显示经济过热的状况还未得到有效解决,1986年中央仍然采取从紧的宏观调控政策。为进一步对过热经济进行宏观调控,并实现经济的"软着陆",1986年3月通过的"七五"计划中提出,整个"七五"期间的工作部署,大体分为前两年和后三年两个阶段。前两年,经济建设方面,要着重解决固定资产投资规模过大、消费基金增长过猛的问题,使社会总需求和总供给实现基本平衡。后三年,在做好这些工作的基础上,进一步推进体制改革和生产建设,全面完成第七个五年计划的各项任务。

1986年第一季度的统计数据显示,1986年第一季度工业增长4.4%,1986年前三个月零售物价的上涨幅度分别为8.5%、7.5%、6.4%。[①] 工业增长速度放缓主要是由能源紧张、原材料短缺、外汇不足、企业流动资金不足等原因所致,也是紧缩性宏观调控政策的必然结果,这个速度其实并不低。但这些数据公布出来以后,许多人认为工业增长速度的大幅回落、物价上涨幅度的持续下降,说明经济增长已经出现滑坡,强烈要求放松银根,刺激经济增长。中央也并不想经济真正的冷却下来,所以在地方和企业的强烈要求下,宏观调控开始转向,双紧的政策逐步松动。货币政策最早开始松动,1986年下半年,中国人民银行连续指示各地银行适当放松对企业流动资金贷款的控制,并提出"稳中求松"和"区别对待、择优扶持"的政策。但在执行中,实际上是整个工业流动资金贷款的全面放松。

1985年开始的这次宏观调控在进行了一年多之后就结束了,而经济过热现象尚未完全解决。1986年,工业总产值指数为从上年的121.4下降到111.7,国内生产总值指数从上年的113.5下降到108.8;[②]固定资产投资总额为3120.6亿元,比上年增长22.7%;银行现金支出中的工资性支出为2158.2亿元,比上年增长20.8%,行政企业管理费支出为412.9亿元,比上年增长13.2%(见表2-14

---

① 中国经济年鉴编辑委员会.中国经济年鉴:1987[M].北京:经济管理出版社,1987:V-6,V-39.

② 国家统计局国民经济综合统计司.新中国五十年统计资料汇编[M].北京:中国统计出版社,1999:5,37.

和表2-15)。由于投资和消费增长速度都比上年有所下降,总需求的增长速度大幅下降,从1985年的30.0%下降到1986年的13.8%,且总供给的增长速度自1984年以来首次超过总需求的增长速度,供求缺口的增长速度从1984年的95.7%下降到1985年的46.2%,又进一步下降到1986年的0.7%(见表2-18)。但是,总需求仍然大于总供给,1986年供求缺口为1735.10亿元(见表2-18)。供求不平衡的状况,使商品物价依然存在着较大的上涨压力。另外,由于放松了货币管制,贷款规模较大,货币投放过多。1986年底贷款余额达到7590.8亿元,比上年增加1685.2亿元,货币投放量从上年的195.7亿元增加到230.6亿元(见表2-16)。外贸逆差从上年的149.0亿元下降到119.7亿元,外汇储备继续减少(见表2-17)。

表2-18 1984—1986年总需求与总供给总额及增长情况

年份	总额(亿元)			增长速度(%)		
	总需求	总供给	供求缺口	总需求	总供给	供求缺口
1984	6587.87	5408.90	1178.97	125.1	116.0	195.7
1985	8562.12	6838.90	1723.22	130.0	126.4	146.2
1986	9745.37	8010.20	1735.10	113.8	117.1	100.7

资料来源:国家信息中心研究所,中国社会科学院经济研究所通货膨胀研究课题组.我国通货膨胀的综合治理问题[J].经济研究,1989(3):3-10.

之后,中央根据"七五"计划中提出的指导思想,尝试改善宏观调控办法,避免"一刀切"的行政手段给经济带来的危害,用"软着陆"的方式解决社会总需求超过总供给的问题,但经济建设中片面追求增长速度和企求快速改变经济面貌的思想尚未完全消除。在"七五"计划出台后,各地生产积极性高涨,大干快上,追求提前完成"七五"计划的各项指标,追求提前实现"两步走"现代化战略所提出的"翻两番"的目标,甚至快翻多番,在生产建设中和中央的宏观调控政策总是背道而行,中央与地方、政府与企业和计划与市场之间的矛盾日渐突出。

此次宏观调控的具体实施中,中央进行经济紧缩仍主要是依靠行政干预等传统手段,这类手段具有见效快的特点。由于经济体制的改革仍是初步的,市场所占的比重仍比较低,在计划经济体制为主导的经济环境下,传统的行政手段有效性仍然较强,经济过热的问题很快就得到了抑制。但是,国民经济总量失控的问题并未得到根本上的解决,这些问题有些是长期以来就存在的,有些是在体制改革的过程中新出现的,产生的原因、形成的过程都有区别。使用行政手段来进行宏观调控,在控制总量时难免出现"一刀切"的情况,在解决过热问题的同时,又会抑制某些地区、行业、企业的发展,对问题的解决也不彻底,有出现再次过热的风险。

第三节 1989—1991年:以治理通货膨胀为主的宏观调控

鉴于1984年、1985年经济中出现的失衡问题,有些人对以城市为重点的全面经济体制改革持怀疑态度。对此,邓小平指出:"既然搞的是天翻地覆的事业,是伟大的实验,是一场革命,怎么会没有人怀疑呢?……就是拿事实来说话,让改革的实际进展去说服他们。"①"社会主义的任务就是要发展社会生产力,增强社会主义国家的力量,使人民的生活逐步得到改善……就是要对外开放,打破闭关自守,对内搞活,调动全国人民的积极性。"②为使改革更加顺利地展开,根据"七五"计划,1986年和1987年要进一步为经济体制改革创造良好的经济环境和社会环境,努力保持社会总需求和总供给的基本平衡。

一、国民经济出现总量失衡和通货膨胀

为指导经济发展,中央对"两步走"现代化战略进行了发展和创新。1985年4月,邓小平指出:"第一步,到本世纪末翻两番,达到小康水平。第二步,再花三十年到五十年时间,接近发达国家的水平。"③这是对"两步走"现代化战略的初步发展。1987年4月,邓小平在会见外宾时,第一次对"三步走"战略作了完整清晰地描述。他提出:"我们原定的目标是,第一步在八十年代翻一番。以一九八〇年为基数,当时国民生产总值人均只有二百五十美元,翻一番,达到五百美元。第二步是到本世纪末,再翻一番,人均达到一千美元。……把贫穷的中国变成小康的中国。……第三步,在下世纪用三十年到五十年再翻两番,大体上达到人均四千美元。"④随后10月份召开的中共十三大肯定了这一发展战略,明确提出:"只有在提高经济效益上扎扎实实地做好工作……从粗放经营为主逐步转

---

① 邓小平.邓小平文选:第三卷[M].北京:人民出版社,1993:156.
② 邓小平.邓小平文选:第三卷[M].北京:人民出版社,1993:157.
③ 邓小平.邓小平文选:第三卷[M].北京:人民出版社,1993:117.
④ 邓小平.邓小平文选:第三卷[M].北京:人民出版社,1993:226.

到集约经营为主的轨道,才能保证国民经济以较高的速度持续发展。"①

"三步走"发展战略是对"两步走"现代化战略的完善和发展,放弃了单一的工业化目标,提出以四个现代化和人民生活水平的阶段性提高为目标,从片面追求高速度向"速度和效益统一起来"转变。发展战略的转变不可能一蹴而就,新发展战略依然延续了旧发展战略的一些重要特征。不再提"15年赶超英国"等类似的激进口号和发展目标,而要求按比例适度增长,主张"在条件许可的前提下,应该努力争取经济发展有较快的速度"②;不再将工业总产值作为衡量增长的指标,而以国内生产总值为主要指标。

如上所述,在1985年、1986年经济中部分问题没有得到有效解决的时候,受多种因素影响,宏观调控发生了转向,但引发经济指标失调的部分因素依然存在。虽然"三步走"发展战略在导向和内容上都有所优化和完善,但在经济中遗留问题未彻底解决的情况下,经济在快速发展的同时,部分领域出现经济过热、指标失调。

(一) 对外贸易的快速增长和外贸市场的秩序混乱并存

随着1985年对外开放由点及面的推进,在国家对沿海地区发展外向型经济的政策支持下,1986—1987年利用外资、对外贸易额、外贸依存度及加工贸易增长迅速(见表2-19、表2-20、表2-21),经济增长的外向型特征更加明显。1988年2月的全国省长会议提出实行沿海发展战略,利用劳动力资源丰富、费用低廉的优势,注重发展劳动密集型产业。沿海工业要坚持两头在外、大进大出,即把生产经营过程的两头(原料和销售市场)放到国际市场上去。内地省份要服从这个战略,支持沿海地区经济发展。3月,国务院召开的沿海地区对外开放工作会议对全局性沿海发展战略做出具体部署,沿海地区和一些内地省份相应制订了本地区的计划。实施沿海发展战略在1988年上半年成为许多省市经济工作的重心。为与沿海发展战略相配套,国家还相继出台了外贸体制方面的改革措施。一是推进以外汇承包为核心的外贸体制改革;二是扩大沿海地区对外向型经济的管理权限;三是进一步扩大沿海地区范围。

沿海发展战略的初步实施,外贸经营权的下放,进一步发挥了沿海地区的优势,1988年利用外资总额达到102.26亿美元,远远大于上年的84.52亿美元

---

① 中共中央文献研究室.十三大以来重要文献选编(上)[M].北京:人民出版社,1991:17.

② 中共中央文献研究室.十三大以来重要文献选编(下)[M].北京:人民出版社,1991:1487.

(见表2-19),进出口贸易额、加工贸易也大幅度增加(见表2-20、表2-21)。另外,"三资"企业、乡镇企业迅速发展,加速了沿海地区的经济发展。特别是江苏、福建、山东、广东4省份,工业总产值增长幅度达到24%~31%。[①]

表2-19 1985—1991年实际利用外资情况

单位:亿美元

年份	利用外资总额	对外借款	外商直接投资	外商其他投资额
1985	47.60	25.06	19.56	2.98
1986	76.28	50.14	22.44	3.70
1987	84.52	58.05	23.14	3.33
1988	102.26	64.87	31.94	5.45
1989	100.60	62.86	33.92	3.81
1990	102.89	65.34	34.87	2.68
1991	115.54	68.88	43.66	3.00

资料来源:国家统计局国民经济综合统计司.新中国五十五年统计资料汇编[M].北京:中国统计出版社,2005:70.

表2-20 1985—1991年进出口贸易总额及外贸依存度

单位:亿元、%

年份	进出口总额	出口总额	进口总额	国内生产总值	外贸依存度
1985	2066.7	808.9	1257.8	8964.4	23.05
1986	2580.4	1082.1	1498.3	10202.2	25.29
1987	3084.2	1470.0	1614.2	11962.5	25.78
1988	3821.8	1766.7	2055.1	14928.3	25.60
1989	4155.9	1956.0	2199.9	16909.2	24.58
1990	5560.1	2985.8	2574.3	18547.9	29.98
1991	7225.8	3827.1	3398.7	21617.8	33.43

资料来源:国家统计局国民经济综合统计司.新中国五十年统计资料汇编[M].北京:中国统计出版社,1999:3,60.外贸依存度是用进出口总额除以国内生产总值。

---

① 赵德馨.中华人民共和国经济史:1985—1991[M].郑州:河南人民出版社,1999:94-95.

表 2-21 1986—1991 年按贸易方式分货物进出口总额

单位：亿美元

年份	一般贸易		加工贸易		其他贸易	
	出口	进口	出口	进口	出口	进口
1986	250.95	352.07	56.20	67.03	2.25	9.90
1987	296.43	287.72	89.94	101.91	8.03	42.47
1988	326.22	352.04	140.60	151.05	8.38	49.61
1989	315.52	356.14	197.85	171.64	12.03	63.62
1990	354.60	262.00	254.20	187.60	12.10	83.90
1991	381.20	295.40	324.30	250.30	13.60	92.20

资料来源：国家统计局国民经济综合统计司.新中国五十五年统计资料汇编[M].北京：中国统计出版社，2005:69.

在体制改革和对外开放进程上沿海地区走在了前列，体制间的摩擦在沿海地区也表现得尤为突出。在新旧体制交替阶段，国家对企业的监管不太到位，而企业缺乏必要的自我约束机制。在利益诱导下，有些地区和企业不顾国内物资平衡，盲目增加出口，出口了一批国内市场紧缺的重要物资。1988 年国家计划出口生铁 76 万吨，但 1—10 月出口高达 197 万吨，超出计划 1.6 倍，钢材、铜材和铝材出口分别为 70 万吨、4.2 万吨和 2.7 万吨，比上年同期增长 1.2 倍、1.6 倍和 56.7%；[①]有些企业甚至利用政策上的优惠，到处抬价抢购，干扰出口的正常秩序；有些地区没有充分估计自身的优势和国际市场的需求，出现"大进"不能"大出"，或光出不进的局面。

（二）工业高速增长和工业结构失衡并存

从 1985 年实行以城市改革为中心的经济体制全面改革以来，企业领导体制的改革、多种形式经营承包责任制的推行、横向经济联合的发展和完善企业承包经营责任制等改革措施的实施，有效促进了地方工业的发展，进一步调动了企业生产经营的积极性，工业生产实现了高速增长。1986 年，在第一季度工业增速大幅回落的情况下，全年工业总产值仍达到了 11.7% 的增长速度；1987 年工业

---

① 许荣昌，耿书海，李洁，等.我国近几年通货膨胀的宏观分析与对策[J].计划经济研究，1989(5):22-28.

总产值达到17.7%的增长速度。① 1988年第一季度工业总产值比上年同期增长16.9%,是1985年第三季度以来增长幅度最高的季度,第二季度又达到17.5%,第三季度增长18.1%。② 在工业高速增长的带动下,国民经济也急剧升温,1987年国内生产总值增长11.6%,1988年增长11.3%(见表2-22)。这些改革措施在促进经济增长的同时,也引发了一些问题。一些企业指导思想不端正,采取乱涨价,降低质量,虚盈实亏等不正当手段进行竞争,存在靠涨价转嫁负担、铺张浪费和滥发奖金、实物的现象,一些企业承包质量不高、内容不全,等等。

表2-22　1986—1991年国内生产总值及指数

年份	国内生产总值(亿元)	工业(亿元)	国内生产总值指数(上年=100)	工业(上年=100)
1986	10202.2	3967.0	108.8	109.6
1987	11962.5	4585.8	111.6	113.2
1988	14928.3	5777.2	111.3	115.3
1989	16909.2	6484.0	104.1	105.1
1990	18547.9	6858.0	103.8	103.4
1991	21617.8	8087.1	109.2	114.4

资料来源:国家统计局国民经济综合统计司.新中国五十年统计资料汇编[M].北京:中国统计出版社,1999:3,5.

与工业和国民经济急剧升温(见表2-22)相对应,工业结构乃至整个产业结构失衡和地区结构趋同现象进一步凸显,技术升级缓慢,市场秩序不稳。在国民经济日益向外向型转变的过程中,受加工贸易丰厚利润的吸引,地方和企业都倾向于发展价高利大的加工工业,能源等基础工业严重滞后,工业内部比例关系再次失调。1988年同1982年相比,加工工业在全部工业中的比重由38.1%上升到43.9%,采掘工业和原材料工业则由26.6%下降到23.1%;1988年能源工业在整个工业中所占的比重,由1978年的14.1%下降到10%左右。③ 1988年,轻工业增长速度为22.6%,重工业只有18.8%,原材料和采掘工业增长速度为

---

① 国家统计局国民经济综合统计司.新中国五十五年统计资料汇编[M].北京:中国统计出版社,2005:48.

② 国家经济贸易委员会.中国工业五十年:第七部·上[M].北京:中国经济出版社,2000:8.

③ 王梦奎.当前经济形势和需要研究的一些问题[J].经济研究,1989(12):23-30.

10.8%,加工工业增长速度为23%。① 加工工业的过快增长超出能源、采掘和原材料工业增长的支撑能力,致使能源、原材料供应和交通运输全面紧张。据测算,1986—1988年全国平均每年缺电700亿度,缺油500万吨,缺煤3000万吨,铁路总动力只能满足需要的65%,由于短板制约,全国大约有40%的工业生产能力不能正常发挥作用。② 工业和国民经济的再次调整势在必行。

(三)社会总需求与总供给的快速增长和供求矛盾并存

在1985年、1986年压缩总需求的宏观调控政策作用下,以及工业的高速增长下,1986年供求矛盾有所缓解,总供给增长速度为17.1%,高于总需求13.8%的增长速度,供求缺口的增长速度只有0.7%(见表2-23)。1987年工业的高速增长使社会总供给进一步改善,但社会总需求增长更快,1987年供求缺口迅速扩大到2102.10亿元,比上年增长21.2%(见表2-23)。1988年上半年按现价计算的社会总供给增长17.2%,社会总需求却增长31.4%,供求矛盾进一步加剧。③ 出现这种情况主要是投资和消费都出现膨胀,尤其是消费基金增长速度过快。

表2-23 1986—1987年总需求与总供给总额及增长情况

年份	总额(亿元)			增长速度(%)		
	总需求	总供给	供求缺口	总需求	总供给	供求缺口
1986	9745.37	8010.20	1735.17	113.8	117.1	100.7
1987	10961.3	8859.20	2102.10	112.8	110.6	121.2

资料来源:国家信息中心研究所,中国社会科学院经济研究所通货膨胀研究课题组.我国通货膨胀的综合治理问题[J].经济研究,1989(3):3-10.

(1)较大的投资规模引发供需矛盾进一步加剧。根据"七五"计划中提出的"七五"时期前两年着重控制固定资产投资规模过大的问题,1987年初国务院提出了"三保三压"的方针,即保计划内建设,压计划外建设;保生产性建设,压非生产性建设;保重点建设,压非重点建设。但是,由于地方和企业自筹资金占基本建设投资的比重日益增大,预算外资金难以控制。信贷管制的放松,使1987年固定资

---

① 王建,刘夏平,张立群.1988—1989年我国经济形势的回顾与展望[J].计划经济研究,1989(4):18-23.
② 荀大志,叶柏寿,方向东.三年经济调整政策评价与当前经济形势[J].计划经济研究,1992(3):10-22.
③ 赵德馨.中华人民共和国经济史:1985—1991[M].郑州:河南人民出版社,1999:95.

产投资贷款增长速度达到32.4%（见表2-24）。1987年全社会固定资产投资、全社会在对建项目投资和基本建设投资分别增长21.5%、15.5%和14.2%（见表2-25）。尽管国家预算内投资基本得到控制,固定资产投资增长过猛的势头减缓,但全社会固定资产投资规模仍然过大,增长速度仍大大高于1987年国内生产总值11.6%的增长速度。1988年由于改革进程的加快,全社会固定资产投资、全社会在对建项目投资和基本建设投资分别增长25.4%、16.9%和17.2%,略高于1987年的水平（见表2-25）。在投资资金来源中,由于各地所上项目较多,自筹及其他投资增长32.5%,远高于1987年19.9%的增长速度（见表2-24）。固定资产投资在建规模较大、在有力带动经济增长的同时,也增加了供求不平衡的压力。

（2）消费基金的膨胀使供需矛盾进一步加剧。1987年、1988年,企业承包经营责任制大范围推广,但风险机制和约束机制的改善严重滞后,企业增加的留利大部分用于职工的分配,加剧了国民收入向企业和个人的倾斜。企业和个人所得比重的增加,使消费基金膨胀的势头也继续发展。1987年和1988年,全国银行工资性支出分别为2512.4亿元和3178.7亿元,分别比上年增长16.4%和26.5%;行政企业管理费支出分别为530.0亿元和796.8亿元,分别比上年增长28.4%和50.3%。① 地方和企业自主权的扩大,除使职工工资性收入较快增长之外,也使职工账外收入②快速增长,1987年职工工资外的各种收入占全部收入的比重已由1983年的14.6%提高到25.6%。③ 国民收入以各种方式向个人倾斜,1988年,国家所得占国民收入初次分配额由上年的39.2%下降为23.6%,企业所得由8.9%上升至9.3%,个人所得由52%上升到67.1%。④

企业和个人收入的增长,使居民消费和社会集团消费出现膨胀。1987年和1988年,居民消费分别为4562.0亿元和5869.6亿元,分别比上年增长16.6%和28.7%;社会集团消费分别为553.0亿元和665.0亿元,分别比上年增长19.7%和20.3%。⑤ 投资和消费的双膨胀导致信贷扩张,给供求平衡和物价上涨带来较大压力。

---

① 国家统计局国民经济综合统计司.新中国五十年统计资料汇编[M].北京:中国统计出版社,1999:70.增长速度按相关数据计算得到。

② 除工资以外,职工从事第二职业和离退休人员再就业收入,来自企事业单位兴办第三产业和横向联营的收入,开展"四技"活动的收入,"双轨制"价格产生的租金等成为账外收入。

③④ 国家计委经济研究中心课题组.消费需求膨胀的症结及其治理[J].计划经济研究,1989(11):1-9.

⑤ 国家统计局.中国统计年鉴:1990[M].北京:中国统计出版社,1990:622.

表 2-24 1987—1991 年全社会固定资产投资的资金来源增长速度

单位:%

年份	总计	国家投资	国内贷款	利用外资	自筹及其他投资
1987	21.5	9.0	32.4	32.5	19.9
1988	22.7	-13.0	12.1	51.3	32.5
1989	-5.2	-15.3	-22.0	5.7	0.7
1990	2.4	7.4	16.1	-2.2	-1.2
1991	23.8	-3.2	48.5	12.0	21.2

资料来源:国家统计局固定资产投资统计司.中国固定资产投资统计数典:1950—2000[M].北京:中国统计出版社,2002:20.

表 2-25 1986—1991 年全社会固定资产投资总额及增长速度

年份	投资总额(亿元)			增长速度(%,以上年为基期)		
	全社会固定资产	全社会在建项目	基本建设投资	全社会固定资产	全社会在建项目	基本建设投资
1986	3120.6	10649	1176.11	22.7	25.3	9.5
1987	3791.7	12302	1343.10	21.5	15.5	14.2
1988	4753.8	14375	1574.31	25.4	16.9	17.2
1989	4410.4	15187	1551.74	-7.2	5.6	-1.4
1990	4517.0	15553	1703.81	2.4	2.4	9.8
1991	5594.5	19628	2115.80	23.9	26.2	24.2

资料来源:国家统计局固定资产投资统计司.中国固定资产投资统计数典:1950—2000[M].北京:中国统计出版社,2002:15,16,87.

(四)财政收支和信贷规模出现失调

由于1986年下半年开始,放松了对财政、信贷的控制,使财政赤字、信贷规模大量增加。财政收支方面,地方和企业普遍实行财政大包干和承包责任制以后,上缴财政收入出现了下降的趋势,而中央财政负担的价格补贴和企业亏损补贴多年来有增无减。1988年全年财政支出为2491.21亿元,比上年增长10.1%;财政收入为2357.24亿元,比上年增长7.2%;财政赤字从上年的62.83亿元扩大到133.97亿元(见表2-26),巨大的财政赤字加剧了总需求的膨胀。

表 2-26 1987—1991 年国家财政收支总额及增长速度

年份	财政收入（亿元）	财政支出（亿元）	收支差额（亿元）	增长速度(%)		财政收入 GDP 比重(%)
				财政收入	财政支出	
1987	2199.35	2262.18	-62.83	3.6	2.6	18.4
1988	2357.24	2491.21	-133.97	7.2	10.1	15.8
1989	2664.90	2823.78	-158.88	13.1	13.3	15.8
1990	2937.10	3083.59	-146.49	10.2	9.2	15.8
1991	3149.48	3386.62	-237.14	7.2	9.8	14.6

资料来源:国家统计局国民经济综合统计司.新中国五十五年统计资料汇编[M].北京:中国统计出版社,2005:18.

信贷及货币投放方面,1987 年,短期资金拆借市场在全国普遍兴起,专业银行和金融机构在全国开办国库券转让业务和代办股票等有价证券交易市场。尽管中央采取了一些紧缩银根的措施,但资金市场的发展使各级银行可以利用拆借市场、债券市场筹集资金,信贷规模仍然偏大。1987 年贷款比上年增长 19%,高于 GDP11.6%的增长速度;货币投放 236.1 亿元,比上年增长 2.4%,货币投放速度明显低于上年。①

进入 1988 年后,由于投资规模过大和工业高速增长,银行贷款自年初开始出现增长过快的势头。3 月份各项贷款增加 118.2 亿元,比上年同期增加 68.8 亿元,到 6 月底,各项贷款累计增加 556.6 亿元,比上年同期多增加 435.7 亿元。② 一方面,银行贷款管理偏松,有一些该收的贷款没能及时收回。由于 1988 年初明确了信贷规模只是各地区监测指标,不作为指令性计划,技术改造贷款超计划多收回部分,允许用于多贷。许多地区就利用"多存多贷"和创造存款机制,任意扩大信贷规模。为追逐超额利润,有专业银行甚至把国家信贷计划内项目作为硬缺口甩在外面。1988 年 1—8 月,各项农贷增加 118 亿元,超过全年计划 38 亿元。1988 年初人民银行召开会议确定,上半年中央银行要收回再贷款 300 亿元。到 6 月底,中央银行对专业银行再贷款只收回 77 亿元,但对其他金融机构再贷款却增加 73 亿元。③ 另一方面,各种金融性公司发展迅速,业务规

---

① 国家统计局国民经济综合统计司.新中国五十五年统计资料汇编[M].北京:中国统计出版社,2005:73.增长速度按相关数据计算得来。

② 中国经济年鉴编辑委员会.中国经济年鉴:1989[M].北京:经济管理出版社,1989:Ⅳ-39.

③ 陈印歧,唐凌云.1988 年货币、信贷执行情况分析和 1989 年宏观金融对策[J].计划经济研究,1989(4):23-27.

模较大。到1988年6月末,信托投资公司由上年底的563家发展到745家,企业集团财务公司15家,金融租赁公司38家,融资公司37家,证券公司34家,此外还有城市信用社2326家。8月末,仅信托贷款余额就达349亿元,比上年增加146亿元,超过全年信托贷款计划60亿元的1.4倍。①

在货币投放量上,与以往上半年回笼、下半年投放不同的是,1988年1月份投放货币98亿元,2月、3月虽回笼109.8亿元。但在偏松的财政货币政策下,由于消费基金、社会集团购买力现金支出、农副产品采购现金支出增长过快,而储蓄增长大幅下降、信用回笼减少,使货币投放继续增加。进入4月份又开始转为投放,6月末累计净投放货币88亿元,全年货币投放达到679.6亿元,比上年增长46.7%。② 财政赤字、信贷规模的扩大,货币投放的过量,使供求矛盾进一步加剧,也推动了市场物价的加速上涨。在国民经济严重过热的情况下,财政、信贷平衡困难加大。

(五)物价持续上涨,出现通货膨胀

1986—1987年价格改革方面没有出台大的改革项目,主要是对少数突出不合理的价格进行有控制的调整,扩大了指导性价格和市场价格的范围。在价格体系市场因素增强、总需求膨胀、信贷扩张和货币投放过量的多重压力下,1987年,商品零售价格在1985年上涨8.8%、1986年上涨6%的基础上又上涨7.3%,形成了1985年以来连续三年较大幅度的物价上涨;居民消费价格也连续三年上涨,分别上涨9.3%、6.5%和7.3%,而且其中城市居民消费价格上涨幅度更大(见表2-27)。物价的连年上涨,增加了居民对物价上涨的预期。另外,1987年的零售物价上涨还呈现逐月增高的态势(表2-28),9月由于部分城市对肉、蛋等主要副食品实行限价、限量和凭证供应,上涨幅度降为7.9%,11月因部分地区调高纯毛线等紧俏商品价格,上涨幅度又上升到8.5%,12月涨到9.1%(见表2-28)。在各类商品物价的普遍上涨中,食品类价格水平上涨幅度最高,达到10.1%。③ 这种逐月上涨的态势及食品类价格的大幅上涨,进一步加大了居民对物价上涨的预期。

---

① 陈印歧,唐凌云.1988年货币、信贷执行情况分析和1989年宏观金融对策[J].计划经济研究,1989(4):23-27.

② 中国经济年鉴编辑委员会.中国经济年鉴:1989[M].北京:经济管理出版社,1989:Ⅳ-39.

③ 国家统计局城市社会经济调查总队.中国物价统计年鉴:1988[M].北京:中国统计出版社,1988:3.

表 2-27　1985—1991 年各种物价总指数

年份	商品零售价格指数	居民消费价格指数	城市居民	农村居民	农产品收购价格指数	农村工业品零售价格指数
1985	108.8	109.3	111.9	107.6	108.6	103.2
1986	106.0	106.5	107.0	106.1	106.4	103.2
1987	107.3	107.3	108.8	106.2	112.0	104.8
1988	118.5	118.8	120.7	117.5	123.0	115.2
1989	117.8	118.0	116.3	119.3	115.0	118.7
1990	102.1	103.1	101.3	104.5	97.4	104.6
1991	102.9	103.4	105.1	102.3	98.0	103.0

资料来源:国家统计局国民经济综合统计司.新中国五十年统计资料汇编[M].北京:中国统计出版社,1999:21.(上年=100)

1988 年第一季度,由于部分地区蔬菜价格暴涨,部分大城市工业品调价过于集中,在 1987 年物价逐月上涨的通胀压力下,致使市场零售物价总水平在上年较高的起点上大幅度上涨。1 月份比上年同月上涨 9.5%,2 月份上涨 11.2%,3 月份上涨 11.6%(见表 2-28)。

表 2-28　1987—1989 年分月度的物价上涨幅度

单位:%

	1987 年	1988 年	1989 年
1 月	5.0	9.5	27.0
2 月	5.1	11.2	27.9
3 月	5.5	11.6	26.3
4 月	6.5	12.6	25.8
5 月	7.6	14.7	24.3
6 月	7.8	16.5	21.5
7 月	8.0	19.3	19.0
8 月	8.4	23.2	15.2

续表

	1987 年	1988 年	1989 年
9 月	7.9	25.4	11.4
10 月	7.6	26.0	8.7
11 月	8.5	26.7	7.1
12 月	9.1	26.3	6.4

资料来源:国家统计局城市社会经济调查总队.中国物价统计年鉴:1988[M].北京:中国统计出版社,1988:3;国家统计局城市社会经济调查总队.中国物价统计年鉴:1989[M].北京:中国统计出版社,1989:12-13;中国经济年鉴编辑委员会.中国经济年鉴:1990[M].北京:经济管理出版社,1990:Ⅱ-51.

现在看来,在通胀压力持续增大的情况下,1988 年价格改革的时机选择存在一定的不合理。1988 年 5 月 19 日,邓小平会见朝鲜政府军事代表团时谈道:"理顺物价,改革才能加快步伐。……不解决物价问题就不能放下包袱,轻装前进。最近我们决定放开肉、蛋、菜、糖四种副食品价格,先走一步。"①7 月底,国家相继推出了一系列价格改革和调整措施:提高了部分粮食、油料的合同定购价格;对生产资料价格和交通运价采取若干政策性补助措施;对全国彩色电视机实行浮动价格;进一步扩大棉纱、棉布价格的浮动幅度;对肉等 4 种副食品价格实行暗补改明补;放开名烟名酒价格,提高部分中档卷烟和粮食酿酒的价格等。由于改革和调整的力度较大,调价的商品又大多是和居民日常生活有紧密联系,进一步加剧了群众担心涨价的恐慌心理,使市场零售物价总水平涨势进一步增高。5 月份上涨 14.7%,6 月份上涨 16.5%,7 月份上涨 19.3%(见表 2-28)。

在物价水平已经过高,市场出现明显通货膨胀的情况下,8 月 15—17 日,中共中央政治局讨论并原则通过《关于价格、工资改革的初步方案》,会议认为,价格改革的总方向是:少数重要商品和劳务价格由国家管理,绝大多数商品价格放开,由市场调节,以转换价格形成机制,逐步实现"国家调控市场,市场引导企业"的要求,开始实行"价格闯关"。而此方案尚未正式出台就流传到社会上,致使未做好宣传教育工作,许多城市出现了居民提取存款、抢购商品的风潮,加上经济发展过热,货币发行过多,造成零售物价总水平猛涨。8

---

① 邓小平.邓小平文选:第三卷[M].北京:人民出版社,1993:262.

月份上涨23.2%,9月份上涨25.4%(见表2-28)。宏观经济出现了较为严重的通货膨胀。

(六)供求矛盾和通胀压力下市场秩序出现混乱

1987年,按照调放结合的方针,对计划内物资价格大多进行了调整,计划外物资价格继续放开,随行就市。国家统配的各类物资由1986年的23种减少到20种,水泥、木材、钢材、煤炭等统配物资计划分配的比重,都已降到50%以下。① 计划分配的绝对量也在减少,生产资料市场的作用逐步增强。但是,各部管理的指令性计划分配的物资仍然偏多,计划内、外价格的价差过大,价格信号还不能完全反映供求关系,倒卖重要物资的现象不断发生。同时,受短期利益驱使,有些地方和企业采取临时价、费用转移、延期付货、压级调档等形式变相涨价,使生产资料计划价格以各种形式向市场价格迅速逼近。加之有地区行政权力缺乏监督,行政管理缺乏透明度,使得"官倒""私倒"等"寻租"活动迅速蔓延开来,严重扰乱了市场秩序。

随着企业自主权的进一步扩大,工业生产的高速增长,生产资料供求缺口较大。据统计,1988年钢材需求超过可供资源的7%,铜、铝、铅、锌等7种有色金属超过20%,纯碱超过6%,生铁超过5%,煤炭超过3%。② 资源的紧张和生产资料价格"双轨制"造成部分生产资料价格陡升,不分计划内外全面上涨。1988年前三个季度,主要物资的综合平均价,比上年同期上升18.5%,主要生产资料的市场价格上涨22.3%。③ 另外,在生产资料市场上,中间环节越来越多。据统计,全国共有各类公司29万户,包括分支机构为近48万户。各种外贸公司5000户中,有2000家是1988年成立的。④ 一些部门和单位利用价格"双轨制"的差价,转手倒卖计划内物资,牟取暴利;一些非物资供销机构插手经营生产资料,一方面抬价抢购,一方面囤积居奇,扰乱市场。在供求矛盾和通胀压力下市场秩序出现混乱。

当然,上述一系列问题都不是单独存在的,彼此之间是互相影响的。"三步

---

① 中国经济年鉴编辑委员会.中国经济年鉴:1988[M].北京:经济管理出版社,1988:Ⅲ-18.

② 中国经济年鉴编辑委员会.中国经济年鉴:1989[M].北京:经济管理出版社,1989:Ⅲ-22.

③ 国家经济体制改革委员会.中国经济体制改革年鉴:1989[M].北京:改革出版社,1989:194.

④ 赵德馨.中华人民共和国经济史:1985—1991[M].郑州:河南人民出版社,1999:98.

走"发展战略遗留了原有战略的一些弊端,实际经济运行中仍较为注重增长速度,在指导思想上容易出现急于求成,引发经济过热;沿海发展战略和外贸经营权的下放有力推动了工业和国民经济的高速发展,但也在一定程度上使工业内部结构失调,加工工业的过快增长致使能源、原材料供应和交通运输全面紧张;企业约束体制的不健全,使投资规模过大,消费基金和社会集团购买力也大幅度膨胀,引发了财政赤字、信贷规模过大和货币投放过多。这种过热状态的形成,除了经济体制、经济战略和转轨时期各种特有的矛盾外,还由于它是1984年底以来工业、国民经济过热的持续发展及其作用的叠加。就物价涨幅过高的原因来说,除了主要由于多年积累的、过大的社会总需求大于总供给的差率以外,还同经济秩序混乱相联系的乱涨价有关,也同推进价格改革时机的选择不当有关,还同财政赤字、信贷规模过大和货币投放过多有关。

二、国民经济的初步治理整顿

(一)治理整顿的决策

1988年下半年国民经济中出现的各种问题已经较为突出,尤其是通货膨胀,迫切需要采取有力的措施进行解决。8月30日,国务院发出《关于做好当前物价管理工作和稳定市场的紧急通知》,就物价管理和市场稳定做出6项决定。9月26日,中共十三届三中全会批准了中央政治局提出的治理经济环境、整顿经济秩序、全面深化改革的指导方针和政策措施。会议指出:当前,中国总的经济形势是好的,但存在的问题也不少,突出的是通货膨胀。必须充分认识到治理通货膨胀的重要性和紧迫性,下最大的决心,在坚持改革开放的总方向的前提下,把明后两年改革和建设的重点突出地放在治理经济环境和整顿经济秩序上来。治理整顿的最紧迫的任务,就是首先确保明年物价上涨幅度明显低于今年,这是明年一切工作的中心。治理经济环境,主要是压缩社会总需求,抑制通货膨胀;整顿经济秩序,就是要整顿在新旧体制转换中出现的各种混乱现象。在出台了一系列行政性紧急措施之后,为继续搞好治理整顿,1988年底全国计划会议和1989年初全国人大七届二次会议按照继续紧缩的精神安排1989年计划和经济工作,会议提出了治理整顿要达到的具体目标,即用两年或更长一些时间来实现消除经济过热、遏制通货膨胀、缓解供求矛盾等目标。

(二)治理整顿初期的行政性调控措施

中共十三届三中全会前后,中央以压缩社会总需求、抑制通货膨胀为重点,采取了一系列行政性调控措施。

(1)加强物价管理,抑制物价上涨。国务院继1988年8月30日发出紧急通知后,10月24日又发布《加强物价管理、严格控制物价上涨的决定》。内容包括坚决稳定群众生活基本必需品的价格;坚决制止农用生产资料随意涨价;严格执行计划外重要生产资料的最高限价;整顿流通领域的价格,取缔中间盘剥;对已经放开的工业消费品价格,也要进行管理和引导;整顿城市公用事业和服务行业收费,严肃物价法纪。

同时,为了理顺价格体系,稳定市场价格,国家还采取直接调整价格的措施。适当提高合同订购粮食、食油的收购价格,城镇居民定量供应的口粮、食油以及行业用粮的价格不变,国家物价局发出通知指导各地适当降低部分电冰箱、纯毛毛毯等商品价格。

(2)稳定金融。①提高储蓄存款利率,稳定居民储蓄存款。1988年9月1日和1989年2月10日,中国人民银行两次提高居民定期存款利率,并于1988年9月开办了人民币长期保值储蓄存款;许多地方还开办了各种形式的有奖储蓄。②控制贷款规模,紧缩银根。1988年8月和9月两次做出决定,要求采取果断措施,严格金融管理,控制货币发行。从10月起,各级各类信托投资公司一律停止发放贷款或投资,并在全国组织开展信贷大检查。

(3)清理在建项目,压缩固定资产投资规模。国务院多次下令清理固定资产投资在建设项目,彻底清查楼堂馆所,对9类项目实行"先停工后清理"的指令性行政措施,坚决压缩投资规模,调整投资结构;回收投资审批权限,控制报批大中型和限额以上建设项目的请求,要求坚决完成1989年压缩投资规模任务。

治理整顿措施的力度和紧凑性超过了中华人民共和国成立以来的任何一年,其中要求清理停建的项目主要包括国家计划外项目;非生产性项目特别是楼堂馆所;建设所需资金、材料和生产所需燃料、动力、运输条件不落实的,或市场不急需的,或属于高耗能的、全国原材料平衡不足的等项目。

(4)压缩消费需求,控制消费基金的过快增长,严格控制社会集团购买力。从严控制社会集团购买力,各地区、各单位都要从严控制,坚决压缩,1988年至1989年压缩社会集团购买力20%;将现在的19种专项控制商品扩大到29种等;从1988年10月起,各单位的消费基金一律维持在8月的水平上,超过部分银行不支付现金;增加专控商品种类,其中包括布匹及其制品、针织品和书写印刷纸。

(5)治理整顿公司、降低工业增长速度。国务院发出通知,要求在全国范围内对流通领域的公司进行清理整顿,着重解决公司政企不分、官商不分、转手倒卖、牟取暴利等问题。清理整顿的重点是1986年下半年以来成立的公司,特别是综合性、金融性和流通领域的公司。国家计委发出通知,要求各地区、各部门采取切实有力的措施,在今后一段时间内,把过高的工业增长速度降下来,根据各地的不同条件,保持合理的增长速度。对那些消耗紧缺原材料和电力而非人民生活必需品,要下决心停止生产和转产。

(6)加强市场管理,对重要生产资料和商品实行专营。国务院发出通知,决定加强棉花和粮食营销管理的通知,棉花由供销社统一经营,关闭棉花市场;大米由粮食部门统一收购经营,同时逐步建立粮食批发市场,有秩序有组织地进行市场调节;对化肥、农药、农膜销售实行专营,由供销社和农业生产资料公司统一归口经营;对市场紧俏的薄钢板、冷轧硅钢片、镀锡钢板、镀锌薄钢板等实行专营,对部分计划外钢材实行定点定量供应;等等。

(三)治理整顿初期行政措施的成效

经过各方的共同努力,到1989年底,治理整顿初见成效。

(1)工业和国民经济的过高增长速度明显回落,工业和整个产业结构有了初步改善。1989年计划规定,工业总产值比上年增长8%,国内生产总值增长7.5%。执行结果,工业总产值增长8.5%,国内生产总值增长4.2%。前者比1988年的增幅回落12.3个百分点,后者回落7.1个百分点。① 投资结构的调整及其他调整结构的措施,使加工工业的发展速度得到抑制,农业、能源、原材料和交通运输的增长速度都加快了。工业和整个产业结构有了初步改善,工农业增长比例,由1988年的1∶0.15上升为1∶0.25;工业与能源总量的增长速度由1988年的1∶0.29上升为1∶0.54;工业与主要原材料、铁路货运量的增长速度的对比关系,分别由1988年的1∶0.35上升为1∶0.53,由1∶0.15上升为1∶0.53。②

(2)社会总需求得到有效控制,供求矛盾缓解。首先是大幅度压缩了投资需求。据统计,1989年1—9月,全民所有制单位固定资产投资1261亿元,比上年同期减少97亿元,压缩7.2%;基本建设投资774亿元,下降5.2%;更新改造投资349亿元,下降17%,如果考虑价格因素,实际工作量压缩达70%以上。③ 1989年,全社会固定资产投资实际完成4410.4亿元,比上年下降7.2%;国有经济固定资产投资为2808.2亿元,比上年下降7%;集体经济固定资产投资为570

---

①② 国家经济贸易委员会.中国工业五十年:第七部·上卷[M].北京:中国经济出版社,2000:9-10.

③ 刘文,唐柏飞,殷善文.市场由热变冷:我们面临的挑战与抉择[J].计划经济研究,1989(12):14-19.

亿元,比上年下降19.9%。① 如扣除涨价因素,下降幅度就更大了。其次是消费需求得到控制。一是个人收入的增长势头减慢。1989年1—9月,全国职工工资总额为1784亿元,比上年同期增长18.2%,其中奖金支出314亿元,比上年同期增长26.7%,与上年同期相比下降19.9个百分点;银行对乡镇企事业工资性支出125亿元,增长11.3%,与上年同期相比下降22.4个百分点;流通领域和个体从业人员的不合理高额收入也有所下降。② 二是集团购买力有所控制。1989年1—9月份,社会集团消费品购买力支出521亿元,仅比上年同期增长6.2%,扣除物价因素,实际是负增长。③在社会总需求大幅度压缩的情况下,社会总供求矛盾缓解。据测算,1989年社会总供给为16387亿元,社会总需求为17687亿元,供求差率由上年的16.2%下降为8%。④ 由于市场物价上涨已将差额部分吸收,因而社会总供求基本平衡。

(3)货币投放得到控制,物价涨幅明显回落。1989年货币流通状况得到改善,全年货币投放210亿元,明显低于上年679.5亿元的水平;年末市场流通中现金为2344亿元,比上年增长9.8%,分别低于1984年到1988年49.6%、24.7%、23.3%、19.3%、46.7%的增长速度。⑤ 宏观调控政策的实施不仅控制住了当年新增货币发行,而且消化了1988年一部分过量发行的货币,对抑制通货膨胀起到了一定的作用。在供求矛盾有效缓解、货币投放大幅下降等因素的影响下,1989年物价涨势逐月回落,10月份涨幅变为8.7%(见表2-28),是自1988年2月份以来首次回落到一位数,这标志着控制物价上涨的工作取得初步成效。全年上涨17.8%,比上年下降0.7个百分点,尽管下降幅度不大,但其中只有6.4个百分点是新上涨的。⑥ 可见,通货膨胀的治理取得了明显进展。

---

① 国家统计局固定资产投资统计司.中国固定资产投资统计数典:1950—2000[M].北京:中国统计出版社,2002:15.

②③ 刘文,唐柏飞,殷善文.市场由热变冷:我们面临的挑战与抉择[J].计划经济研究,1989(12):14-19.

④ 赵德馨.中华人民共和国经济史:1985—1991[M].郑州:河南人民出版社,1999:114-115.

⑤ 国家统计局国民经济统合统计司.新中国五十五年统计资料汇编[M].北京:中国统计出版社,2005:73.增长速度是根据相关数据计算得出的。

⑥ 国家统计局城市社会经济调查总队.中国物价统计年鉴:1990[M].北京:中国统计出版社,1990:17.

三、治理整顿中的市场疲软与工业生产下降

一年多的治理整顿取得初步成效,减缓经济增长速度,抑制严重的通货膨胀,本是此次宏观调控所要达到的重要目标。但是,宏观调控也使经济运行出现由热到平然后趋缓的走势,出现市场疲软和工业生产下降的问题。

(1)消费过于紧缩,市场出现疲软。在国家宏观调控政策的作用下,物价上涨幅度逐月回落,居民的超前消费减弱。1989年3月以后,社会商品零售总额增幅逐渐下滑,多数商品销售由平转滞,加上部分产品质次价高,货不对路,市场出现明显的销售疲软。1989年8—10月出现了改革开放十年所没有的负增长,分别比1988年同期下降0.7%、1.1%和0.3%。① 生产资料市场的多数物资供应从第二季度开始也从紧张趋于缓和,三季度市场出现疲软。全年物资系统生产资料销售额比上年下降0.8%,如扣除涨价因素,实际下降18.2%。②

(2)受市场疲软影响,工业生产出现下降。工业增长速度从4月份开始逐月下降,且下降较多。与上年同期相比,1989年一季度增长10.4%,二季度增长11.1%,三季度增长5.4%,四季度增长0.7%。按月看,7月份增长9.6%,8月份增长6.1%,9月份增长0.9%,10月份出现了10年未见的下降2.1%,后两个月生产稍有回升,11月份增长0.9%,12月份增长3.4%。③ 从所有制看,全民所有制工业增长速度回落8.9个百分点,幅度最小;集体所有制工业、乡镇工业、其他类型工业分别回落16.2、21.9、20.1个百分点,幅度很大。从地区看,所有的省、自治区、直辖市工业增长速度都是下跌的,沿海开放的山东、福建、广东三省,增长速度仍在两位数以上,但较上年分别下滑13.0~20.4个百分点;乡镇工业比较集中的江苏、浙江两省速度下滑较猛,分别由上年的18.5%和16.7%降至3.7%和3.6%;其他地区工业增长速度也都有不同程度的下滑。④

市场疲软,工业生产下降,给社会、经济生活带来了许多困难。

一是企业经济效益下降,财政困难加剧。1989年初,工业经济效益已经开始下降。1—2月,预算内工业企业销售收入增长15%,其中实现利润下降

---

① 邱晓华,郑京平,刘秋生.对当前宏观紧缩的若干思考[J].计划经济研究,1989(12):9-13.

② 国家经济贸易委员会.中国工业五十年:第七部·上卷[M].北京:中国经济出版社,2000:10.

③④ 中国经济年鉴编辑委员会.中国经济年鉴:1990[M].北京:经济管理出版社,1990:Ⅱ-16,Ⅱ-17.

15.5%;亏损企业亏损面由上年底的16%扩大到22%,亏损额比上年同期增加1.15倍,可比产品成本提高12.2%。① 随着商业销售下降和工业滑坡,经济效益逐月下降。工业可比产品成本降低率、工业销售利税率和工业资金利税率这三项指标所反映的经济效益状况,1989年比上年有了大幅度的下降,万元工业总产值能耗虽是下降的,但下降幅度比以往也小多了(见表2-29)。由于企业经济效益下降,1989年国家财政支出中企业亏损补贴增加153.3亿元,直接影响财政收支平衡。1989年财政赤字又有扩大,由上年的133.97亿元扩大到158.88亿元(见表2-26)。

表2-29　1988—1990年工业经济效益状况

时间	工业可比产品成本降低率(%)	工业销售利税率(%)	工业资金利税率(%)	万元工业总产值能耗(吨标准煤)
1988年	-12.3	19.30	21.99	4.89
1989年	-22.4	17.27	19.41	4.82
1989年上半年	-18.6	17.50	20.76	4.58
1990年上半年	-5.8	14.31	13.96	4.68

注:工业全员劳动生产率统计范围为全民所有制独立核算工业企业;

工业销售利税率、工业资金利税率、工业可比产品成本降低率统计范围为全民所有制预算内工业企业,其中可比产品成本降低率栏内的"-"号表示成本超支;

工业能源消耗降低率统计范围为县及县以上全民所有和集体所有制工业企业。"-"号表示能耗上升了。

资料来源:汪海波,刘世锦.试析我国经济效益的现状及其变动特征[J].江西社会科学,1990(6):25-29.

二是就业压力增大,部分居民生活困难。据统计,1989年12月末全国停产半停产的全民和城镇集体企业有职工658万人,占职工总数的6%,一部分职工收入下降,生活困难。20世纪80年代末是中国城镇就业人口增加的又一个高峰。1978—1988年,中国通过发展城镇集体、个体、私营经济吸收了大量就业人口,但在1989年的紧缩中,城镇集体、个体、私营经济不景气,停工歇业较多。据统计,1989年城镇集体职工比上年减少54万人,个体劳动者减少11万人。这就

---

① 国家经济贸易委员会.中国工业五十年:第七部·中卷[M].北京:中国经济出版社,2000:2276.

加重了就业的困难。1989年底,城镇待业人员已达到378万人,待业率由上年的2%上升到2.6%。在农村,各类乡镇企业减少了20多万个,职工减少了179万人,农村剩余劳动力的安置问题也十分突出。①

通过初步的治理整顿,到1989年底,工业和国民经济超高的增长速度回落,社会供求矛盾基本平衡,物价涨幅回落。但是,取得这样的成效,仅仅是行政性调控政策暂时压制了膨胀的社会总需求。1989年新增加的消费需求除了较少部分在当年实现外,很大一部分以储蓄的形式结存下来,形成巨额的结余购买力。年末居民结余购买力已达6980亿元,新增1450亿元,比上年增长了27.7%。② 形成的潜在消费需求仍然过大。造成1988年前后经济过热的扩张机制并没有改变,地方、部门和企业投资扩张和消费膨胀的冲动仍很强烈。另外,国民经济中又出现市场疲软,工业生产下滑,企业经济效益下降等新问题。经济体制不健全、改革不到位、新旧体制间摩擦等深层次矛盾在治理整顿过程中的进一步暴露,是导致经济失衡的根本原因。这表明治理整顿已到了一个新的关键阶段,而治理整顿结束后改革的走向也到了历史性的关键时刻。

四、进一步治理整顿

1989年11月上旬,中共十三届五中全会通过了《中共中央关于进一步治理整顿和深化改革的决定》。《决定》指出,现阶段的首要任务就是继续控制社会需求和坚持财政信贷双紧方针,用三年或者更长一些时间基本完成治理整顿任务。通过加强农业等基础产业、调整经济结构、整顿经济秩序特别是流通秩序、提高企业经济效益、继续深化改革和扩大对外开放来实现经济的长期持续、稳定、协调发展。

(一)进一步治理整顿的调控措施

1. 继续控制社会总需求,平衡财政收支,努力稳定金融

1990—1991年经济工作的总方针仍是坚持"双紧",严格控制社会总需求,但根据市场情况,适当调整了紧缩的力度,并着力调整投资和消费结构。在投资方面,中共十三届五中全会《决定》指出:在控制投资总规模的前提下,大幅度压缩一般性建设的投资,对国家确定的重点行业和部门进行倾斜;治理整顿期间,一律不准建设新的楼堂馆所,原则上不上新的一般加工工业项目。在消费基金

---

① 赵德馨.中华人民共和国经济史:1985—1991[M].郑州:河南人民出版社,1999:118.
② 中国经济年鉴编辑委员会.中国经济年鉴:1990[M].北京:经济管理出版社,1990:Ⅱ-9.

方面,加强集体企业职工工资收入管理,禁止发放使用各种代币购物券,加强国家对工资和奖金的监督管理,避免因此而导致的消费基金支出扩大,进一步加强控购管理,制止社会集团生产消费再度膨胀。同时,加快职工养老保险制度和房改试点进度,初步开拓个人金融投资领域,影响消费基金的分流和向生产基金的转换。

在财政方面,提高了商业零售环节营业税税率,大力加强税收征管工作,清理拖欠税款,增发专项债券,有上缴任务的省市适当提高上缴比例或减少中央财政对地方的补贴。另外,粮食销售价格提高并减少补贴和外贸体制改革方面取消外贸亏损也都在一定程度上减轻了财政和负担。

在金融方面,一是加强中央银行的宏观调控,继续对信贷规模和货币发行进行严格的控制和管理。从严要求各专业银行和其他金融机构的信用活动统一纳入全社会信用规划,进行总量控制。二是督促并积极支持工商企业抓好清仓利库,减少资金占用,加速资金周转。三是采取灵活多样的方式,提高服务质量,方便储户,吸收储蓄存款,特别是比较固定的长期存款。四是在整顿的同时努力完善和积极发展金融市场,发挥金融市场集资、融资的作用。

2. 启动经济,提高工业增速,改善市场疲软

为保持国民经济的适度增长,国家采取各种方法来启动经济。

(1)1989年第四季度,中央银行放松了贷款紧缩力度。第四季度增加贷款1251亿元,为全年贷款增加额的67.5%,[①]但并未收到预期效果。1990年和1991年进一步扩大资金投放,最初主要是增加流动资金的投放。从1990年3月开始增加固定资产贷款,全年固定资产投资的国内贷款比上年增长16.1%;1991年投资贷款增长进一步加快,比上年增长48.5%(见表2-24)。

(2)进行全国性的清理"三角债",发放启动资金。1990年4月国务院决定在全国范围内开展清理"三角债"工作,要求银行为清理"三角债"投入一批启动资金。8月国务院清理"三角债"领导小组开始对全国500多个重点基本建设项目拖欠款进行集中清理。通过清理企业"三角债",一定程度上解决了企业产成品积压、生产中流动资金不足的问题,增强企业活力。

(3)减轻企业负担,适度引导市场消费和投资。一方面,中国工商银行和中国建设银行于1990年4月分别向城乡居民个人发行30亿元金融债券和15亿元浮动债券,人民银行于1990年4月、8月和1991年4月3次降低存贷款利率,

---

① 中国经济年鉴编辑委员会.中国经济年鉴:1990[M].北京:经济管理出版社,1990:Ⅱ-50.

以利于增加消费,扩大生产和销售,启动市场。另一方面,从1990年4月起,适当放松了对社会集团购买力的控制力度,全年社会集团购买力增长6.2%,1991年又增长19.7%。① 随着资金的注入、"三角债"的清理,企业资金困难的状况有所缓解,开工增加,加上固定资产建设进度加快和政策性的调资,1990年和1991年职工工资总额有较大幅度增长,分别比上年增长12.7%和12.6%,②有利于促进城镇居民消费的增长。

3. 调整经济结构、提高经济效益

(1)加强农业等基础产业的发展,调整经济结构。1990年中央掌握的基本建设投资中,用于农业的投资比上年增长30%,财政支农资金增加17.7亿元。1991年国家又安排了多项资金用于农业的开发建设。能源部加强管理和环节改造,保证煤矿稳定生产。电力部门加强电力生产管理,重点是使现有电厂尽快消除设备缺陷。工业部门,选择234个国营大中型企业实行"双保"③倾斜政策。

(2)降低能源消耗,提高经济效益。1991年2月国家计委发出通知,要求在基本建设领域围绕"控制总量,调整结构,整顿秩序,提高效益"的方针,根据实际情况,认真解决基本建设浪费严重、概算超支、工期拖长、效益低下的问题。

(3)利用价格回落的时机,出台了一系列价格改革措施。进一步理顺工农产品和农业产品内部比价;对部分生产资料价格实现并轨,缩小生产资料计划内外价格差距;调高上游产品和服务费用价格,促进产业结构的调整。

4. 整顿市场秩序,努力搞活商品流通

在清理党政机关办理的公司取得一定成效后,各部门对各类公司进行了全面深入的整顿。国务院及各部委相继发出通知,对集体商业和个体商业的经营范围、经营办法做了详细规定:要求乡镇企业不得随意改变所有制性质,扰乱经济秩序;进一步治理整顿医药市场;严格结算纪律整顿商品交易秩序;等等。这些措施初步扭转了市场混乱的局面。

在整顿市场秩序的同时,努力搞活商品流通。国务院接连发出通知,建立中国郑州粮食批发市场;打破地区封锁,稳定政策,继续支持和保护正当的长途贩

---

① 赵德馨.中华人民共和国经济史:1985—1991[M].郑州:河南人民出版社,1999:123.

② 国家统计局国民经济综合统计司.新中国五十年统计资料汇编[M].北京:中国统计出版社,1999:24.

③ 双保是指企业向国家保证上交一定数量的利税,保证完成一定的生产量,国家保证这些企业所需能源等生产资料的供应。参见赵凌云.中国经济通史:第十卷·下册[M].长沙:湖南人民出版社,2002:109.

运活动,进一步发展和完善农副产品批发市场,搞活商品流通。

(二)治理整顿的成效

经过两年的进一步治理整顿,国民经济失调的现象基本得到解决,经济恢复了正常的运转。首先,通货膨胀得到控制。1988年全国零售物价总水平涨幅达到18.5%,1989年涨幅回落到17.8%,1990年进一步回落到2.1%,1991年为2.9%。① 其次,供求矛盾基本平衡,1985—1988年,总需求超过总供给(按上年计算)的平均差率为11.8%。1989年供需差率缩小到8.7%,1990年缩小到7.6%,1991年进一步缩小到4%,1989—1991年平均为6.8%②,已处于基本正常范围。第三,经济增长速度大幅回升,市场疲软有效解决。1991年工业和国内生产总值分别比上年增长14.4%和9.2%,全社会消费品零售总额达到9415.6亿元,比上年增长13.4%,远高于1990年的2.4%。③

因此,到1991年为止,治理整顿的主要任务基本完成,整个国民经济已步入正常发展的轨道。1991年9月中共中央工作会议宣布,治理整顿的主要任务已基本完成,经济工作的重点将在保持总量平衡的基础上进一步转向结构调整和提高经济效益。

五、治理整顿的局限性与历史启示

三年的治理整顿缓解了经济生活中的浅层次矛盾,但国民经济的一些深层次问题仍有待解决,主要表现为以下方面。

(一)社会总供给和总需求平衡基础脆弱,通货膨胀的潜在压力大

1991年全社会固定资产投资达到5594.5亿元,比上年增长23.9%,远高于1990年2.4%的增长速度(见表2-25),亦高于国民经济的增长速度。财政依然困难,治理整顿3年期间,财政赤字分别为158.88亿元、146.49亿元、237.14亿元(见表2-26),连年的巨额财政赤字,使财政向银行大量透支。同时,由于治理整顿后两年贷款控制放松,致使贷款规模偏大。种种因素使货币发行增加,增大了通货膨胀的压力。

---

① 国家统计局国民经济综合统计司.新中国五十五年统计资料汇编[M].北京:中国统计出版社,2005:32.

② 赵德馨.中华人民共和国经济史:1985—1991[M].郑州:河南人民出版社,1999:131.

③ 国家统计局国民经济综合统计司.新中国五十年统计资料汇编[M].北京:中国统计出版社,1999:5,58.

(二)经济增长仍是粗放型增长方式,企业经济效益低下的状态没有根本改变

经济增长方式的集约型虽有所提高,但仍属于粗放型增长方式。① 1979—1988年间,我国全社会综合要素生产率占产出增长率的比重为48.9%(见表2-30),而在1979—1991年间,这个比重还要低得多,显然经济增长还是属于粗放型增长方式。1984—1991年,国有独立核算工业企业资金利税率由24.2%下降到11.8%(见表2-31),亏损企业的亏损额由348.76亿元增加到367亿元。乡镇企业的经济效益也是下降的,每百元资金实现的利润和税金由1984年的24.6元下降到1991年的12.7元(见表2-32)。工业产值高增长同经济效益下降形成明显反差。

表2-30 1979—1988年全社会综合要素生产率

单位:%

年份	总产出增长率	总资金投入增长率	总劳动投入增长率	综合要素生产率	综合要素生产率占产出增长率的比重
1979	7.64	5.37	2.07	3.26	42.7
1980	7.77	4.82	2.72	3.58	45.1
1981	4.49	4.84	3.24	0.13	2.9
1982	8.74	7.84	3.41	2.28	25.9
1983	10.32	6.38	3.05	4.93	47.8
1984	10.59	4.08	3.16	10.78	73.9
1985	12.71	1.66	3.63	10.46	82.3
1986	8.31	8.79	3.15	1.31	14.6
1987	11.02	6.34	2.88	5.72	51.9
1988	10.80	7.23	2.93	4.94	45.7
1979—1988年平均	9.60	5.72	3.02	4.69	48.9

资料来源:汪海波,刘世锦.试析我国经济效益的现状及其变动特征[J].江西社会科学,1990(6):25-29.

---

① 扩大再生产可分为外延型和内涵型,可以把综合要素生产率在产出增长率所占的比重在60%以上的,算作内涵扩大再生产,在60%以下的算作外延扩大再生产。参见汪海波,刘世锦.试析我国经济效益的现状及其变动特征[J].江西社会科学,1990(6):25-29.后来也用来确定粗放型经济增长和集约型经济增长。

表 2-31　1984—1992 年国有独立核算工业企业经济效益

年份	每百元固定资产原值实现的产值(元)	每百元固定资产原值实现的利税(元)	资金利润率(%)	资金利税率(%)	产值利税率(%)	每百元工业总产值占用流动资金(元)	可比产品成本降低率(%)	劳动生产率(元/人·年)
1984	97.8	22.3	14.9	24.2	22.8	26.9	-2.0	14070
1985	102.7	22.4	13.2	23.8	21.8	26.6	-7.7	15198
1986	100.2	19.9	10.6	20.7	19.9	28.9	-7.3	15451
1987	104.2	19.7	10.6	20.3	18.9	27.7	-7.0	16671
1988	113.1	20.2	10.4	20.6	17.9	25.8	-15.6	18056
1989	116.9	17.5	7.2	17.2	14.9	27.7	-22.2	18320
1990	108.3	12.9	3.2	12.4	12.0	31.8	-7.0	18639
1991	106.0	12.3	2.9	11.8	11.6	31.7	-4.8	32304
1992	109.1	12.4	2.7	9.7	11.4	29.9	-6.5	36074

资料来源:汪海波.新中国工业经济史:1979—2000[M].北京:经济管理出版社,2001:374.

表 2-32　1984—1992 年乡镇企业主要经济效益指标

单位:元

年份	每百元固定资产原值实现利润	每百元资金实现利润	每百元资金实现的利润和税金	每百元总收入实现利润	每百元固定资产原值实现总收入	每百元总收入占用的流动资金
1984	22.4	15.2	24.6	10.1	220.6	31.4
1985	22.8	14.5	23.7	9.4	243.5	32.3
1986	17.0	10.6	19.7	7.2	234.9	34.6
1987	15.3	9.0	17.0	6.4	239.2	35.7
1988	16.4	9.3	17.9	6.1	267.1	36.4
1989	12.5	7.1	15.2	5.0	251.0	39.2
1990	10.6	5.9	13.0	4.5	233.0	43.0
1991	10.8	5.8	12.7	4.3	249.6	44.6
1992	13.8	7.2	14.3	4.8	289.9	40.5

资料来源:国家统计局.中国统计年鉴:1993[M].北京:中国统计出版社,1993:397.

(三) 工业和产业结构矛盾没有得到明显改善

尽管基础工业和基础产业都有发展,但这是建立在国民经济以及加工工业低速增长的基础上的。1991年工业增长速度达到了14.4%,增长速度偏高,使有所缓解的基础工业和基础产业滞后的问题再次突出起来。1991年农业、能源总量和货运总量分别比上年增长3.7%、0.9%和1.6%,与工业增长速度的对比关系分别只有1∶0.25、1∶0.06和1∶0.11。①

综上所述,三年治理整顿的目标虽基本实现,但供求矛盾的缓解和物价水平的回落,是通过行政性宏观调控措施和紧缩银根实现的。而经济增长速度的回升也没有经历要素重组、结构优化、技术更新的过程,而是通过大量投入资金,利用增加投资来实现的。由于企业自我约束机制薄弱、效益低下、结构不合理、投资扩张冲动强烈等深层次问题没有得到解决,国民经济基本上是在原有的产业结构、产品结构、组织结构、技术结构基础上,依赖于资金投入重新扩张。因此,随着资金的投放,社会总需求大于总供给的局面将会重新出现,通货膨胀的潜在压力不断增加。

小　结

1978—1991年经济运行中出现的这三次失衡,是在经济结构本身不合理的基础上,在中央与地方、政府与企业、计划与市场、微观搞活与宏观稳定这四对矛盾共同作用下的结果。企业缺乏自我约束机制、经济效益低下、地方和企业投资扩张冲动强烈等深层次问题是这四对矛盾的具体体现。1979—1981年间的经济失衡主要是由"洋跃进"发展战略所致,是计划经济体制下追求高指标的产物,此时中央与地方等四对矛盾刚刚开始出现,尚未起到决定性的作用;1985年前后和1988年的经济失衡则主要是由四对矛盾所致,是计划体制和市场体制之间矛盾与摩擦的现实反映。

这一时期,改革开放取得较大的成绩,市场因素获得一定程度的发展。但同时,改革使计划对各经济主体的控制力减弱,而相应的约束机制和新的宏观调控体系的建立较为滞后。因此,这一时期的三次宏观调控仍沿用了改革开放前的

---

① 国家经济贸易委员会.中国工业五十年:第七部·上卷[M].北京:中国经济出版社,2000:12.

调控方式和调控手段。宏观调控基本上是通过对微观经济主体的直接控制来展开,基本是以计划行政手段为主,财政手段和货币手段具有非常浓厚的行政色彩。体制转轨局部推进阶段,中央对于宏观调控的认识基本还停留在传统的计划经济体制时期,以事后调控为主。在微观搞活与宏观稳定这对矛盾的作用下,当经济中的失衡问题得到初步解决之后,中央就随即放松对经济主体的控制。比如,1986年工业增长速度稍有下滑,银根就随即放松。由于引发经济失衡的矛盾未得到根本解决,经济中较容易出现再次失调,1988年经济中出现较为严重的失衡现象。在治理整顿期间,宏观调控主要采用直接控制的调节方式,通过行政手段来解决问题,在指导思想上一度出现否定市场经济的倾向,阻碍了改革的顺利进展。在这种宏观调控方式和渐进式改革道路的共同作用下,经济运行中一再出现"一放就热、一收就冷"的现象。

由此说明,这种调控方式和调控手段的使用,对于解决经济运行中的浅层次问题较为有效,对于经济运行中的深层次问题难以触及。因此,建立新的宏观调控体系,转变宏观调控方式和调控手段是保证体制改革顺利进行的关键,是提高宏观调控效力的关键,是消除经济运行中"一放就热,一收就冷"这一现象的关键,是促进经济快速、健康发展的关键。

第三章　体制转轨全面推进阶段宏观调控的历史过程:1992—2002年

1992—2002年是中国经济体制改革的深化阶段,1992年中共十四大提出改革的目标是建立社会主义市场经济体制,2002年中共十六大宣布社会主义市场经济体制基本建立。在这一时期,改革顺利实现从计划与市场并存的双轨制向市场经济的单轨制的渐进转变,计划和市场这两条轨道成功实现并轨。在体制转轨全面推进的过程中,市场的因素大大增强,成为配置资源的主要方式。同体制转轨局部推进阶段相比,经济活力增强,市场竞争日益激烈,经济增长的波动幅度明显缩小。在这一时期,由于体制间的摩擦加剧、市场体制的不完善等因素,国民经济出现两次失衡,中央相应进行了两次宏观调控。第一次是1993—1996年间,以整顿金融秩序、稳定物价为主的宏观调控;第二次是1998—2003年间,以防止通货紧缩、促进经济增长为主的宏观调控。

第一节　1993—1996年:以整顿金融秩序、稳定物价为主的宏观调控

1988年的经济过热让很多人对改革产生了怀疑,经济体制改革"国家调节市场,市场引导企业"的指导思想受到很大争议。国际社会主义阵营的解体等又加剧了这种争议。为了稳定经济运行,中共中央暂时决定将"国家调节市场,市场引导企业"的指导思想改为"计划经济与市场调节相结合"。这意味着对改革的指导思想又回到了改革开放初期的状态。

改革指导思想的调整,使改革陷入了进退两难的境地。针对这种现象,邓小平在接见首都戒严部队军以上干部时的谈话上指出:"改革开放这个基本点错了没有?没有错。……这十年人民生活水平有较大提高……尽管出现了通货膨

胀等问题,但十年改革开放的成绩要充分估计够。"①在治理整顿的三年中,改革是否继续进行下去成为当时争论的焦点。不同观点的争论在当时的决策层和学术界引起了较大的波动,甚至有人质疑改革的正确性。对此,1989年9月邓小平指出:"改革开放放弃不得。……没有一些试验、一些尝试,包括受一些挫折、有一些失败的尝试,肯定达不到我们的战略目标。"②1989年10月邓小平会见美国前总统尼克松时谈道:"谁也不能阻挡中国的改革开放继续下去……不搞改革开放就不能继续发展,经济要滑坡。走回头路,人民生活要下降。"③1991年邓小平在同中央负责同志谈话时提到:"这一段总结经济工作的经验,重点放在哪里?我看还是放在坚持改革开放上。强调稳是对的……但不能只是一个稳字。特别要注意,根本的一条是改革开放不能丢,坚持改革开放才能抓住时机上台阶。"④邓小平多次提到坚持改革开放,说明当时对此问题的争论非常激烈,三年治理整顿期间这一问题一直没有得到解决。因此,当1991年下半年治理整顿的基本目标实现后,中国面临的一个最紧迫的问题是决定改革的方向。

一、改革目标的确立与经济过热

(一)改革开放目标的确立

1991年1月到2月,邓小平在视察武昌、深圳、珠海、上海等南方城市时谈道:"计划多一点还是市场多一点,不是社会主义与资本主义的本质区别。计划经济不等于社会主义,资本主义也有计划;市场经济不等于资本主义,社会主义也有市场。计划和市场都是经济手段。社会主义的本质,是解放生产力,发展生产力,消灭剥削,消除两极分化,最终达到共同富裕。"⑤这次南方谈话解决了长期困扰改革进程的计划和市场的问题,为中国的改革指明方向。1992年3月,中央政治局召开会议讨论改革和发展的若干重大问题。会议强调,改革开放的胆子要大一些,勇于创新,敢于试验;判断姓"社"姓"资",应该主要看是否有利于发展社会主义社会的生产力;计划和市场,都是经济手段。⑥

---

① 邓小平.邓小平文选:第三卷[M].北京:人民出版社,1993:306.
② 邓小平.邓小平文选:第三卷[M].北京:人民出版社,1993:318.
③ 邓小平.邓小平文选:第三卷[M].北京:人民出版社,1993:332.
④ 邓小平.邓小平文选:第三卷[M].北京:人民出版社,1993:368.
⑤ 邓小平.邓小平文选:第三卷[M].北京:人民出版社,1993:373.
⑥ 中共中央文献研究室.十三大以来重要文献选编(下)[M].北京:人民出版社,1993:1971.

第三章 体制转轨全面推进阶段宏观调控的历史过程:1992—2002年

依据邓小平1992年初南方谈话和3月中央政治局会议的精神,国务院提出了抓紧有利时机,加快经济发展的方针。在加快改革开放和现代化建设的新形势下,1992年10月,中共第十四次代表大会召开,会议做出了具有重大而又深远意义的决策。会议明确指出:改革是一场革命,也是解放生产力,是中国现代化的必由之路,僵化停滞是没有出路的;经济体制改革的目标,是在坚持公有制和按劳分配为主体、其他经济成分和分配方式为补充的基础上,建立和完善社会主义市场经济体制。

邓小平的南方谈话和中共十四大明确提出改革的目标,标志着有关改革的争论和改革的进退问题得到圆满的解决,也标志着中国改革开放和现代化建设进入了一个新的发展阶段。

(二)宏观经济过热的出现

1992年初邓小平的南方谈话和中央政治局会议鼓舞了全国人民在改革和发展方面的积极性,改革开放在各个领域都取得了显著的进展。1992年10月中共十四大召开,确立了改革的目标是建立社会主义市场经济体制,进一步鼓舞了各行各业的生产积极性,国民经济进入快速发展阶段。然而在经济快速增长中,前期尚未解决的经济生活和体制中的深层次矛盾同改革引发的新问题相互推动,1992年底到1993年上半年经济又一次出现过热现象。

1. 固定资产投资增长强劲,投资需求出现膨胀

在投资领域,中央大幅度削减传统计划经济体制下的指令性计划,在全国实施新的国民经济核算体系。1992年,农业生产已全部取消了指令性计划;在工业生产中,1979年以前指令性计划占全部工业产值的95%以上,1992年只有7%;[1]商业、物资、外贸和其他领域的指令性计划也大大减少。

投资体制的改革,使投资主体多元化,资金来源多渠道化,企业和地方的投资决策权明显扩大。随着宏观调控政策的放松,地方和企业自主权的进一步扩大,对外开放程度的加深,1992年固定资产投资的资金来源中国内贷款、利用外资和自筹及其他投资都出现高速增长,增长速度分别为68.4%、47.0%和41.0%,远远高于1991年的增长速度(见表3-1)。因此,尽管国家投资1992年比上年下降8.7%,但固定资产投资仍比上年增长44.4%,远高于1991年23.9%的增长速度;其中,国有经济投资增长48.1%,集体经济投资增长94.8%;在基本建设投资中,地方项目所占比重为55.5%,自1978年以来首次超过中央项目所占比重(见表3-2)。1993年1—6月份,全社会固定资产投资完成3524亿元,比

---

[1] 中国经济年鉴编辑委员会.中国经济年鉴:1993[M].北京:经济管理出版社,1993:53.

上年同期增长 61% 左右。其中,国有单位投资 2190 亿元,增长 70.7%。从投资结构来看,第三产业投资增长 1.09 倍,所占比重由上年同期的 33.8% 提高到 43.2%,其中运输邮电投资所占比重由 14.7% 上升到 20.1%,但能源工业投资仅增长 18.1%,所占比重为 22.8%,比上年同期下降 8.8 个百分点。① 投资增长出现膨胀,投资结构不合理。显然,这种状况是由投资主体多元化带来的盲目性、企业和地方的投资决策权扩大同地方和企业缺乏有力的自我约束机制、风险机制之间的矛盾所引起的。

表 3-1 1991—1996 年全社会固定资产投资的资金来源增长速度(上年=100)

年份	总计(%)	国家投资	国内贷款	利用外资	自筹及其他投资
1991	23.8	-3.2	48.5	12.0	21.2
1992	44.4	-8.7	68.4	47.0	41.0
1993	61.8	39.2	38.8	103.6	69.6
1994	36.4	9.5	30.1	85.4	34.7
1995	15.1	17.3	5.0	29.8	16.3
1996	14.1	1.4	9.0	19.7	15.3

资料来源:国家统计局固定资产投资统计司.中国固定资产投资统计数典:1950—2000[M].北京:中国统计出版社,2002:20.

表 3-2 1991—1996 年固定资产投资增速及中央和地方基本建设的投资比重

年份	固定资产投资增速(%)(上年=100)				中央和地方项目基本建设投资比重(%)	
	总计	国有经济	集体经济	个体经济	中央项目	地方项目
1991	23.9	24.4	31.8	18.1	50.1	49.9
1992	44.4	48.1	94.8	3.3	44.5	55.5
1993	61.8	44.1	70.5	20.8	39.8	60.2
1994	30.4	21.3	19.1	33.5	37.8	62.2
1995	17.5	13.3	19.2	29.9	40.1	59.9
1996	14.8	10.6	11.3	25.4	39.2	60.8

资料来源:国家统计局固定资产投资统计司.中国固定资产投资统计数典:1950—2000[M].北京:中国统计出版社,2002:15,105.

① 我国上半年国民经济发展势头强劲,制约因素突出[J].新华月报,1993(7):78-79.

2. 工业增长速度过高,经济效益总体水平仍然不高

1992年国内生产总值完成26638.1亿元,比上年增长14.2%,仅次于改革开放以来增长速度最快的1984年(见表3-3)。1993年国民经济继续保持了高速增长的态势。在投资高速增长的作用下,1992年工业比上年增长21.2%,远高于上年14.4%的增长速度(见表3-3);1993年1—6月份,工业总产值比上年同期增长25.1%,工业生产从上年7月以来已连续12个月增长速度在20%以上。但是多数企业的经济效益仍然较低,特别是预算内国有企业亏损面达31.1%,比上年同期只下降0.9个百分点。[①] 在经济建设中,由于对邓小平南方谈话中"有条件的地方要尽可能搞快点,只要是讲效益,讲质量,搞外向型经济,就没有什么可以担心的。低速度就等于停步,甚至等于后退"[②]的片面理解,地方和企业只注意到讲话中提到的加快速度,没注意到讲话中速度的加快是以效益和质量为前提的,工业生产出现过高的增长速度。同时,经济效益总体水平不高,除投资类产品生产行业受供求变化影响经济效益有明显改善外,其他行业亏损额都有所增加。1992年,国有独立核算工业企业资金利税率由上年的11.8%下降到9.7%,亏损企业亏损总额由上年的367亿元增加到369.27亿元。[③] 1993年上半年,工业经济效益的提高带有明显的"速度效益型"特征。

表3-3 1991—1996年全国国内生产总值及指数

年份	全国国内生产总值（亿元）	工业（亿元）	全国国内生产总值指数（上年=100）	工业（上年=100）
1991	21617.8	8087.1	109.2	114.4
1992	26638.1	10284.5	114.2	121.2
1993	34634.4	16428.5	113.5	120.1
1994	46759.4	19359.6	112.6	118.9
1995	58478.1	24718.3	110.5	114.0
1996	67884.6	29082.6	109.6	112.5

资料来源:国家统计局国民经济综合统计司.新中国五十年统计资料汇编[M].北京:中国统计出版社,1999:3,5.

[①] 我国上半年国民经济发展势头强劲,制约因素突出[J].新华月报,1993(7):78-79.
[②] 邓小平.邓小平文选:第三卷[M].北京:人民出版社,1993:375.
[③] 国家统计局.中国经济年鉴:1993[M].北京:中国统计出版社,1993:430,437.

3. 消费基金增长过快,消费市场的扩张开始高于正常速率

国民经济的高速增长,使人民收入增长较快。1992年银行全年工资性现金支出为6104.10亿元,比上年增长25.5%,行政企业管理现金支出为2082.20亿元,比上年增长49.5%(见表3-4);1993年上半年银行工资性现金支出和对个人其他现金支出增长36.7%,行政企事业管理现金支出增长90%,都大大超过了经济增长的幅度。① 1993年1—6月,社会商品零售总额比上年同期增长21.6%,其中消费品零售额增长24.4%,已超过1987年的增长速率;从分月增长率看,1—6月依次为18.9%、11.1%、18.5%、25.4%、27.3%、28.4%,呈现逐月增高的态势。②

表3-4 1992—1996年全国银行现金支出情况

年份	工资性支出（亿元）	行政企业管理费支出(亿元)	工资性支出增长速度(%)	行政企业管理费支出增长速度(%)
1992	6104.10	2082.20	25.5	49.5
1993	7953.20	3445.40	30.3	65.5
1994	11174.50	4701.00	40.5	36.4
1995	12930.60	5608.50	15.7	19.3
1996	14013.00	6599.90	8.4	17.7

注:增长速度是以上年为基期,根据表中数据计算得来。

资料来源:国家统计局国民经济综合统计司.新中国五十年统计资料汇编[M].北京:中国统计出版社,1999:70.

4. 交通运输、能源和重要原材料供应不足,出现紧张

在投资总规模扩大的情况下,投资结构不合理的状况仍没有改善,基础产业投资在总投资中所占的比重还有所下降。1992年能源工业占国有经济投资的比重从1991年的25.8%下降到21.2%,交通运输、邮电通信业占基本建设投资的比重从1991年的90.7%下降到87.7%,1993年能源工业等的投资比重进一步下降(见表3-5)。在工业高速增长和基础工业投资比重下降的双重作用下,基础产业和基础设施的"瓶颈"制约作用再次显得突出。交通动力不足,1993年

---

① 汪海波.新中国工业经济史[M].北京:经济管理出版社,2001:386.
② 张立群,杨一,罗文.1993年经济形势分析与1994年展望[J].经济改革与发展,1993(10):39-45.

一些干线限制口的通过能力仅能满足需求的 30%~40%;能源供应紧张,有的地方又出现"停三开四"的现象,部分能源价格上涨较猛。

表3-5 1991—1993年基础产业投资比重

年份	能源工业占国有经济比重(%)	交通运输、邮电通信业占基本建设投资比重(%)
1991	25.8	90.7
1992	21.2	87.7
1993	18.9	84.8

资料来源:国家统计局固定资产投资统计司.中国固定资产投资统计数典:1950—2000[M].北京:中国统计出版社,2002:54,148.

5. 对外开放继续深化,出现开发区热和房地产热

江泽民在中共十四大会议上指出,"对外开放的地域要扩大,形成多层次、多渠道、全方位开放的格局。扩大开放沿边地区,加快内陆省、自治区外开放的步伐"、"经济技术开发区和高新技术产业开发区的建设,要合理布局,认真办好"、"积极开拓国际市场,促进对外贸易多元化,发展外向型经济"。[①] 根据江泽民的讲话精神,对外开放在体制、领域等方面都有了突破性的进展。首先,在体制改革方面,1992年取消了进口商品调节税和部分进口商品补贴,先后两次共降低了3596种进口商品关税,关税总水平下调了7.3%[②],并取消了全部进口替代商品清单,减少了实行许可证管理的进口商品的种类;1992年加快了房改步伐,除西藏外的土地使用权有偿出让试点已在全国展开;1993年开始实施《出口商品管理暂行办法》;等等。其次,在对外开放的领域和范围方面,在加快上海浦东开发开放的同时,国务院又决定开放长江沿岸港口城市、内陆地区省会城市和东北、西北、西南的一批边境城市,实行从沿海到沿江、沿线和沿边多层次全方位开放战略,形成新的开放格局。改革开放的继续深化,在相应规章制度尚不健全的情况下,很多省份、地区出现开发区热和房地产热,对信贷规模产生较大压力。

6. 银行信贷和货币投放过多,金融秩序混乱

1992年,有些地区不顾实际可能,不研究市场的需要盲目攀比速度,急于上项目、铺摊子,迫使银行超计划贷款或不经批准擅自发行股票、债券进行乱集资。

---

① 江泽民.江泽民文选:第一卷[M].北京:人民出版社,2006:230.
② 中国经济年鉴编辑委员会.中国经济年鉴:1993[M].北京:经济管理出版社,1993:50.

全年银行各项贷款达到26322.9亿元,比上年增长23.4%,货币投放1158.2亿元,远远大于上年533.4亿元的投放量。① 尽管国家采取了一些控制措施,但效果并不理想。主要原因是由于金融市场的发育和居民金融意识的增强,大量的居民储蓄被分流到购买股票、债券,资金投放出现多渠道化。1993年上半年,现金投放比上年同期多550亿元,这是历史上所没有的,1992年下半年到1993年上半年,全国银行系统净拆出资金1000多亿元,社会集资超过1000亿元。② 各种非银行金融机构,各种社会集资、债券、股票等,形成了众多的资金投放渠道。出现了乱集资和乱拆借,形成了集资热和股票热,使有限的资金更加分散化。一部分银行信贷资金出现体外循环,银行资金更加紧张,金融秩序较为混乱。

7. 物价上涨幅度过高,出现较为严重的通货膨胀

1992年价格改革迈出较大步伐,继续调整了粮食购销价格,实行了购销同价;继续提高原油、煤炭和铁路货运价格;缩小国家定价范围,放开了571种工业生产资料价格。③ 由于1992年的经济增长很大程度上带有恢复性质,供求基本平衡。所以尽管价格改革步伐较大,物价上涨仍在宏观控制目标之内。1992年物价上涨幅度5.4%。但居民消费价格却上涨6.4%,其中城市居民消费价格上涨8.6%(见表3-6),说明有较大的通胀压力。1993年价格改革继续迈出较大步伐,全国绝大多数地区的粮油购销价格、大部分统配煤炭和钢材价格转由市场形成,调整了原油、铁路货运、电力价格和棉花定购价格。由于价格改革步伐较大,加之工业和国民经济连续高速增长、投资和消费基金膨胀、信贷规模过大和货币发行过多、社会总需求扩张等因素共同作用,1993年消费品市场和生产资料市场上出现持续物价上涨,市场上出现较为严重的通货膨胀。在消费品市场上,1993年1月份全国零售物价总水平比上年同月上涨8.4%,3月份涨幅为10.2%,6月份涨幅又升至13.9%;服务价格上涨使6月份居民生活费用价格涨幅达到16.6%,大中城市超过20%。④ 生产资料在强大需求的推动下也出现价格猛涨。据物资信息中心统计,7大类生产资料价格总水平与上年同月相比,1月上涨31%,2月上涨35.6%,3月上涨41.9%,4月上涨48.2%,5月上涨

---

① 国家统计局国民经济综合统计司.新中国五十年统计资料汇编[M].北京:中国统计出版社,1999:66,72.
② 中国经济年鉴编辑委员会.中国经济年鉴:1994[M].北京:中国经济年鉴社,1994:87.
③ 中国经济年鉴编辑委员会.中国经济年鉴:1993[M].北京:经济管理出版社,1993:50.
④ 中国经济年鉴编辑委员会.中国经济年鉴:1994[M].北京:中国经济年鉴社,1994:45.

51.3%,6月上涨52.9%,其中钢材、水泥、平板玻璃等建筑材料涨幅均超过70%。①

表3-6 1992—1996年全国各种价格指数(上年=100)

年份	商品零售价格指数	居民消费价格指数			农产品收购价格指数	农村工业品零售价格指数
		总计	城市居民	农村居民		
1992	105.4	106.4	108.6	104.7	103.4	103.1
1993	113.2	114.7	116.1	113.7	113.4	111.8
1994	121.7	124.1	125.0	123.4	139.9	117.2
1995	114.8	117.1	116.8	117.5	119.9	114.7
1996	106.1	108.3	108.8	107.9	104.2	106.2

资料来源:国家统计局国民经济综合统计司.新中国五十年统计资料汇编[M].北京:中国统计出版社,1999:21.

综上所述,1992年到1993年上半年,国民经济中逐渐出现了"四热"(房地产热、开发区热、集资热、股票热)、"四高"(高投资膨胀、高工业增长、高货币发行和信贷投放、高物价上涨)、"四紧"(交通运输紧张、能源紧张、重要原材料紧张、资金紧张)和"一乱"(经济秩序特别是金融秩序混乱)的经济失衡现象。经济中出现的这些矛盾和问题,从根本上讲,一是原有计划经济体制的弊端没有消除,那种盲目扩张投资、竞相攀比速度等问题没有得到根本解决;二是社会主义市场经济体制尚未形成,适应新体制的宏观调控体系还未建立,市场中的各经济主体缺乏有效约束机制,市场传导机制不健全导致部分市场出现失灵。

二、国民经济的宏观调控

(一)1993年的初步宏观调控

鉴于经济中出现的各类问题,中央在1993年初就已经多次采取措施制止乱集资、加强房地产投资、清理整顿开发区等。6月24日,中共中央、国务院又发出了《关于当前经济情况和加强宏观调控的意见》。会议做出了加强宏观调控的重大决策,提出了十六条措施来解决经济中的突出问题,由此正式开始了以整顿金融秩序为重点,治理通货膨胀为首要任务的宏观调控。

宏观调控的具体措施有:严格控制货币发行,稳定金融形势,全年货币发行

---

① 章钟基.一年来宏观调控的回顾和启示[J].金融研究,1994(11):21-28.

量要控制在1500亿元;坚决纠正违章拆借奖金;灵活运用利率杠杆,大力增加储蓄存款,1993年,在5月15日提高存贷款利率的基础上,7月11日再次提高存贷款利率;严格控制信贷总规模;专业银行要保证对储蓄存款的支付;加快金融改革步伐,强化中央银行的金融宏观调控能力;投资体制改革要与金融体制改革相结合;限期完成国库券发行任务;进一步完善有价证券发行和规范市场管理;改进外汇管理办法,稳定外汇市场价格;加强房地产市场的宏观管理,促进房地产业的健康发展;强化税收征管,堵住减免漏洞;对在建项目进行审核排队,严格控制新开工项目;积极稳妥地推进物价改革,抑制物价总水平过快上涨;严格控制社会集团购买力的过快增长。

吸取前几次宏观调控的经验教训,为避免经济出现"急刹车",中央开始转变宏观调控方式。1993年的宏观调控主要是通过加快金融体制、投资体制、财税体制、物价体制的改革来消除原有体制的弊端,尝试使用调整利率、发行国债等经济手段来解决问题。同时,适当使用控制货币发行、坚决纠正违章拆借、制止乱集资、严格控制集团购买力增长等行政手段来增强宏观调控的效力。

1993年国内生产总值达到34636.4亿元,比上年增长13.5%,其中工业为16428.5亿元,比上年增长20.1%(见表3-3)。在上半年增速过高的基础上,全年增速虽比上年有小幅度的下降,但增长速度过高、结构不合理的状况没有改变,基础产业投资所占的比重继续下降(见表3-5)。1993年全社会在建设项目投资规模增加到41600亿元,比上年增长45%,增幅有些微下降。其中,国有经济、集体经济增幅都有所下降(见表3-2)。但是,固定资产投资增速仍然过高,全年仍达到了61.8%的增长速度;基本建设投资中地方项目所占比重继续上升,达到60.2%(见表3-2)。

1993年全年货币投放量为1528.7亿元①,基本实现了预期1500亿元的控制目标。1993年物价零售物价总水平在7月份上涨14.9%和8月份上涨15.1%的基础上,随着货币投放减少和国家加强了对物价的宏观调控,9—10月份上涨势头有所减缓,9月份为14.5%,10月份为14.6%。但是,11月份以后,由于粮价上涨,市场物价再度上升,11月为15.1%,12月份为17.6%,达到全年物价上涨幅度的最高峰。② 全年商品零售价格、居民消费价格、农产品收购价格和农村工业品零售价格分别上涨13.2%、14.7%、13.4%和11.8%,都比上年有

---

① 国家统计局国民经济综合统计司.新中国五十年统计资料汇编[M].北京:中国统计出版社,1999:72.
② 中国经济年鉴编辑委员会.中国经济年鉴:1994[M].北京:中国经济年鉴社,1994:47.

大幅度上涨(见表3-6)。

1993年下半年宏观调控政策的实施,在解决部分问题的同时,国民经济仍保持了较高的增长速度,没有出现经济增长速度的大幅回落。主要原因在于:一是宏观调控的原则是力图在制止经济过热的同时实现经济的"软着陆",避免经济出现大起大落;二是各项宏观调控措施的政策效应要充分显现出来需要一定的时间,深层次的体制性、结构性矛盾不是短期可以解决的;三是经济体制和80年代相比已经发生了重大的变化,市场的因素进一步增强,集体经济、个体经济和外资经济发展迅速;非银行金融机构发展迅速;市场定价比重的扩大;等等。传统的行政手段主要是对国有经济、国家定价商品和银行系统的资金有较强的控制力,对于市场体制中的各微观主体作用力不大。

(二)国民经济的进一步宏观调控

1993年下半年经济中的突出问题是市场在很多方面还未有效发挥作用,同时又存在着市场盲目发展和经济秩序混乱的问题。而这些问题是由深层次的体制性、结构性矛盾所引致的,是计划经济体制还未完全退出、市场经济体制尚未建立所造成的。根本性的解决方法是加快改革步伐,转变宏观调控方式。1993年11月,中共召开十四届三中全会,做出《关于建立社会主义市场经济体制若干问题的决定》。会议指出,建立社会主义市场经济体制,就是要使市场在国家宏观调控下对资源配置起基础性作用。要培育和发展市场体系,发挥市场机制在资源配置中的基础性作用。要转变政府管理职能,建立以间接手段为主的完善的宏观调控体系,保证国民经济的健康运行。

社会主义市场经济必须有健全的宏观调控体系,宏观调控的任务是:保持经济总量的基本平衡,促进经济结构的优化,引导国民经济持续、快速、健康发展,推动社会全面进步。宏观调控主要采取经济办法,建立计划、金融、财政之间相互配合和制约的机制,加强对经济运行的综合协调。《决定》提出国民经济和社会发展的目标、任务,以及需要配套实施的经济政策;中央银行以稳定币值为首要目标,调节货币供应总量,并保持国际收支平衡;财政运用预算和税收手段,着重调节经济结构和社会分配。运用货币政策与财政政策,调节社会总需求与总供给的基本平衡,并与产业政策相配合,促进国民经济和社会的协调发展。[①] 这是中共中央在十几年的改革道路上首次明确提出要建立新的宏观调控体系,首次明确宏观调控的任务,首次划分各种宏观调控手段的功能和作用,标志着中国

---

① 中共中央文献研究室.十四大以来重要文献选编(上)[M].北京:人民出版社,1996:530,531.

的宏观调控进入了一个新的发展阶段。

在十四届三中全会精神的指导下,结合此次宏观调控的原则,1994—1995年的宏观调控首先是从建立新的宏观调控体系开始的。1994年在宏观调控体系方面进行了一系列重大的改革,财税体制方面取消财政包干实行分税制;金融体制方面成立了三家政策性银行,把四家国有专业银行转变为国有商业银行,实现了政策性金融和商业性金融的分离;外汇管理体制实施了汇率并轨,并确定了有管理的浮动汇率。初步形成了宏观调控体系的基础框架。在新的宏观调控体系下,采取适度从紧的财政、货币政策。

其次,深化改革,加快市场培育和发展。深化投资体制改革,逐步建立法人投资和银行信贷的风险责任;深化投融资体制改革,建立科学和严格的投融资决策责任制;进一步完善市场价格形成机制,逐步放开竞争性产品价格,合理调整政府定价产品和服务的价格,搞好生产资料价格并轨;继续深化商品流通体制改革;等等。

再次,运用各种产业政策。延长耕地承包期,稳定并完善以家庭联产承包为主的责任制和统分结合的双层经营体制;建立和完善政策性长期投融资体系,向国家鼓励发展的建设项目提供政策性金融支持;逐步建立有利于促进支柱产业发展的投融资体系和规范化的企业直接融资机制,国家在年度股票和债券发行规模中对支柱产业优先予以安排;赋予具备条件的各类企业外贸经营权,鼓励大型企业(集团)建立海外直销渠道,按照国家产业政策合理调整关税税率;加快高新技术产业发展的步伐,支持新兴产业的发展和新产品开发;继续大力发展第三产业;等等。

最后,为抑制通货膨胀,除了采取适度从紧的货币政策和以改革压缩投资外,适当使用行政手段。对粮食零售价格实行限价;对20种生活必需品实行严格的价格审核;对国产陆上原油和汽油、航空燃料油、轻油、重油等的出厂价格和销售价格全部实行国家统一定价;对棉花不开放市场、不放开经营、不开放价格,由供销社统一收购,其他任何企业和私商都不得插手棉花的收购、加工和销售,要求各地加强对棉花购销的管理;对化肥等重要农业生产资料实行两级调控和储备,重要化肥品种的出厂价格分别由国家计委和省级物价部门具体规定;对化肥零售实行供销社统一经营,对零售价格实行批零价格差率控制,各零售单位不得另行增加费用;等等。

三、国民经济成功实现"软着陆"

改革的深化使市场的作用充分得到发挥,在财政、货币等间接调控手段的运用下,结合产业政策和行政手段,1995 年第二季度开始,物价涨幅开始回落,国民经济的失衡现象逐步得到解决。随着宏观调控措施的继续实施,1996 年经济成功实现"软着陆"。

(一)工业和国民经济实现了适度、稳定的增长

1994 年、1995 年和 1996 年国内生产总值分别达到 46759.4 亿元、58478.1 亿元和 67884.6 亿元,分别比上年增长 12.6%、10.5% 和 9.6%;其中,1994—1996 年工业分别增长 18.9%、14.0% 和 12.5%(见表 3-3)。工业和国民经济过高的增长速度逐年回落,增幅基本上回到了合理的增长区间。由工业高速增长所带来的部分问题也得到缓解,全社会在建项目投资总规模趋于正常,1994 年投资额为 57978 亿元,比上年增长 39.4%;1995 年投资额为 67626 亿元,增幅回落到 16.6%,只有集体经济投资增速过高,达到了 106.4%;1996 年投资额为 79102 亿元,增长 17.0%,其中各类型经济增速正常(见表 3-2)。1992—1996 年间,工业和国民经济未出现大起大落的现象,未出现滑坡的现象,实现了适度、稳定的增长。

(二)社会总需求膨胀得到有效抑制,供求基本平衡

首先,过高的投资增速大幅回落,投资需求缩减。1994—1996 年,全社会固定资产投资分别比上年增长 30.4%、17.5% 和 14.8%;其中,1996 年国有经济和集体经济固定资产投资分别比上年增长 10.6% 和 11.3%。其次,消费需求有效压缩。1994—1996 年,银行全年工资性现金支出分别为 11174.50 亿元、12930.60 亿元和 14013.00 亿元,分别比上年增长 40.5%、15.7% 和 8.4%;行政企业管理现金支出分别为 4701.00 亿元、5608.50 亿元和 6599.90 亿元,分别比上年增长 36.4%、19.3% 和 17.7%(见表 3-4)。在投资和居民及社会集团购买力增速回落的影响下,1994—1996 年,全国社会消费品零售总额分别为 16264.7 亿元、20620.0 亿元和 24774.1 亿元,分别比上年增长 30.5%、26.8% 和 20.1%,增幅逐年回落。①

(三)货币投放和物价涨幅趋向正常

在金融体制转变过程中,货币政策效力大大减弱,1994 年货币投放和物价涨幅仍处于高位。1994 年货币投放量达到 1423.9 亿元,主要原因是:控制贷款规模已不能有效控制市场货币流通量;国内需求收缩导致企业出口大量增加,使

---

① 国家统计局国民经济综合统计司.新中国五十年统计资料汇编[M].北京:中国统计出版社,1999:57.增长速度按表中数据计算得来。

外汇储备从1993年的211.99亿美元猛增至516.2亿美元[①],使基本货币投放继续过量。1994年零售商品物价涨幅上升至21.7%,居民消费价格涨幅上升至24.1%(见表3-6),主要原因是:货币投放过量和前期货币投放过量供给的滞后效应;农业发展缓慢引发粮食等食品价格大幅度上涨;个人收入增长过快(超过了国内生产总值的增长速度,见表3-7),既扩大了社会总需求,又增加了企业工资成本,从需求和成本两方面刺激物价上涨。随着金融体制的进一步改革,货币政策的有效性逐步增强。1995—1996年货币投放分别为596.8亿元和916.6亿元,远远低于1992—1994年的货币投放量。在财政政策、货币政策、产业政策和稳定物价的行政手段的作用下,收入增幅进一步回落(见表3-7),1995—1996年商品零售物价涨幅分别回落至14.8%和6.1%,居民消费价格涨幅分别回落至17.7%和8.3%,农产品收购价格分别回落至19.9%和4.2%。货币投放和物价涨幅在1995年以后逐步趋向正常。

表3-7 1992—1996年全国城乡居民收入

年份	城镇居民家庭平均每人		农村居民家庭平均每人		国内生产总值指数（上年=100）
	可支配收入(元)	可支配收入增幅(%)	纯收入(元)	纯收入增幅(%)	
1992	2026.6	19.2	784.0	10.6	114.2
1993	2577.4	27.2	921.6	17.6	113.5
1994	3496.2	35.6	1221.0	32.5	112.6
1995	4283.0	22.5	1577.7	29.2	110.5
1996	4838.9	13.0	1926.1	22.1	109.6

注:收入增幅是以上年为基期,按表中数据计算得来。
资料来源:国家统计局国民经济综合统计司.新中国五十年统计资料汇编[M].北京:中国统计出版社,1999:5,22.

如前所述,1996年,商品零售物价涨幅下降到6.1%,居民消费价格指数涨幅降至8.3%,国内生产总值增长率为9.6%,工业增长率为12.5%,投资增长率为14.8%。国民经济出现了"高增长、低通胀"的发展态势。1996年底召开的中央经济工作会议指出,"经过近三年的努力……有效地解决了在大步前进中曾

---

① 国家统计局国民经济综合统计司.新中国五十年统计资料汇编[M].北京:中国统计出版社,1999:72.

一度出现的投资和消费增长过快,金融秩序混乱,物价涨幅过高等突出矛盾和问题,成功地避免了可能出现的经济大起大落。整个经济开始进入适度快速和相对平稳的发展轨道,以治理通货膨胀为首要任务的宏观调控基本上达到了预期目标。"①中国经济在1996年成功实现了"软着陆"。

第二节 1998—2002年:以防止通货紧缩、促进经济增长为主的宏观调控

中国经济的发展长期以来较为注重速度,工业经济效益低下的状况一直未得到有效改善。1993—1996年全部工业经济效益综合指数分别为96.6、97.0、96.99和90.0,百元固定资产原值实现利税分别为12.87元、12.45元、9.29元和7.87元,②经济效益递减,能源消耗加大。这种以盲目扩大投资规模、乱铺摊子为基础的经济增长,其增长速度越快,资源浪费就越大,环境污染和生态破坏就越严重,发展的持续能力也就越低。这样的增长方式使来华外国领导人和不少外国经济学家对中国经济的持续发展问题产生怀疑。

1995年9月江泽民在中共十四届五中全会上指出,要正确处理速度和效益的关系,从主要依靠增加投入、铺新摊子、追求数量,转到以经济效益为中心的轨道上来,实现经济增长方式从粗放型向集约型的转变。③ 这一思想,早在改革开放之初就已明确提出,虽然取得了一定进展,但总体效果并不明显。要想真正解决这一问题,必须转变指导经济运行的总体发展战略。

在这次会议上江泽民还提出,在现代化建设中,必须把实现可持续发展作为一个重大战略。④ 根据江泽民的讲话精神,会议讨论后明确提出,为保证经济的持续、快速、健康发展,实施科教兴国战略和可持续发展战略。可持续发展的思想最早源于环境保护,经过一定时间的发展,可持续发展的内涵更加丰富。将环境保护、原材料的利用、生产中的能源消耗、资源的持续使用等问题都包含在内,

---

① 中央经济工作会议在京召开,江泽民、李鹏作重要讲话,朱镕基作总结讲话[J].新华月报,1996(12):50-52.
② 汪海波.新中国工业经济史:1979—2000[M].北京:经济管理出版社,2001:675.其中,全部工业经济效益综合指数以上年为100。
③ 江泽民.江泽民文选:第一卷[M].北京:人民出版社,2006:462.
④ 江泽民.江泽民文选:第一卷[M].北京:人民出版社,2006:463.

可持续发展战略是对"三步走"发展战略的有益的补充。农业要高产、优质、高效、低耗,工业要讲质量、讲低耗、讲效益……任何地方的经济发展都要注重提高质量和效益,注重优化结构,都要坚持以生态环境良性循环为基础,这样的发展才是健康的、可持续的。①

一、国民经济发展态势的巨大转变

1996年经济成功实现了"软着陆",改革开放也取得了突破性进展。以分税制为核心的新财政体制,以增值税为主体的新税制,已经基本建立并正常运行;政策性金融和商业性金融初步分开,汇率顺利并轨;新的宏观调控体系的框架初步建立。市场在资源配置中的基础性作用明显增强,国有企业和农村改革,计划、投资、流通、社会保障体制改革,以及住房制度改革和政府机构改革,都取得新的进展,以公有制为主体、多种经济成分共同发展的格局已经形成;由沿海到内地、由一般加工工业到基础工业和基础设施的总体开放格局已初步形成。

受可持续发展战略的影响,1997年的宏观经济政策为:积极推进经济体制和经济增长方式的转变,继续实行适度从紧的财政货币政策,保持工业适度增长,保持适度投资规模,保持金融稳定,降低物价上涨幅度等,保证经济的持续、健康发展。由于实施了这些政策措施,也由于改革开放取得的突破性进展,国民经济市场化、社会化程度明显提高,1997年下半年经济形势开始发生重大变化。

(一)国际经济环境的变化

1997年6月,随着投机资金开始攻击泰铢,一场大规模金融危机在曼谷爆发。7月2日,泰国宣布放弃固定汇率制,实行浮动汇率制,引发了一场遍及东南亚的金融风暴。在泰铢波动的影响下,菲律宾比索、印度尼西亚盾、马来西亚林吉特相继成为国际炒家的攻击对象。随后,韩国、香港和东盟大多数经济体都出现了连环的银行和货币危机。

受亚洲金融危机影响,卷入危机的国家在1998年都出现了不同程度的经济衰退。中国由于金融市场尚未放开等因素,并未陷入这场危机。但是,在经济全球化的大背景下,东南亚国家是中国的重要贸易伙伴,这些国家的经济衰退严重影响了中国的出口市场,使出口增长面临巨大压力。

(二)国内经济环境的变化

经过将近20年的改革开放,中国的市场化程度已大大增强,供求状况发生了显著的变化,买方市场逐步形成。首先,市场化程度大大增强。1978年中国

---

① 江泽民.江泽民文选:第一卷[M].北京:人民出版社,2006:533.

开始改革时,市场化程度是 25.34%;1992 年开始建立市场经济体制时,市场化程度是 67.43%;1997 年市场化程度是 77.12%,远高于 1996 年 72.85%的市场化程度。①

其次,供求状况发生了显著的变化,买方市场逐步形成。从 1996 年开始,市场上部分商品就已经出现供过于求。上半年,社会总需求同比增长 14.4%,社会总供给增长 16.7%,供需差率为 9.8%。据内贸部对 606 种商品供求情况调查,1996 年上半年,供求平衡的产品占 74.5%,同比增长 7.2%;供不应求的产品占 10.5%,同比下降近 4%;供过于求的产品占 15%,同比下降 3.3%。据对 443 种工业消费品供求排队,下半年供不应求的商品只有 1 种,99.8%的商品均属于供求平衡和供过于求之列。② 1997 年,消费品市场、生产资料市场和投资品市场都开始呈现出初步的买方市场的基本格局。据对 613 种主要商品供求情况的调查分析,1997 年上半年供求基本平衡的商品的比例为 89.0%,供不应求和供过于求的均为 5.5%。到下半年,供求基本平衡的商品的比例变为 66.6%,比上半年下降 22.4 个百分点,供过于求的占 31.8%,上升了 26.3 个百分点,供不应求的仅占 1.6%,下降了 3.9 个百分点。③

由此可知,1997 年下半年,中国的国际和国内经济环境发生了重大的变化。亚洲金融危机使出口增长遭遇了很大的阻力,国内市场上供求力量的转换、市场化程度的加深等因素使竞争日益激烈。国际和国内经济环境的重大变化,使中国的经济从 1997 年第 4 季度开始,就出现了以物价下降为主要标志的通货紧缩的苗头,经济增长速度也开始放缓。

(三)通货紧缩和经济增速放缓的出现

(1)有效需求不足,物价逐步下降。1996 年,就有部分学者认为经济中已经出现了有效需求不足的问题,但决策层出于种种因素的考虑没有立即转变宏观调控方向。经济成功实现"软着陆"之后,1997 年的宏观调控仍是继续实行适度从紧的财政货币政策。在从紧的宏观政策环境下,随着国际、国内经济环境的变化,1997 年许多消费品和投资品的价格指数都出现了负增长。1997 年,全国零售商品中食品、家用电器、首饰、建筑装潢材料和机电产品的价格指数分别为 99.8、95.6、97.8、99.0 和 95.5;农业生产资料价格指数从上年的 108.4 下降到 99.5;农产品收购价格指数从上年的 104.2 下降到 95.5;全部工业品出厂价格指

---

① 郑春芳.再议中国经济的市场化程度[J].山西财经大学学报,2005(2):47-51.
② 谢洁萍.'96 下半年消费品市场形势分析[J].商业经济研究,1996(11):51-53.
③ 汪海波.新中国工业经济史:1979—2000[M].北京:经济管理出版社,2001:412.

数从上年的 102.9 下降到 99.7,生产资料出厂价格指数从上年的 103.5 下降到 99.7。① 负增长的幅度虽不大,但是涉及的面比较宽,使商品价格下降压力加大。1997 年商品零售价格同比涨幅 10 月份开始出现下降,12 月份当月已下降 1.2%;居民消费价格同比涨幅则由年初的 5.9% 回落到年末的 0.4%。② 进入 1998 年以后,下降的趋势更加明显,商品零售价格总水平 1 月份下降到 1.5%,居民消费价格总水平由 1 月份的上涨 0.3% 转为 3 月份的下降 0.3%。③ 同时,1998 年价格下降的品种增多,价格下降的地区范围扩大。

(2)出口增长受阻,经济增长速度放缓。受亚洲金融危机影响,1997 年下半年,外贸出口增势明显受阻,出口增长速度降为 17.1%,比上半年 26.3% 的增长幅度低 9.2 个百分点。④ 1998 年 1—5 月份,每月出口商品总值分别为 126.76 亿美元、121.58 亿美元、153.77 亿美元、159.52 亿美元和 149.27 亿美元。⑤ 出口的缓慢增长,使许多出口企业将销售转向国内,加剧了国内市场的激烈竞争,买方市场的特征更加明显。到 1998 年 5 月底,中国工业和商业企业的存货达到了 5 万多亿,1998 年 5 月的 GDP 总量为 1 万多亿,应收未收款达到了 16000 多亿。⑥ 根据市场经济理论,市场机制作用的增强,资源会自发的配置到回报高的行业和部门,破产、失业、收入差距扩大等一系列新的经济现象将会出现。随着中国国内外经济环境的变化,市场竞争的加剧,企业商品销售出现困难,使一些企业的支付出现问题,企业破产、停产、半停产的数目增加,使经济增长速度放慢的压力持续加大。1998 年第一季度经济增长虽然达到了 7.2%,但第二季度增幅不仅没有上升,反而下降到 6.8%,以致上半年经济增长率只达到 7%。⑦

在这样的经济形势下,解决有效需求不足,刺激经济增长就成为 1998 年宏观调控的主要任务。

---

① 国家统计局.中国统计年鉴:1998[M].北京:中国统计出版社,1998:305,313,314,317.
② 中国经济年鉴编辑委员会.中国经济年鉴:1998[M].北京:中国经济年鉴社,1998:53.
③ 中国经济年鉴编辑委员会.中国经济年鉴:1999[M].北京:中国经济年鉴社,1999:54.
④ 中国经济年鉴编辑委员会.中国经济年鉴:1998[M].北京:中国经济年鉴社,1998:115.
⑤ 国家统计局.中国统计年鉴:1998[M].北京:中国统计出版社,1998.
⑥ 刘伟.中国经济增长与宏观调控问题[J].金融与经济,2005(8):3-7.
⑦ 汪海波.新中国工业经济史:1979—2000[M].北京:经济管理出版社,2001:418.

二、防止通货紧缩、促进经济增长的宏观调控

1997年第4季度,中央就开始关注经济中出现的物价下跌、出口增长乏力和经济增长速度放缓等问题,提出了一些有针对性的政策建议。江泽民在会见外资工作会议代表时谈到,不仅要积极吸引外国企业到中国投资办厂,也要积极引导和组织国内有实力的企业走出去,到国外去投资办厂……既要看到欧美市场,也要看到广大发展中国家的市场;在努力扩大商品出口的同时,必须下大气力研究和部署如何走出去搞经济技术合作。"引进来"和"走出去"是我们对外开放基本国策两个紧密联系、相互促进的方面,缺一不可。①

1998年3月,第九届全国人民代表大会第一次会议在北京召开。为应对亚洲金融危机和解决国内需求不足的矛盾,确保经济的持续稳定增长。会议提出1998年国民经济宏观调控的主要目标是:经济增长速度8%,商品零售价格涨幅控制在3%以内。会议指出,利用投资规模的适度增长,带动国民经济持续快速健康发展;继续实行适度从紧的财政、货币政策,改善调控方式,注意适时适度微调。由此,中国开始了新一轮的宏观调控。与以往不同的是,这次宏观调控不是防止经济过热、治理通货膨胀,而是防止经济衰退、保证经济增长、避免出现通货紧缩。

1998年上半年,全国有十几个省发生了严重的水灾,给人民的生命财产造成了严重的损失,使夏粮减产。由于经济中实际困难的增长,1998年7月,党中央、国务院转发了国家发展计划委员会《关于今年上半年经济运行情况和下半年工作建设》,提出将适度从紧的财政政策转变为积极的财政政策。在实际调控过程中,适度从紧的货币政策也发展成为稳健的货币政策。

(一)积极财政政策的具体措施

(1)增发国债、加大投资,加强支持经济增长的力度。1998—2002年,每年分别增发长期国债1000亿元、600亿元、1500亿元、1500亿元、1500亿元。定向用于农林水利、交通通信、城市基础设施、城乡电网建设与改造、中央直属储备粮库、经济适用住房、固定资产投资和技改贴息、重要的和社会急需的项目建设、支持西部大开发战略的实施、农村基础设施和教育等方面项目的建设。为贯彻落实这一措施,一方面,国务院等部门专门成立加快基础设施建设领导小组,重点加大在建项目投资力度,并向中西部倾斜;另一方面,各级财政部门积极配合计划等部门认真审批确定项目,及时足额拨付资金,并制定了《关于加强国债专项

---

① 江泽民.江泽民文选:第二卷[M].北京:人民出版社,2006:92.

资金财政财务管理和监督的通知》等一系列管理办法,认真安排支出预算和转贷资金使用计划,切实加强对资金使用的财政财务管理和监督,保证国债资金的使用效益。

(2)调整个人收入分配政策,增加转移支付,刺激消费,解决有效需求不足。1998年为确保国有企业下岗职工基本生活费和离退休人员养老金的及时、足额发放,中央财政通过增列支出和亏损补贴等方式共拨付补助资金和借款168亿元。[①] 1999年大幅度提高国有企业下岗职工基本生活费、失业保险金和城镇居民最低生活保障金水平,增加行政事业单位职工工资和离退休人员的离退休费,提高国有企业离退休人员养老金标准和部分优抚对象抚恤标准。2001年两次增加包括离退休人员在内的机关事业单位人员的工资待遇,提高三条生活保障线标准,增加居民收入水平。为确保国有企业下岗职工基本生活费和离退休人员基本养老金按时足额发放的资金需要,支持落实城市居民最低生活保障制度,各级财政积极推进社会保障体系建设,增加了社会保障补助支出。

(3)调整部分税收政策,发挥税收的杠杆作用。为促进出口的增长,多次提高部分商品的出口退税,加大"免、抵、退"税收管理办法的执行力度,加强出口退税管理,在防范和打击骗取出口退税的同时,增加出口退税指标,确保创汇多、信誉好的重点出口生产企业和外贸企业及时足额退税;对国家鼓励发展的外商投资项目和国内投资项目,在规定的范围内免征关税和进口环节增值税;进行关税减让,2002年关税总水平由上年的15.3%降低到12%[②];等等。

为刺激投资和消费,从1999年7月1日起,对实际完成的投资额减半征收固定资产投资方向调节税,并对符合国家产业政策的企业技术改造项目购置国产设备,准许按40%抵免企业所得税;2000年,暂停征收固定资产投资方向调节税,对符合条件的技术改造项目采用国产设备投资实行抵免企业所得税政策;1999年11月1日起,对居民储蓄存款利息恢复征收个人所得税,刺激居民储蓄向消费、投资转化;对外商投资基础产业和高新技术产业从税收上给予鼓励。

为促进西部大开发和产业结构调整,实施了支持西部大开发的税收优惠

---

① 中国经济年鉴编辑委员会.中国经济年鉴:1999[M].北京:中国经济年鉴社,1999:32.

② 中国经济年鉴编辑委员会.中国经济年鉴:2003[M].北京:中国经济年鉴社,2003:45.

第三章　体制转轨全面推进阶段宏观调控的历史过程:1992—2002年

政策,对投资西部地区符合条件的内外资企业实行所得税、耕地占用税、农业税以及关税和进口环节增值税等税收优惠政策;进一步放宽对发展软件产业和集成电路产业的税收优惠政策,降低金融保险业营业税和证券交易印花税税率,调整烟酒消费税政策,减免受灾地区农业税。

(4)调整支出结构,保证重点项目支出,培育新的消费增长点。从1998年起,中央财政本级支出中教育支出所占比例连续三年每年提高一个百分点,同时建立科技发展基金,启动知识创新工程,增加了对国家重点科研项目的投入;增加粮食风险基金,落实国家按保护价敞开收购农民余粮政策,支持农业基础设施建设、农村税费改革试点和重点生态工程建设;加大社会保障支出力度,养老、失业、下岗职工基本生活保障和城市居民最低生活保障支出大幅度增长。

(二)稳健货币政策的具体措施

(1)运用多种货币政策工具,适当增加货币供应量。一是取消对国有商业银行的贷款限额控制,全面推行资产负债管理和风险管理。二是下调存款准备金率,改革存款准备金制度,将法定存款准备金账户与备付金账户合并。1998年将法定存款准备金率由13%下调为8%,1999年将法定存款准备金率由8%下调至6%。三是调整存贷款利率。1998先后三次下调存贷款利率,存款利率平均降低1.15个百分点,贷款利率平均降低2.22个百分点;[1]1999年分别下调金融机构存贷款利率1个和0.75个百分点、中央银行存贷款利率1.17个和1.35个百分点;[2]2002年下调存贷款利率,分别下调金融机构存、贷款平均利率0.25个和0.5个百分点。[3] 四是加大再贷款、再贴现操作力度,增加对金融机构的贷款。在进一步加大对国家银行再贷款支持力度的同时,增加了对城市商业银行、城乡信用社的再贷款。五是扩大了公开市场操作,增加了基础货币投放。中央银行频繁地利用公开市场操作来调整市场上的货币供应量,从以投放基础货币为主逐步转向收回商业银行的过剩流动性。

(2)配合扩大内需的政策取向,加强信贷政策指导,强化央行"窗口指导"作用。一是支持国债项目建设,指导商业银行做好国债项目的配套贷款,保证配套贷款及时到位。实行积极财政政策的5年来,国债项目累计投资3.28万亿元,

---

[1] 中国经济年鉴编辑委员会.中国经济年鉴:1999[M].北京:中国经济年鉴社,1999:46.
[2] 中国经济年鉴编辑委员会.中国经济年鉴:2000[M].北京:中国经济年鉴社,2000:56.
[3] 中国经济年鉴编辑委员会.中国经济年鉴:2003[M].北京:中国经济年鉴社,2003:60.

除财政增发国债 6600 亿元外,其余大部分为银行贷款。① 二是积极发展个人住房、助学、汽车等消费信贷业务。先后颁布了《关于加大信贷投入、支持住房建设和消费的通知》《个人住房贷款管理办法》《汽车消费信贷管理办法(试行)》《关于开展个人消费信贷的指导意见》和《国家助学贷款管理规定(试行)办法》等指导性意见,对拉动消费和投资起到了重要作用。三是调整农村信用社贷款政策,进一步加大支农力度。先后颁布了《关于做好农村信贷工作的指导意见》《农村信用合作社农户小额信用贷款管理指导意见》《关于改进农村金融服务,取缔民间高利借贷的意见》《关于进一步改善金融服务支持春耕生产安排意见的通知》和《农村电网建设与改造工程电费收益权质押贷款管理办法》等指导意见。四是进一步改进对中小企业的金融服务,支持中小企业发展。中央银行拓展了再贷款范围,将中小金融机构纳入再贷款支持序列,再贷款的品种也由原来仅限于满足金融机构的短期流动性需求扩大到支持金融机构中长期信贷投放。颁发《关于进一步加强对有市场、有效益、有信用中小企业金融服务的指导意见》。五是积极支持扩大出口。先后发布了《关于支持境外带料加工装配业务的信贷指导意见》《关于改进外汇担保项下的人民币贷款管理的通知》和《关于办理出口退税账户托管贷款业务的通知》等文件,加大了对外贸出口的信贷支持力度。先后颁布了《证券公司股票质押贷款管理办法》《全国银行间债券市场交易管理办法》《中外合资、合作经营企业中方投资人新增资本贷款管理办法》等指导性文件。

(3)加强本外币利率政策的协调。针对 2000 年上半年美国连续 6 次加息,境内本、外币利差扩大的新情况,人民银行及时协调境内本、外币利率政策,两次上调境内外币利率,并稳步推进利率市场化改革,率先放开外币存贷款利率。2001 年,针对美国连续 11 次降低联邦基金利率和再贴现率,为保证国内经济发展需要,中央连续 9 次下调境内美元等外币小额存款利率,1 年期美元存款利率由年初的 5% 下调至 1.25%,全年共下调了 3.75 个百分点。②

(三)其他宏观调控措施的运用

1998 年开始的这次宏观调控,主要是以积极的财政政策和稳健的货币政策为主,使用间接的宏观调控手段来刺激投资、消费和出口的增长,以此来保证经济的持续、稳定发展。除此之外,中央也使用了其他一些宏观调控手段。

---

① 中国经济年鉴编辑委员会.中国经济年鉴:2003[M].北京:中国经济年鉴社,2003:61.
② 中国经济年鉴编辑委员会.中国经济年鉴:2002[M].北京:中国经济年鉴社,2002:41.

(1)利用区域政策来拉动经济增长。在邓小平"两个大局"①思想的指导下,在中央优惠政策的支持下,沿海地区经济获得了空前的发展,沿海与内地的差距逐渐拉大。为缩小区域经济差距,早在1995年,江泽民就提出,解决地区发展差距,坚持区域经济协调发展,是今后改革和发展的一项战略任务,从"九五"计划开始,要更加重视支持中西部地区经济发展。② 逐步缩小地区之间的发展差距,加快中西部地区发展,是社会主义的本质要求,也是关系中国跨世纪发展全局的一个重大问题。1999年6月17日,在西安举行的西北五省区国有企业改革和发展座谈会上,江泽民第一次明确提出"西部大开发"的概念,"西部地区迟早是要大开发的,不开发,我们怎么实现全国的现代化?中国怎么能成为经济强国?美国当年如果不开发西部,它能发展到今天这个样子?实施西部地区大开发,是全国发展的一个大战略、大思路。"③同年9月22日,中共十五届四中全会正式做出"实施西部大开发战略"的决定。

"西部大开发战略"作为一项区域政策提出之后,为加快中西部能源、原材料工业基地建设,国家进一步加大了对中西部重点建设投资的支持力度。同时,中央在财政支出、税收政策、投资环境等方面对西部地区予以大力支持,加大了政策倾斜力度。通过西部大开发,一方面缩小地区差距,提高人民收入水平,刺激消费;另一方面实现东、中、西部的产业转移,有效利用中西部的劳动力、资源优势,扩大国内市场,拉动经济增长。

(2)运用产业政策来调整经济结构,培育新的消费增长点。一是在科教兴国战略的指导下,加快了教育体制的改革进程,加大对教育的支持力度,逐步实现教育产业化。二是加快住房、医疗、社会保险等各项改革步伐,开放二级市场,发展住房、汽车、旅游等领域的消费信贷。注意改革的时机和力度,增加改革透明度,改善居民心理预期,引导消费结构转型。三是大力发展农业,解决日益突出的"三农"问题。加强农业基本建设,调整和优化农业结构,推进农业产业化

---

① "两个大局",是邓小平提出的一个重要思想。1988年9月12日,邓小平在听取关于价格和工资改革初步方案汇报时指出:"沿海地区要加快对外开放,使这个拥有两亿人口的广大地带较快地先发展起来,从而带动内地更好地发展,这是一个事关大局的问题。内地要顾全这个大局。反过来,发展到一定的时候,又要求沿海拿出更多力量来帮助内地发展,这也是个大局。那时沿海也要服从这个大局。"参见:邓小平.邓小平文选:第三卷[M].北京:人民出版社,1993:277—278.
② 江泽民.江泽民文选:第一卷[M].北京:人民出版社,2006:466.
③ 江泽民.江泽民文选:第二卷[M].北京:人民出版社,2006:341.

和建设农村社会化服务体系。通过农村税费体制改革、加大扶贫攻坚力度等措施,减轻农民负担,稳步提高农民收入。

(3)适当运用行政、法律手段。加快各项法律制度的建设,健全有关法律法规并严格执法,整顿经济运行秩序,加速形成统一开放、竞争有序的市场体系。在健全有关法律的过程中,结合行政手段规范市场主体行为。

三、宏观调控中的经济回升

在上述各项政策措施的作用下,2000年我国国民经济出现全面回升势头。国内生产总值增速稳步提高,工业生产保持较快增长水平,固定资产投资增长加快,市场消费稳中趋活,物价止降转稳,进出口贸易大幅度增长,财政、金融形势稳定。

(一)国民经济稳步增长

由表3-8可知,2000年国内生产总值达到99214.6亿元,比上年增长8.4%,超过年初制定的经济增长率7%的目标。其中,除第一产业增速略有下降外,第二产业和第三产业增速都比上年有所加快,国民经济出现全面回升的势头。在各项宏观调控政策的继续作用下,2001年和2002年国民经济稳步增长。到2002年国内生产总值达到120332.7亿元,增幅达到9.1%,各产业均实现了快速增长,国民经济成功走出了经济周期的低谷。

表3-8 1998—2002年国内生产总值及指数

年份	1998	1999	2000	2001	2002
国内生产总值(亿元)	84402.3	89677.1	99214.6	109655.2	120332.7
国内生产总值指数(上年=100)	107.8	107.6	108.4	108.3	109.1
第一产业指数(上年=100)	103.5	102.8	102.4	102.8	102.9
第二产业指数(上年=100)	108.9	108.1	109.4	108.4	109.8
第三产业指数(上年=100)	108.4	109.3	109.7	110.3	110.4

资料来源:国家统计局.中国统计年鉴:2007[M].北京:中国统计出版社,2007:57,59.

(二)工业保持较快增长,经济效益逐年提高

2000年,全国工业总产值为85674.0亿元,比上年增长16.9%,增速比上年加快5.3个百分点;到2002年工业总产值达到110776.5亿元,比上年增长18.2%,工业保持了较快的增长(见表3-9)。工业运行质量和经济效益逐年提

高,总资产贡献率从 1998 年的 7.1% 上升到 2000 年的 9.0%,2002 年达到 9.5%;资产负债率连年下降,2000 年为 60.8%,2002 年为 58.7%;成本费用利润率 2000 年达到 5.6%;工业产销衔接保持较好水平,2000 年产品销售率为 97.7%,2002 年为 98.0%(见表 3-10)。

表 3-9　1998—2002 全国工业总产值及指数

年份	工业总产值（亿元）	国有企业（亿元）	集体企业（亿元）	工业总产值指数（上年=100）
1998	67737.1	33621.0	13179.7	110.8
1999	72707.0	35571.0	12414.1	111.6
2000	85674.0	40554.4	11907.9	116.9
2001	95449.0	42408.5	10052.5	114.6
2002	110776.5	45179.0	9619.0	118.2

资料来源:国家统计局国民经济综合统计司.新中国五十五年统计资料汇编[M].北京:中国统计出版社,2005:48.

表 3-10　1998—2002 年国有及规模以上非国有工业企业主要经济效益指标

年份	工业增加值率（%）	总资产贡献率（%）	资产负债率（%）	流动资产周转次数（次/年）	成本费用利润率（%）	全员劳动生产率（元/人·年）	产品销售率（%）
1998	28.7	7.1	63.7	1.4	2.4	31347	96.5
1999	29.7	7.5	61.8	1.5	3.4	37148	97.2
2000	29.6	9.0	60.8	1.6	5.6	45679	97.7
2001	29.7	8.9	59.0	1.7	5.4	52062	97.6
2002	29.8	9.5	58.7	1.8	5.6	59766	98.0

资料来源:国家统计局国民经济综合统计司.新中国五十五年统计资料汇编[M].北京:中国统计出版社,2005:49.

(三)市场销售恢复正常,物价止降回稳

2000 年,社会商品零售总额达到 34152.6 亿元,比上年增长 9.7%,增速提高 2.9 个百分点(见表 3-11),市场上商品销售趋于活跃。到 2002 年,社会商品零售总额达到 42027.1 亿元,比上年增长 11.8%(见表 3-11),市场走出低迷,销售恢复活跃。2000 年,商品零售价格指数和居民消费价格指数分别为 98.5 和

100.4,停止了下降势头,扭转了1998年以来连续两年下降的局面(见表3-11)。2001年和2002年,物价保持了较为稳定的态势,未出现大的波动。

表3-11　1998—2002年商品零售总额及物价指数

年份	1998	1999	2000	2001	2002
社会商品零售总额(亿元)	29152.5	31134.7	34152.6	37595.2	42027.1
社会商品零售指数(上年=100)	106.8	106.8	109.7	110.1	111.8
商品零售价格指数(上年=100)	97.4	97.0	98.5	99.2	98.7
居民消费价格指数(上年=100)	99.2	98.6	100.4	100.7	99.2

资料来源:国家统计局国民经济综合统计司.新中国五十五年统计资料汇编[M].北京:中国统计出版社,2005:32,67.

（四）工业制成品出口比重上升、出口增长恢复强劲势头

受亚洲金融危机影响,1998年、1999年中国的出口市场遇到较大的困难。在亚洲各国积极应对危机和中国国内积极转换出口商品结构的经济背景下,工业制成品占出口总额的比重从1998年的88.8%上升到2002年的91.2%(见表3-12),中国出口逐步恢复强劲的增长势头,2000年出口总额达到2492.0亿美元,比上年增长27.8%;2001年底加入世界贸易组织后,2002年出口总额达到3256.0亿元,比上年增长22.4%(见表3-12)。

表3-12　1998—2002年全国出口贸易总额及构成

年份	出口总额(亿美元)	初级产品(亿美元)	工业制成品(亿美元)	出口增速(上年=100)	占出口总额的比重(%)	
					初级产品	工业制成品
1998	1837.1	204.89	1632.20	105.5	11.2	88.8
1999	1949.3	199.41	1749.90	106.1	10.2	89.8
2000	2492.0	254.60	2237.43	127.8	10.2	89.8
2001	2661.0	263.38	2397.60	106.8	9.9	90.1
2002	3256.0	285.40	2970.56	122.4	8.8	91.2

资料来源:国家统计局国民经济综合统计司.新中国五十五年统计资料汇编[M].北京:中国统计出版社,2005:68,69.出口增速、初级产品和工业制成品占出口总额的比重是根据表中数据计算所得。

综上所述,国民经济在宏观调控中稳步回升。然而,国民经济中潜伏着的深层次矛盾仍未得到根本性的解决。首先,农业发展缓慢,工、农业差距再次扩大。

受基础设施建设和房地产业快速发展的影响,农作物播种面积自1999年开始逐年减少。其中,1999—2002年粮食播种面积分别为113161.0千公顷、108462.5千公顷、106080.0千公顷、103890.8千公顷(见表3-13)。农作物播种面积的下降,使粮食、棉花等主要农业产品产量下降(见表3-14)。农业发展缓慢,工业增长速度逐步恢复,2002年工、农业总产值指数分别为118.2和103.9(见表3-13),工、农业之间的差距越来越大。同时,城乡居民的收入差距也越来越大,城镇居民收入的增长速度快于农村居民收入的增长速度,城镇和农村居民的人均收入比例从1998年的2.52扩大到2002年的3.11(见表3-15)。农业的缓慢发展,使农民收入增长缓慢、农产品供给量的减少、原材料紧张等问题进一步凸显出来。

表3-13　1998—2002年工业、农业生产情况

年份	农作物总播种面积(千公顷)	粮食面积(千公顷)	总产值(亿元)		总产值指数(上年=100)	
			农业	工业	农业	工业
1998	155705.7	113787.4	14242	67737.1	104.9	110.8
1999	156372.8	113161.0	14106	72707.0	104.3	111.6
2000	156299.8	108462.5	13874	85674.0	101.4	116.9
2001	155707.9	106080.0	14463	95449.0	103.6	114.6
2002	154635.5	103890.8	14932	110776.5	103.9	118.2

资料来源:国家统计局国民经济综合统计司.新中国五十五年统计资料汇编[M].北京:中国统计出版社,2005:42,43,44,48.

表3-14　1998—2002年全国主要农业产品产量

年份	粮食(万吨)	棉花(万吨)	黄红麻(万吨)	木材(万立方米)
1998	51229.5	450.1	24.8	5966
1999	50838.6	382.9	16.4	5237
2000	46217.5	441.7	12.6	4724
2001	45263.7	532.4	10.6	4552
2002	45705.8	491.6	15.9	4436

资料来源:国家统计局国民经济综合统计司.新中国五十五年统计资料汇编[M].北京:中国统计出版社,2005:45-46.

表 3-15　1998—2002 年城乡居民收入情况

年份	城镇居民家庭平均每人可支配收入(元)	农村居民家庭平均每人纯收入(元)	城镇和农村居民人均收入比例
1998	5425.1	2162.0	2.51
1999	5854.0	2210.3	2.65
2000	6280.0	2253.4	2.79
2001	6859.6	2366.4	2.90
2002	7702.8	2475.6	3.11

注:城镇和农村居民人均收入比例是用城镇居民家庭平均每人可支配收入除以农村居民家庭每人纯收入。

资料来源:国家统计局国民经济综合统计司.新中国五十五年统计资料汇编[M].北京:中国统计出版社,2005:34.

其次,固定资产投资规模过大,部分行业发展较快。在积极财政政策的支持下,固定资产投资再次成为拉动经济增长的主要力量(见表 3-16),带动国民经济走出低谷。2002 固定资产投资规模为 43499.9 亿元,比上年增长 16.9%,高于上年 13.0%的增长速度;[①]其中,基本建设投资和房地产开发投资的增长速度最快,到 2002 年分别达到 19.2%和 22.8%的增长速度,远远高于国内生产总值 9.1%的增长速度(见表 3-8,表 3-17)。固定资产投资规模过大,基本建设投资和房地产行业及其相关产业的快速发展,对能源、原材料等需求进一步加大,使能源、原材料等供应紧张。投资在拉动经济增长的同时,引发体制中深层次问题的再次出现,且国民经济有出现进一步过热的趋势。

表 3-16　1998—2002 三大需求对国内生产总值增长的贡献率和拉动

年份	最终消费支出		资本形成总额		货物和服务净出口	
	贡献率(%)	拉动(百分点)	贡献率(%)	拉动(百分点)	贡献率(%)	拉动(百分点)
1998	57.1	4.4	26.4	2.1	16.5	1.3
1999	74.7	5.7	23.7	1.8	1.6	0.1
2000	65.1	5.5	22.4	1.9	12.5	1.0

① 国家统计局.中国统计年鉴:2003[M].北京:中国统计出版社,2003:186.

续表

年份	最终消费支出		资本形成总额		货物和服务净出口	
	贡献率（%）	拉动（百分点）	贡献率（%）	拉动（百分点）	贡献率（%）	拉动（百分点）
2001	50.0	4.1	50.1	4.2	-0.1	—
2002	43.6	4.0	48.8	4.4	7.6	0.7

注：1.三大需求指支出法国内生产总值的三大构成项目，即最终消费支出、资本形成总额、货物和服务净出口。

2.贡献率指三大需求增量与支出法国内生产总值增量之比。

3.拉动指国内生产总值增长速度与三大需求贡献率的乘积。

资料来源：国家统计局.中国统计年鉴：2007[M].北京：中国统计出版社，2007：75.

表3-17　1998—2002年按管理渠道分全社会固定资产投资

指标	基本建设	更新改造	房地产开发	其他投资
投资额（亿元）				
1998	11916.4	4516.8	3614.2	8358.8
1999	12455.3	4485.1	4103.2	8811.2
2000	13427.3	5107.6	4984.1	9398.8
2001	14820.1	5923.8	6344.1	10125.5
2002	17666.6	6750.6	7790.9	11291.8
增长速度（上年=100）				
1998	20.2	15.2	13.7	5.5
1999	4.5	-0.7	13.5	5.4
2000	7.8	13.9	21.5	6.7
2001	10.4	16.0	27.3	7.7
2002	19.2	14.0	22.8	11.5

资料来源：国家统计局.中国统计年鉴：2003[M].北京：中国统计出版社，2003：191.

小　结

综上所述，1992—2002年间经济运行中出现的两次失衡，是在体制转轨全面推进的过程中,在"三步走"发展战略的指导下,中央与地方、政府与企业、计划与市场、微观搞活与宏观稳定、市场调节与市场失灵这五对矛盾共同作用的结果。1993年前后的经济失衡仍主要是由前四对矛盾所致,是传统计划经济体制和市场经济体制加剧摩擦的体现,是体制转轨局部推进阶段宏观调控未能解决深层次问题的体现。1998年前后的经济失衡则主要是由市场调节与市场失灵这一新的矛盾所致,是供求力量转换的体现。

这一时期,经济体制改革取得阶段性成果,实现双轨制向单轨制的转变,新的宏观调控体系也基本建立。在两次宏观调控中,宏观调控方式和宏观调控手段也逐步实现了渐进性的转变,宏观调控从对微观主体的直接控制逐步向对宏观经济总量的间接调节进行转变,财政手段和货币手段等经济手段逐步占据了主导性地位。相比体制转轨局部推进阶段的三次宏观调控,1993—1996年间的宏观调控在手段运用和政策选择上出现明显变化,1998—2002年的宏观调控侧重于运用经济手段进行间接调节。由于计划在指导思想、政府机构等领域仍在发挥作用,而新的宏观调控体系还不能有效发挥作用。因此,宏观调控对于经济中深层次问题的解决仍显力不从心,"一放就热、一收就冷"的现象在形式上虽发生变化,但仍然存在。

由此说明,宏观调控体系的建立和宏观调控手段等的转变还是初步的,中央对于经济手段的运用还缺乏经验。因此,完善新的宏观调控体系,继续转变宏观调控方式和手段是提高宏观调控效力的关键,是消除经济运行中较为隐蔽的"一放就热,一收就冷"现象的关键。

第四章 市场经济体制初步完善阶段宏观调控的历史过程:2003—2008年

2002年11月中共十六大在北京召开,会议宣布,中国已初步建立社会主义市场经济体制,公有制为主体、多种所有制经济共同发展的基本经济制度已经确立,全方位、宽领域、多层次的对外开放格局基本形成,现代化建设"三步走"战略的第一步、第二步目标已胜利实现,人民生活总体上达到小康水平。但是,"经济体制和其他方面的管理体制还不完善","现在达到的小康还是低水平的、不全面的、发展很不平衡的小康","城乡二元经济结构还没有改变,地区差距扩大的趋势尚未扭转,贫困人口还为数不少"。① 在这一时期,受市场经济体制不健全、市场失灵、国际经济形势等因素的影响,经济中出现失衡现象,中央对此进行了一次以调整经济结构、防止经济过热和防止通货膨胀为主的宏观调控。

第一节 市场经济体制初步完善阶段经济运行情况

随着社会主义市场经济体制的确立,2003年以后中国的经济体制改革进入新体制的完善阶段。由于经济体制的转轨还只是初步的,在很多方面计划经济体制的观念和意识仍在发挥作用。全面建设小康社会、完善社会主义市场体制、加快经济结构调整、保持国民经济持续快速健康发展、不断提高人民生活水平成为进入21世纪后的主要任务。这一时期,改革的重点主要是消除旧体制遗留下来的一些体制性障碍,加强新体制的法制化建设和市场规范化建设,从而完善社会主义市场经济体制。2003年以来,中央出台了减免农业税政策、鼓励支持非公有制经济发展36条政策、推进国有商业银行股份制改革、建立服务型政府和转变政府职能等改革措施。这些改革措施的实施,为各种所有制经济创造了一

---

① 江泽民.江泽民文选:第三卷[M].北京:人民出版社,2006:542.

个基本公平的竞争环境,中央主要是对国民经济的发展起引导和调节的作用。在新的经济体制框架下,经济运行态势较为平稳,经济活力大大增强。

(1)国民经济增长速度较快,年度间波动幅度较小。2003—2007年,国内生产总值增长速度分别为10.0%、10.1%、10.4%、11.1%和13.0%(见图4-1)。国内生产总值增长速度的年度间波动幅度非常小,尤其是2003—2006年,年波动幅度不超过1%。在各种因素的共同作用下,2008年国内生产总值的增长速度为9.0%。① 和2007年相比有较大的回落,但和2003—2006年相比,波动幅度并不算很大。

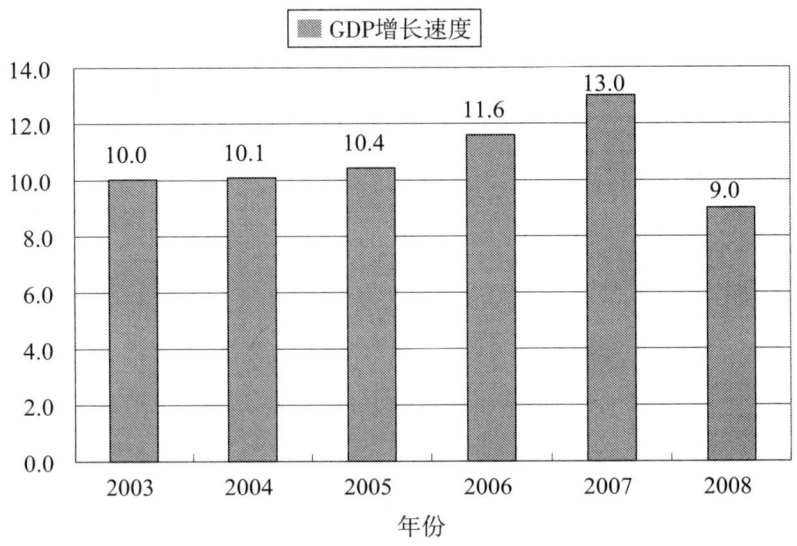

图4-1 2003—2008年国内生产总值增长速度
资料来源:国家统计局.中国统计年鉴:2009[M].北京:中国统计出版社,2009.

(2)物价上涨幅度较小,物价基本上较为平稳。由图4-2中数据可知,2003—2007年居民消费价格指数和商品零售价格基本上较为平稳。其中,2004年物价上涨幅度较大,但同国内生产总值的增长速度相比还都处于比较低的水平。且物价的上涨是局部的,不是全面的;2007年物价上涨幅度较大,居民消费价格指数达到104.8,通货膨胀压力加大;2008年上半年物价进一步上涨。

(3)经济体系从封闭型经济转为开放型经济。2001年中国加入WTO后,对外贸易尤其是出口贸易增长较快,出口成为拉动国民经济增长的重要力量,对国

---

① 国家统计局.中国统计年鉴:2009[M].北京:中国统计出版社,2009.

第四章 市场经济体制初步完善阶段宏观调控的历史过程:2003—2008 年

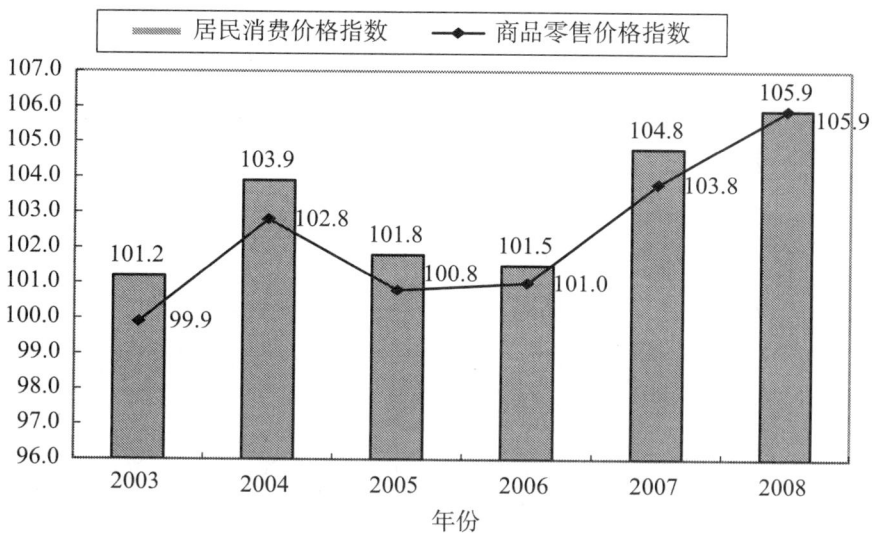

图 4-2 2003—2008 年市场物价情况

资料来源:国家统计局.中国统计年鉴:2009[M].北京:中国统计出版社,2009.

内生产总值增长的贡献大幅度提高(见表 4-1)。另外,外贸依存度和出口依存度在 2003 年以后大幅提高(见图 4-3),说明中国的对外开放程度进一步加深,中国的各微观经济主体所处的经济体系实现封闭型经济向开放型经济的转变。在开放的经济条件下,影响经济运行的因素大大增加,影响政府宏观调控效果的因素也大大增加。

表 4-1 2003—2008 年三大需求对国内生产总值增长的贡献率和拉动

年份	最终消费支出		资本形成总额		货物和服务净出口	
	贡献率(%)	拉动(百分点)	贡献率(%)	拉动(百分点)	贡献率(%)	拉动(百分点)
2003	35.3	3.5	63.7	6.4	1.0	0.1
2004	38.7	3.9	55.3	5.6	6.0	0.6
2005	38.2	4.0	37.7	3.9	24.1	2.5
2006	38.7	4.5	42.0	4.9	19.3	2.2
2007	40.6	5.3	39.7	5.1	19.7	2.6
2008	45.7	4.1	45.1	4.1	9.2	0.8

资料来源:国家统计局.中国统计年鉴:2009[M].北京:中国统计出版社,2009.

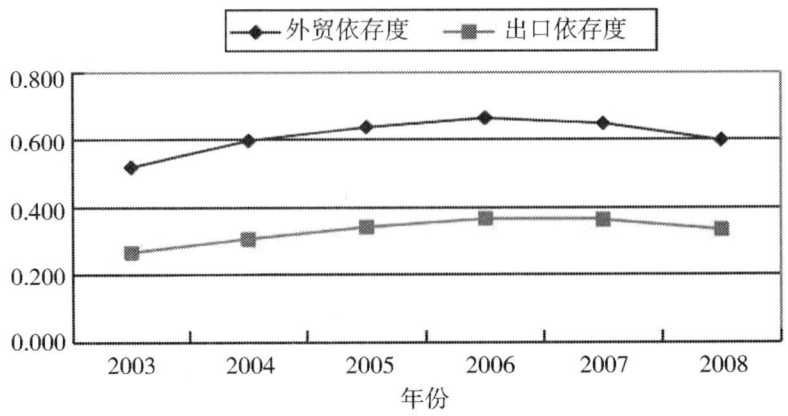

图 4-3　2000—2008 年外贸依存度

资料来源:国家统计局.中国统计年鉴:2009[M].北京:中国统计出版社,2009.外贸依存度=进出口货物总额/国内生产总值,出口依存度=出口总额/国内生产总值。

(4)消费结构实现了转型。随着居民收入的增加,城镇居民和农村居民恩格尔系数都呈现出下降的趋势(见表 4-2)。这说明居民的消费重点已经从食品等生活必需品向满足享受生活需要的特殊品转移,住房、电脑、通信、汽车等成为新的消费热点,居民消费结构发生了重大的变化。

表 4-2　2003—2008 年城乡居民家庭收入及恩格尔系数

年份	城镇居民家庭人均可支配收入绝对数(元)	农村居民家庭人均纯收入绝对数(元)	城镇居民家庭恩格尔系数(%)	农村居民家庭恩格尔系数(%)
2003	8472.2	2622.2	37.1	45.6
2004	9421.6	2936.4	37.7	47.2
2005	10493.0	3254.9	36.7	45.5
2006	11759.5	3587.0	35.8	43.0
2007	13785.8	4140.4	36.3	43.1
2008	15780.8	4760.6	37.9	43.7

资料来源:国家统计局.中国统计年鉴:2009[M].北京:中国统计出版社,2009.

总的来看,这一时期经济体制改革是对前期改革措施的进一步巩固,是对新体制中的局部进行完善。经济运行的整体情况是比较好的,出现了"高增长、低通胀"的良好发展态势,但经济中仍然存在着较多的矛盾和问题。这一时期经济运行还可以进一步划分为两个阶段：一是 2003—2005 年，一方面是以农业发展缓慢、农村经济落后、农民增收困难为主的"三农"问题凸显出来，另一方面是各省市出现了一股重化工业化浪潮，影响了经济的健康发展；二是 2006—2008 年，一方面是以固定资产投资增长过快、货币信贷投放过多、外贸顺差过大为代表的"三过"问题凸显出来，另一方面是在开放条件下，受国际经济形势和"三过"问题影响，经济增长出现过热趋势和通货膨胀压力加大等。

这两个阶段由于经济中的主要问题有所差异，所以中央的宏观调控政策有较大不同，但都带有紧缩性的特征。总的来看，这一时期中央进行了一次宏观调控。根据经济运行情况的不同，且为了更准确理解市场经济体制初步完善阶段的宏观调控，本文对这一时期的宏观调控的历史过程分阶段进行描述。

第二节　2003—2005 年经济的运行与调控

一、国民经济的局部过热与过冷并存

江泽民在十六大报告中指出，要"走新型工业化道路……走出一条科技含量高、经济效益好、资源消耗低、环境污染少、人力资源优势得到充分发挥的新型工业化路子"[①]，"积极推进西部大开发，促进区域经济协调发展。……支持东北地区等老工业基地加快调整和改造……加强东、中、西部经济交流和合作，实现优势互补和共同发展，形成若干各具特色的经济区和经济带"[②]。

走新型工业化道路，实行区域经济协调发展是符合经济发展规律的，是解决中国深层次问题的重要途径。但是，与新型工业化道路和区域协调发展相对应的市场经济体制只是初步建立，还不健全。首先，财政体制的缺陷。1994 年实行分税制改革以后，主体税种被划归中央，地方财力大大减弱。在地方政府职能和事权没有减少的情况下，国企改革使原本由中央和企业共同承担的社会保障责任转移给地方政府。中央和地方的财权与事权比例出现矛盾，迫使地方政府通过引进外部投资、鼓励当地企业投资和拍卖土地等方式来扩大地方财政收入。其次，政府机构制度改革的滞后。政府对传统经济体制的改革基本是成功的，但是作为改革者对自身机构及职能的改革明显是滞后的，机构改革"精简、膨胀、

---

① 江泽民.江泽民文选：第三卷[M].北京：人民出版社，2006：545.
② 江泽民.江泽民文选：第三卷[M].北京：人民出版社，2006：547.

再精简、再膨胀"的现象有力地说明政府对自身的改革是不到位的。各级政府继续保持着过多的资源配置权力和对企业微观经济决策的干预权力。中央对地方政府的政绩考核仍是以 GDP 指标为主要尺度。

在不健全的市场经济体制下,为了提高政绩,许多地方政府把"新型工业化道路"理解为把资本和其他资源优先投放产值大、利税收入高的简单加工装配工业或重化工业,把"区域协调发展"单一理解为提高本地区经济增长速度。于是,2003 年初,各地很快形成了大规模投资、铺摊子、上项目的全国性热潮,重复生产、重复建设现象大量出现。各地区之间竞争的加剧,地方对某些重要资源的垄断,信息不对称等因素导致市场出现失灵,国民经济出现局部过热。

2003 年 3 月,固定资产投资额累计增长 31.6%,远远高于上年同期 26.1% 的增长幅度;[1]2003 年 1 月到 3 月,出口商品总值分别比上年同期增长 37.2%、27.8%和 34.7%,进口商品总值分别比上年同期增长 63.5%、49.4%和 44.8%,都远高于上年同期的增长速度。[2] 2002 年居民消费价格水平开始回升,整体比较稳定,上升幅度不大。但是随着经济的回暖,2002 年 11 月开始,生产资料工业生产者出厂价格指数止跌回升,11 月和 12 月分别比上年同月上升 0.2%和 1.3%;进入 2003 年以后,受固定资产投资规模过大的影响,1—3 月生产资料工业生产者出厂价格指数分别比上年同月上涨 3.8%、5.8%和 6.7%。[3] 2003 年 1—3 月贷款累计增加 8082 亿元,同比多增加 4758 亿元。[4] 生产资料价格上涨速度过快,信贷增长过快,使通胀压力加大。在投资、贸易的大力拉动下,经济增长开始出现过热势头。

另外,自 1985 年开始以城市为重点的经济体制改革以后,尽管中央多次调整指导经济运行的发展战略,但对农村的重视程度仍然不够。在市场经济体制下,要素自发的流动到报酬较高的工业、服务业。又由于 1998—2002 年为刺激经济增长,各地加大基础设施和房地产建设,加快消费结构转型。2000 年以来农业发展非常缓慢,粮食连年减产。2003 年粮食播种面积减少到 99410.4 千公顷,比上年减少 4480.4 千公顷,为中华人民共和国成立以来的最低水平,全年粮食产量 43069.5 万吨,比上年减产 2636.3 万吨,下降 5.8%,棉花、油料、糖料等

---

[1][3] 国家统计局.数据查询:月度数据[DB/OL].2002/2003.
[2] 国家统计局.数据查询:月度数据[DB/OL].2003.
[4] 中国人民银行.2003 年一季度金融运行变化显著[DB/OL].2003.

大宗农产品也减产。①农业发展缓慢、产业化程度低,农村经济落后,农民增收困难等问题凸显出来。"三农"问题同工业和国民经济的快速发展形成鲜明的对比,并制约着工业和国民经济的进一步发展,导致市场上粮食等食品及相关原材料价格大幅上涨。针对经济中的过热与过冷并存的矛盾现象,中央开始尝试运用局部性微调等新的宏观调控方式来进行宏观调控。

二、宏观调控的结构性局部微调

2003年,在"非典"和多种自然灾害的冲击下,国民经济仍然表现出增长较快、效益较好、活力较强的良好发展态势。但是,如前所述,部分宏观经济总量指标出现失控,经济出现过热和通货膨胀的压力。针对部分行业发展过快、投资过大和农业的发展相对滞后等局部性问题,中央开始尝试运用预防性、有针对性、适度微调的宏观调控政策。

一是运用积极的财政政策来协调区域发展和调整产业结构。国家增加财政对西部大开发的支持,加大财税支持力度来克服"非典"疫情对经济的负面影响,实行农村税费制度改革来促进粮食增产和农民增收,调整财政投资的方向和力度支持重点行业建设。二是使用行政手段来对经济中出现的结构性矛盾进行微调。从土地管理入手,暂停审批和清理整顿各类开发区、加强建设用地管理。通过加强土地管理,控制盲目新上投资项目和确保耕地面积。采取措施遏制钢铁、水泥和电解铝等行业的盲目投资、低水平重复建设和违法生产等现象。三是继续运用稳健的货币政策来加强财政政策和产业政策的有效性。发行央行票据,增加货币政策工具,进行公开市场操作,调节市场上的货币流通量。2003年9月21日将法定存款准备金率从6%调高至7%。2003年11月21日,将金融机构在人民银行的超额准备金存款利率由1.89%下调至1.62%,改变直接融资和间接融资不平衡状况,等等。

在上述措施的调节下,初步遏制了部分行业盲目投资的势头,控制了固定资产投资规模的过快增长,保证了耕地面积不再减少,粮食产量和农业发展有了转机。但是2003年全年的部分经济总量指标仍不容乐观。2003年,全社会固定资产投资达到55566.61亿元,比上年增长27.7%;在世界经济复苏和加入WTO等多重因素的影响下,对外贸易也出现了高速增长,进出口总额比上年增长37.1%;原材料、燃料、动力购进价格指数从上年的97.7上升到104.8;货币投放

---

① 国家统计局国民经济综合统计司.新中国五十五年统计资料汇编[M].北京:中国统计出版社,2005:44-45.

较多,从上年的 1598.2 亿元上升到 2468.0 亿元①。2004 年初,经济过热现象进一步明显化。2004 年一季度,全社会固定资产投资增长 43%,比上年同期提高 15.2 个百分点。一方面,投资的高速增长主要是由地方投资引起的,中央项目投资只增长 4.8%,地方项目投资增长高达 60.2%;另一方面,重化工业的高速增长引致投资出现膨胀,钢铁投资增长 107.8%,水泥投资增长 101.4%,化工投资增长 91.8%。② 投资的高速增长和粮食耕种面积的减少,引发了物价的上涨。2004 年一季度,农业产品价格上涨 14.8%,比上年同期提高 8.2 个百分点;固定资产投资价格上涨 7.5%,比上年同期提高 6.7 个百分点;粮食价格上涨 20.9%,比上年同期上涨 21.4 个百分点。③

在这种经济形势下,中央进一步强化了前期的各项措施,并出台了一些新的宏观调控措施。一是严格控制部分行业过度投资,采取了"地根调控"政策,加强对土地的审批管理。查处江苏铁本钢铁有限公司违规建设钢铁项目,全面清理固定资产投资项目、全面清理整顿开发区、治理整顿土地市场、冻结土地审批等措施接连出台。二是各级财政部门采取措施,落实"两减免三补贴"④政策,促进粮食增产和农民增收。配合调整国债项目资金的使用方向,有保有压,重点保证重大在建项目、农林水利、教科文卫、能源、县乡公路等方面的需要,对其他投资项目宜缓则缓,特别是对部分增长过快的行业投资项目暂缓下达资金预算。三是实行差别存款准备金率制度和再贷款浮息制度,上调存款准备金率和存贷款基准利率。提高钢铁、电解铝、水泥、房地产开发投资项目的资本金比例,其中,钢铁业资本金比例由原来的 25% 提高到 40%,水泥、电解铝、房地产开发由原来的 20% 提高到 35%。加强产业政策和信贷政策协调配合,进一步控制信贷规模,降低风险。

在上述各项宏观调控政策的作用下,经济过热得到一定的控制。2004 年,固定资产投资增幅逐月回落,12 月份固定资产投资增幅回落到 21.3%;居民消费价格在二、三季度大幅上涨之后也开始回落,12 月份增幅回落到 2.4%;生产

---

① 国家统计局国民经济综合统计司.新中国五十五年统计资料汇编[M].北京:中国统计出版社,2005:15,32,68,73.固定资产投资和进出口总额增长率根据相关数据计算得到。

② 樊纲,张晓晶.怎么又过热了:新一轮经济波动与宏观调控分析[M].南昌:江西人民出版社,2005:33-35.

③ 国家统计局.数据查询:季度数据[DB/OL].2004.

④ 即减免农业税和农业特产税,对种粮农民实行直接补贴、良种补贴和购买大型农机具补贴。

资料工业生产者出厂价格指数到12月份回落到9.4%。①

但是,经济中仍然存在着较多的问题。一是固定资产投资增长依然过快。全年固定资产投资增长率为26.6%,虽然比上年的27.7%有所下降(见表4-3),但仍处于高位。二是重化工业的增长加速。汽车、电力、钢铁、化工等重化工业进入高增长阶段,成为推动产业升级的主要力量。2004年,重工业增加值增长率为34.5%,轻工业增加值增长率为24.4%,重工业的增长速度高于轻工业。② 三是能源的紧张情况加剧。重化工业的快速增长,导致相关的能源供给和运输均出现了高度紧张。2004年,煤电油运的供需矛盾突出。以电为例,2003年全国缺电省份达到19个,而2004年则增加到24个,最大的电力缺口达到3000万千瓦,2004年12月份全国拉闸限电的省份由11月份的16个上升到20个。③

鉴于经济中的结构性矛盾仍然存在,再次出现经济过热的可能性仍比较大。2004年12月召开的中央经济工作会议上提出,要实行稳健的财政政策和货币政策,财政政策从"积极"转向"稳健"。在结构性局部微调的思想指导下,2005年基本上没有太多新出台的宏观调控政策,主要是对前两年宏观调控政策的巩固和消化,继续调节固定资产投资规模增长过快和农业发展相对滞后等问题。同时,针对对外贸易中出口的快速增长,2005年9月14日,财政部等5部委联合发出《关于调整部分商品出口退税率和增补加工贸易禁止类商品目录的通知》,重点在于调低或取消"两高一资"产品的出口退税率。在"双稳健"宏观调控政策的调节下,2005年经济增长速度和物价上涨幅度都较为平稳。

表4-3 2003—2008年全社会固定资产投资

年份	2003	2004	2005	2006	2007	2008
全社会固定资产投资(亿元)	55566.6	70477.4	88773.6	109998.2	137323.9	172828.4
比上年增长(%)	27.7	26.8	26.0	23.9	24.8	25.9

资料来源:国家统计局.中国统计年鉴:2009[M].北京:中国统计出版社,2009.

---

① 国家统计局.数据查询:月度数据[DB/OL].2004.
② 国家统计局.中国统计年鉴:2005[M/OL].2005.
③ 张海鱼.宏观调控下的经济运行与产业发展[M].北京:人民出版社,2006:16.

第三节 2006—2008年经济的运行与调控

一、"三过"问题凸显

宏观调控的结构性局部微调有效制止了2003年、2004年经济的过热趋势,"三农"问题也得到一定程度的解决,经济结构也得到一定程度的调整,但经济中的深层次矛盾还没有得到根本性的解决。2006年下半年开始,国民经济失衡现象再次加剧。

2003年开始,在住房、汽车、旅游、通信等消费热点的带动下,在投资和出口的拉动下,市场信心完全恢复,宏观经济呈现出良好的增长势头。但同时,固定资产投资规模过大、货币信贷投放过多、外贸顺差过大、外汇储备过高等问题也日益凸显。

(1)固定资产投资规模过大、增长过快。2006年固定资产投资109998.2亿元,增长23.9%(见表4-3)。固定资产投资的增长速度相比2003年和2004年有所下降,但由于固定资产投资的基数越来越大,固定资产投资的增长依然过快。其中,2006年房地产业的投资为24524.4亿元,比上年增长25.7%,高于2005年16.9%的增长速度。[①] 房地产市场的快速发展和房地产业的高额利润,使其成为消费热点的同时,也成为国外和国内投资者的投资热点。

(2)外贸顺差过大。由表4-4可知,中国的进出口在2003—2004年时的增长势头就有所变化。2005年出口的增长速度超过进口,进出口差额扩大到1020.0亿美元。加入WTO之后,外贸体制和投资环境进一步优化,外商投资企业和集体、私营企业迅猛发展。在市场经济体制和对外开放程度进一步深化的情况下,企业充分利用劳动力优势,使中国的世界工厂地位日益增强,出口增长过快,致使外贸顺差在2005年以后迅猛扩大。

(3)信贷规模过大、货币投放过多。巨大的外贸顺差导致的直接结果就是外汇储备过高,2006年外汇储备达到10663.4亿美元,突破10000亿美元。[②] 巨额的外汇储备、国际社会的舆论等因素使人民币面临巨大的升值压力,央行通过

---

① 国家统计局.中国统计年鉴:2007[M].北京:中国统计出版社,2007:194-195.增长速度按表中相关数据计算所得。

② 国家统计局.中国统计年鉴:2007[M].北京:中国统计出版社,2007:774.

加大基础货币的供应来延缓人民币升值的进程。同时,投资的过快增长使信贷规模过大,在双重因素的作用下货币投放过大,流动性过剩。

表 4-4　2003—2008 年货物进出口总额情况

年份	进出口总额（亿美元）	进口（亿美元）	出口（亿美元）	进出口总额比上年增长(%)	进口(%)	出口(%)	进出口差额（亿美元）
2003	8509.9	4127.6	4382.3	37.1	39.8	34.6	254.7
2004	11545.5	5612.3	5933.2	35.7	36.0	35.4	320.9
2005	14219.1	6599.5	7619.5	23.2	17.6	28.4	1020.0
2006	17604.0	7914.6	9689.4	23.8	19.9	27.2	1774.8
2007	21737.3	9559.5	12177.8	23.5	20.8	25.7	2618.3
2008	25632.6	11325.6	14306.9	17.9	18.5	17.5	2981.3

注:进出口差额为正说明是出超,进出口总额比上年增长根据相关数据计算得到。
资料来源:国家统计局.中国统计年鉴:2009[M/OL].2009.

二、国民经济在宏观调控中再次过热

国民经济连续几年出现高增长,中国成为世界上经济最具活力的国家之一,吸引了大量的外国投资者进行投资。同时,国家、企业和个人也都积聚了大量的财富,市场上出现流动性轻度过剩。而 2006 年下半年"三过"问题日益凸显之后,对经济生活的影响也进一步加大,外汇储备的快速增长进一步加大了流动性过剩。2006 年下半年,中央果断采取了一系列结构性微调措施。

(1)针对固定资产投资规模过大、房地产业发展过快的问题。一是调整贷款利率,增加投资和置房成本。2006 年 4 月 28 日,央行全面上调各档次贷款利率 0.27 个百分点,其中,5 年期以上的银行贷款基准利率由 6.12%上调至 6.39%。二是加强房地产业的结构调整。2006 年 5 月 17 日,国务院提出促进房地产业健康发展的六项措施,简称"国六条"。5 月 29 日,国务院办公厅出台《关于调整住房供应结构稳定住房价格的意见》,简称九部委"十五条"。对前期出台的"国六条"进一步细化,在套型面积、小户型所占比率、新房首付等方面做出了量化的规定。三是利用税收政策加强房地产市场的交易管理。2006 年 5 月 31 日,国税总局下发《关于加强住房营业税征收管理有关问题的通知》,对二手房买卖开征营业税。7 月 26 日,国税总局发布《关于住房转让所得征收个人税有关问题的通知》,在全国范围内统一强制性征收二手房转让个人所得税。四是加强土地调控。2006年8月1日,国土资源局制定的《招标拍卖挂牌出让国有土地使用权规范》和《协议出让国有土地使用权规范》正式施行,明确六类情形必须纳入招标拍卖挂牌出让国有土地范围:供应商业、旅游、娱乐和商品住宅等各类经营性用地以及有竞争要求的工业用地。2006年9月5日新华社全文播发《国务院关于加强土地调控有关问题的通知》,《通知》明确要求:建立工业用地出让最低价标准统一公布制度,禁止擅自将农用地转为建设用地,强化对土地管理行为监督检查,严肃惩处土地违法违规行为。五是加强对房地产业外资经营的管理。2006年7月11日,建设部联合其他五部委下发171号文件《关于规范房地产市场外商准入和管理的意见》,加强了对外商投资企业房地产经营、境外机构和个人购房的管理。

(2)针对外贸顺差过大、流动性过剩问题。一是加强出口退税的管理,对进口商品实行优惠政策,从而抑制出口、扩大进口,缩小外贸顺差,从根本上缓解外汇储备增长过快的问题。二是加快人民币升值进程。在2005年7月改革汇率机制的基础上,继续完善人民币汇率机制。2006年1月4日人民币汇率中间价兑美元以8.0702起步,到12月29日人民币的汇率中间价为7.8087,人民币在这一年中升值了2615个基点。① 人民币汇率经历了从缓步上行到快跑,再到"加速跑"的过程。三是采取紧缩性的货币政策,2006年7月5日、2006年8月15日和2006年11月15日三次提高存款准备金率,从7.5%提高到9%。通过从紧的货币政策来抑制投资、回笼货币,解决流动性过剩问题。

(3)加大结构调整力度,促进经济和谐发展。一是取消农业税和牧业税,支持农业发展、保护农民利益,从而促进农民收入增加、扩大农民消费支出。二是出台产业政策,促进产业结构合理化。2005年发布《钢铁产业发展政策》《促进产业结构调整暂行规定》和《产业结构调整指导目录》,对产业投资、产业布局等进行调控。三是出台区域协调发展政策。2004年国家制定了一系列振兴东北等老工业基地的政策,同年12月的中央经济工作会议上,中部崛起的提法首次出现在2005年经济工作的六项任务中。2005年10月,中部崛起正式写入"十一五"规划中。区域发展政策成为带动经济增长、促进经济发展的重要措施。四是出台相关政策,完善社会保障。2005年,建立农村医疗保障制度,扩大覆盖范围;建立城市医疗救助试点,解决城市贫困人群的医疗保障问题;完善企业职工养老保险制度,扩大基本养老保险覆盖范围、逐步做实个人账户和改革基本养

---

① 中国人民银行.人民币汇率中间价兑美元[DB/OL].2006年升值基点是用12月29日中间价和1月4日中间价的差额。

老金计发办法等。

在这一系列宏观调控政策的调节下,2006年,居民消费价格指数为101.5,低于2005年的101.8(见图4-2);固定资产投资的增长速度为23.9%,低于2005年26.0%的增长速度(见表4-3);进出口的增势出现些微变化,出口的增长速度为27.2%,低于2005年28.4%的增长速度,进口的增长速度为19.9%,高于2005年17.6%的增长速度(见表4-4);房屋销售价格指数从上一年的107.6下降到105.5。[1] 这说明,2006年的这些宏观调控政策起到了一定的作用,"三过"问题尽管仍然存在,但有缓和的趋势。进入2007年以后,中央没有放松对经济的宏观调控,稳健的货币政策在具体操作中进一步偏紧。

2007年上半年,中央银行共提高存款准备金率5次,每次提高0.5个百分点;提高存贷款利率两次;提高外汇存款准备金率1次,提高1个百分点;开展"窗口指导"业务,指导商业银行的贷款工作,合理均衡发放贷款,防止经济由偏快转向过热;加强央行票据、债券市场等金融领域的管理,放宽外汇市场上人民币对美元的浮动幅度。

财政政策方面仍是以调整经济结构为主要任务,在大量增加对教育、社会保障、医疗卫生、城乡社区事务、交通运输等民生事业的财政支出的同时,继续向农业、科技创新和转变经济增长方式等方面进行倾斜,保障公共支出需要,压缩一般性开支。为进一步缩小外贸顺差,大范围减免出口商品退税率。

尽管各项宏观调控政策不断出台,但由于深层次矛盾的长期累积,宏观调控政策的时滞,国内经济受国际经济形势变化的影响日益加大,国民经济在调控中出现增长偏快和较大的通货膨胀压力。

(1)经济增长速度有些偏快。拉动经济增长的三大需求,消费、投资和出口的增长速度都较快。一是在居民收入进一步提高、消费结构升级加快等因素的带动下,消费增速加快。2007年上半年,社会消费品零售总额达到4.2万亿元,同比增长15.4%,增速比上年同期提高2.1个百分点,创1997年第一季度以来的新高;[2]二是投资增幅仍处于较高的水平。2007年上半年,全社会固定资产投资完成额5.4万亿元,增长25.9%,增幅比上年同期回落3.9个百分点,但仍处于较高的水平;[3]三是出口增速仍然较高,贸易顺差进一步加大。2007年上半年,出口增长27.6%,比上年同期加快2.4个百分点,进口增长18.2%,比上年同期下降3.1个百分点。[4]在相关政策的调控下,出口的增势依然较猛,很大程度

---

[1] 国家统计局.中国统计年鉴:2007[M].北京:中国统计出版社,2007:334.
[2][3][4] 中国人民银行.二〇〇七年第二季度中国货币政策执行报告[EB/OL].2007.

上是因为企业在出口退税政策调整前进行突击出口。2007年上半年外汇储备增加2663亿美元,比上年同期多增加1440亿美元,①而上年全年的增长数也只有2474亿美元。②

（2）工业生产增长速度加快。2007年上半年,全国规模以上工业企业（年主营业务收入500万元以上的企业）增加值同比增长18.5%;工业企业产品销售率为97.49%,同比回落0.03个百分点;工业企业共实现出口交货值32859亿元,同比增长21.7%。③

（3）通货膨胀压力持续加大。一是农产品价格上涨速度较快。国家统计局对全国3.1万个农业生产经营单位的生产价格调查结果显示,2007年上半年全国农产品生产价格（指农产品生产者直接出售其产品时的价格）同比上涨8.8%。其中种植业、林业、畜牧业和渔业产品价格分别上涨5.1%、4.5%、15.8%和3.3%。二是居民消费价格指数上涨速度较快。2007年,居民消费价格指数出现了逐月上涨的态势,到6月份居民消费价格指数已经达到104.4(见表4-5)。其中,食品、粮食、肉禽及其制品、蛋、居住等几类商品的价格上涨幅度较大(见表4-5),是导致居民消费价格指数快速上涨的主要因素。这些商品是居民日常生活的必需品,对居民生活质量的影响较大,通货膨胀的压力加大。出现这一情况的原因,一是国际市场上石油价格持续上涨,生物能源成为新的能源利用方式,对玉米、大豆等粮食需求量大幅增加,导致国际市场粮价大幅度上涨。在开放条件下,国内粮食及以它为原料的副食品价格也随之大幅度上涨。二是大多数农产品价格还维持在多年前的水平,在中央大力解决"三农"问题的政策指导下,农产品的价格上涨带有恢复性质。且随着生产资料价格和农村劳动力价格的上涨,农业生产成本也大幅度增加。三是由于农业长期以来发展缓慢。2006年上半年生猪价格跌到谷底,导致生猪存栏下降。供求之间的矛盾引发了产品价格的上涨。四是进出口价格上涨较快。2007年6月份,进口价格和出口价格同比分别上涨6.6%和8.1%,分别比上年同期提高6个和4.4个百分点。④

---

①② 中国人民银行.2007年上半年金融运行总体平稳[EB/OL].2007.
③ 国家统计局.统计数据:2007年上半年国民经济继续保持平稳快速发展[EB/OL].2007.
④ 中国人民银行.二〇〇七年第二季度中国货币政策执行报告[EB/OL].2007.

第四章 市场经济体制初步完善阶段宏观调控的历史过程：2003—2008年

表4-5 2007年各月份居民消费价格指数

月份	居民消费价格指数	食品	粮食	肉禽及其制品	蛋	水产品	鲜菜	鲜果	衣着	家庭设备用品及服务	医疗保健及个人用品	交通和通信	娱乐教育文化用品及服务	居住
1月	102.2	105.0	106.9	113.5	119.0	100.0	88.1	104.6	100.5	102.0	101.3	99.7	97.7	103.8
2月	102.7	106.0	106.8	115.4	126.7	103.4	89.6	107.8	100.2	102.2	101.4	99.6	99.2	103.7
3月	103.3	107.7	106.4	116.5	127.0	105.3	102.3	106.1	99.8	102.2	101.4	100.1	99.0	104.0
4月	103.0	107.1	106.1	117.6	127.2	104.1	103.1	94.6	99.8	102.2	101.5	99.8	98.8	104.2
5月	103.4	108.3	105.9	126.5	133.4	104.1	97.7	88.8	99.9	102.2	101.6	99.5	98.8	104.0
6月	104.4	111.3	106.1	135.7	134.8	105.2	104.8	83.3	99.7	101.8	101.9	98.9	98.8	104.4
7月	105.6	115.4	106.0	145.2	128.9	105.4	118.7	87.8	99.4	101.7	102.2	98.7	98.8	104.4
8月	106.5	118.2	106.4	149.0	123.4	106.2	122.5	96.7	99.1	101.7	102.3	98.7	98.9	104.3
9月	106.2	116.9	106.5	143.0	118.2	107.5	112.0	104.5	99.0	101.8	102.6	98.6	99.6	104.2
10月	106.5	117.6	106.7	138.3	115.0	107.0	129.9	108.5	98.7	101.8	102.9	98.3	99.5	104.8
11月	106.9	118.2	106.6	138.8	111.0	106.8	128.6	112.9	98.6	101.9	103.1	98.6	99.5	106.0
12月	106.5	116.7	105.5	138.8	105.4	106.1	109.5	113.8	98.3	101.9	103.2	98.6	99.5	105.9

资料来源：国家统计局.数据查询:月度数据[DB/OL].2007.

三、紧缩性宏观调控的强化

2007年下半年,宏观调控的紧缩力度进一步加大。中国人民银行在《二○○七年第二季度中国货币政策执行报告》中指出,坚持把遏制经济增长由偏快转向过热作为当前宏观调控的首要任务,继续执行稳健的货币政策,坚持稳中适度从紧,保持必要的调控力度,努力维护稳定的货币金融环境,控制通货膨胀预期,保持物价基本稳定。货币政策的转向不仅仅停留在操作层面,在实际操作中稳健的货币政策已经转为适度从紧。在此思想指导下,中央开始了更加密集地出台紧缩性宏观调控政策。

2007年下半年,中央人民银行提高存款准备金率5次,提高存贷款利率4次,发布《同业拆借管理办法》,加强外汇业务管理,改革央行票据发行,发布《关于加强商业性房地产信贷管理的通知》和《关于加强商业性房地产信贷管理的补充通知》等,创下中华人民共和国成立以来货币政策调整最频繁的纪录。另外,出台了解决城市低收入家庭住房困难的重要措施,采取一系列发展生产、保障肉类和食用油等重要农产品供给的政策,并实行对低收入群众的相关补贴政策,保证其基本生活水平不因物价上涨而下降。

在适度从紧的货币政策调节下,2007年下半年居民消费价格指数仍呈现逐月上涨的态势,11月和12月的居民消费价格指数分别为106.9和106.5(见表4-5),2008年的通货膨胀压力仍然较大。2007年全年全社会固定资产投资比上年增长24.8%,高于上年23.9%的增长速度(见表4-3)。国内生产总值增长速度为13.0%,高于上年11.1%的增长速度(见图4-1)。宏观经济预警监测结果表明,2007年12月预警指数为121.3%(100为理想水平),处于偏快的"黄灯区"。[①]

在这样的经济形势下,2007年12月3日到12月5日的中央经济工作会议上,中央明确提出了2008年要把"防止经济增长由偏快转为过热、防止价格由结构性上涨演变为明显通货膨胀"作为当前宏观调控的首要任务,并将持续十年的货币政策基调首次从"稳健"调整为"从紧"。从单纯防止经济增长由偏快转向过热变为"双防",这是2000年以来首次将防止通货膨胀作为重要的宏观调控目标。

2008年上半年,5次上调存款准备金率,到2008年6月25日,存款准备金率已达到17.5%。另外,全面推出人民币利率互换业务;加大信贷结构调整力度,优先保证对灾后恢复重建和春耕备耕生产的信贷支持;对村镇银行、贷款公

---

① 国家统计局.2007年12月宏观经济景气监测报告[EB/OL].2008.

司、农村资金互助社、小额贷款公司这四类机构的存款准备金管理、存贷款利率管理、支付清算管理、会计管理、金融统计和监管报表、征信管理、现金管理、风险监管等方面进行全面规范；等等。为进一步缓解通胀压力，2008年1月，经国务院批准，国家发改委启动了临时价格干预措施。

在从紧货币政策的调节下，宏观经济预警监测结果显示，2008年一季度预警指数为113.3（100为理想水平），处于稳定状态的"绿灯区"。① 国民经济已经开始逐步降温。通货膨胀压力也逐步得到缓解，从2008年3月份开始，居民消费价格指数月波动幅度非常小（见表4-6）。2008年上半年，全国规模以上工业增加值同比增长16.3%，比上年同期回落2.2个百分点；固定资产投资同比增长26.3%，比上年同期加快0.4个百分点；社会消费品零售同比增长21.4%，比上年同期加快6.0个百分点；出口增长21.9%，比上年同期回落5.7个百分点，进口增长30.6%，比上年同期加快12.4个百分点。宏观调控政策起到了一定的效果，"双防"任务基本上完成。

表4-6 2008年分月度的居民消费价格指数（上月=100）

月份	1月	2月	3月	4月	5月	6月	7月	8月	9月	10月	11月	12月
涨幅	101.2	102.6	99.3	100.1	99.6	99.8	100.1	99.9	100.0	99.7	99.2	99.8

资料来源：国家统计局.数据查询：月度数据[DB/OL].2008.

四、新一轮宏观调控的开始

2006—2008年是中国经济形势较为严峻的一个阶段。同时，国际经济形势在这一阶段也发生了重大的变化。2006年美国出现了次贷危机，即次级房贷危机。它是指一场发生在美国，因次级抵押贷款机构破产、投资基金被迫关闭、股市剧烈震荡引起的风暴。它致使全球主要金融市场隐约出现流动性不足危机。2007年8月席卷美国、欧盟和日本等世界主要金融市场。随着次贷危机的恶化，美国房市降温也随即外溢至美国经济各个层面，股市大跌、失业率上升和新增就业人口数大幅下降等。进入2008年以后，随着美国等金融机构2007年第四季度财务报表的相继公布，因次贷造成损失的信息被不断披露出来。美国金融机构宣布的资产损失冲减金额累计超过1500亿美元，远高于美联储主席伯南克预期的500亿美元至1000亿美元，美国2007年第四季度经济增速仅为

---

① 国家统计局.一季度全国宏观经济预警指数为113.3[EB/OL].2008.

0.6%,房产投资更是出现了 23.9% 的负增长。① 美国经济大幅度放缓、美元贬值,欧盟、日本和新兴市场经济(包括中国经济)都受到较大的影响。2008 年下半年,出现了世界性金融危机。

在从紧货币政策的作用下,加上受国际经济环境影响,2008 年下半年中国经济也出现新的变化。2008 年前三个季度,国内生产总值增长 9.9%,比上年同期回落 2.3 个百分点;肉类产量继续增长,生猪生产恢复较快,生猪出栏增长 5.8%,生猪存栏增长 6.6%;作为中国经济发展主力军的工业,规模以上工业同比增长 15.2%,比上年同期回落 3.3 个百分点;居民消费价格上涨 7.0%(9 月份上涨 4.6%,比上年回落 0.3 个百分点),涨幅比上年同期高 2.9 个百分点,但比上半年回落 0.9 个百分点;中国出口增长 22.3%,比上年同期回落 4.8 个百分点,进口增长 29.0%,加快 9.9 个百分点,贸易顺差同比减少 47 亿美元。② 紧缩性货币政策和国际经济形势的变化,对民营的中小企业影响更大,江浙一带很多从事出口的中小企业大量倒闭。出口减速明显,工业增长速度放慢,中国经济增长放缓趋势明显。

在此经济形势下,宏观调控政策也开始转向,这次转向标志着新一轮宏观调控的开始。2008 年 7 月中央政治局会议明确指出:把保持经济平稳较快发展、控制物价过快上涨作为宏观调控的首要任务,把抑制通货膨胀放在突出位置。宏观调控从"双防"转变为"一保一控"。调整出口退税政策、下调存款准备金率、下调存贷款利率等宏观调控政策接连出台。2008 年 10 月召开的第七届亚欧首脑会议上,温家宝指出,要把经济稳定增长放在首要位置。宏观调控从"一保一控"转变到"保增长"。2008 年底召开的中央经济工作会议上指出,2009 年经济社会发展的指导方针和总体要求,简单明了地说就是"保增长、扩内需、调结构"。宏观调控在 2008 年下半年开始的这一系列转向都说明新一轮的宏观调控已经开始。

小　结

综上所述,2003—2008 年间经济运行中出现的这次失衡,是在社会主义市

---

① 范剑平,王远鸿.影响当前我国经济的两大国内外因素[N/OL].上海证券报,2008-03-12(B7).

② 国家统计局.前三季度国民经济保持平稳较快发展[EB/OL].2008.

第四章 市场经济体制初步完善阶段宏观调控的历史过程:2003—2008 年

场经济体制初步确立的背景下,在中国加入 WTO 的开放条件下,由遗留的一些体制性障碍和市场失灵所引发的,经济中出现的通货膨胀很大程度上是属于输入性通货膨胀。市场经济体制的逐步建立使中央与地方、政府与企业、计划与市场这三对矛盾有所缓解。但是,开放条件下,国内经济运行受国际经济形势的影响越来越大,国内市场与国际市场之间存在较多矛盾,中央政府与外国投资者之间也存在较多矛盾,经济形势变得非常复杂,经济形势可能瞬息万变。因此,中央政府判断经济走势的困难增大,宏观调控效果的不确定性增加。

相比前五次宏观调控,此次宏观调控出现了根本性的转变。一是宏观调控手段以经济手段为主,尤其以大量使用货币手段为重点,注重手段使用的多样化。在财政手段中,发行国债、调整税收、调整财政支出结构等配套使用;在金融货币手段中,公开市场操作、准备金率、利率、汇率、窗口指导等手段交替使用。二是在市场经济体制下,经济活动的主体多元化,宏观调控的对象也开始市场化,主要是针对市场经济中的各经济主体,而不是计划经济体制下的各级政府。三是宏观调控从被动转为主动,调控目标也进一步明确。宏观调控开始主动协调经济的发展,提早防范经济的不良发展趋势,确立连续、稳定、长远的目标。

进一步分析可知,2003—2008 年间的这次紧缩性宏观调控,最后是以经济增长速度放缓而结束的。2008 年下半年,中央的宏观调控政策由"从紧"逐步转变到"放松",大幅度下调存贷款利率,通过大规模的基本建设投资来保证经济增长。改革开放以来,每次宏观调控政策的放松都伴随着不同程度、不同范围经济过热的再次出现。在市场经济体制不健全、新的宏观调控体系不完善、国民经济中的深层次矛盾仍然存在和国际经济环境对国内经济的影响日益扩大的情况下,2008 年下半年开始的扩张性宏观调控在手段、方式等方面又采用了较多的行政手段和计划经济体制下的调控方式,这是传统宏观调控观念的遗留问题,是改革不彻底的表现。

第五章 1978—2008年中国宏观调控模式的历史演变

回顾1978—2008年的宏观调控,可以清楚发现宏观调控模式的历史演变轨迹。体制转轨局部推进阶段是行政命令直接控制型的调控模式,体制转轨全面推进阶段是经济手段间接调节型的调控模式,市场经济体制初步完善阶段是预防性局部间接微调型的调控模式。宏观调控模式的历史演变以原有宏观调控体系的解体、新的宏观调控体系的建立为依托,计划、财政、货币等宏观调控手段的变化为表现。

第一节 1978—1991年:行政命令控制型的宏观调控模式

权力上高度集中、物资上统购包销、价格上统一定价、财政上统收统支、外贸上统进统出是计划经济体制的显著特征。国家对经济进行管理和控制,主要是通过下达指令性计划和颁布行政命令,由各级政府按自上而下的行政体系来具体实施。因此,计划经济体制下的宏观调控体系即各领域高度集中的集权体制。

1978—1991年,以修补和完善计划经济体制为出发点,中国开始了对传统计划经济体制的渐进性改革过程。随着各项改革措施的逐步实施,高度集中的计划经济体制开始逐步解体,市场的因素开始慢慢成长。在此背景下,原有体制下的宏观调控体系也开始逐步解体,历次宏观调控的目标、手段等也都发生了渐进性的转变。

一、与改革相结合的宏观调控:1979—1981年

鉴于国民经济比例关系失调的情况,1979年4月,中央工作会议提出对整个国民经济实行"调整、改革、整顿、提高"的"新八字"方针。会议指出,这次调

整,就局部来说,是有进有退,有上有下;就全局来说,总的生产建设在调整中是要稳步前进的,国民经济是要继续保持一定的增长速度的,而且要在调整中通过经济管理体制的改革和对现有企业的整顿,使我们的管理工作和经济效果达到更高的水平。①

此次经济失衡主要是在"文化大革命"和"洋跃进"发展战略的影响下,国民经济比例关系出现失调。所以,宏观调控最开始的目标是要坚决把"长线"调下来,或者适当限制其发展速度,把各方面失调的比例关系基本上调整过来,把管理混乱的企业整顿好,把整个国民经济的全局进一步搞活,使整个国民经济真正纳入有计划、按比例健康发展的轨道,更好地按客观经济规律办事。

在中央和地方对实行经济调整的重要性认识不足的前提下,中央在下达调整指令、地方和企业在执行调整指令上都存在一定的保留。1980年底国民经济失调比例关系尚未得到有效解决,新的问题就又逐步出现。超越国力的"洋跃进"对财政的影响开始显现,调整价格的改革措施加剧了财政收支的不平衡。在财政、银行基本一体的计划经济体制下,随之出现货币投放过多、物价上涨等问题。所以,1981年,宏观调控的目标在原有目标的基础上,增加了"平衡财政收支和信贷收支、稳定市场物价"这三个新的目标。

中国在1979年仍是一个高度集中的计划经济体制国家,与改革开放前并无太大差异,1979年开始的经济调整也是在计划经济体制下进行的。但"新八字"方针提出此次调整要结合体制改革一同进行,这就和改革开放前的历次经济调整有很大不同,使计划经济体制下的经济调整有了新的内容,新的发展。

(一)传统计划体制的松动和计划手段的具体运用

(1)高度集权的计划体制开始松动。在对企业实行放权让利的改革措施作用下,中央减少了指令性生产计划的下达,打破了生产指标只能由上级下达、生产资料不能进入市场和商品由国家统购包销的旧框框。在国家分配的210种重要物资中,1980年已有146种敞开供应,占69%;在消费资料方面,除了国家统购统销的13种商品外,其余各种商品,企业在完成了国家收购和供货合同后,剩余的部分或超产的部分,都可以自销;1979年在上海、吉林和河南进行基建拨款改贷款的试点工作,1980年试点范围进一步扩大,贷款项目增加到4400多个。②

---

① 中共中央文献研究室.三中全会以来重要文献选编(上)[M].北京:人民出版社,1982:120-121.

② 中国经济年鉴编辑委员会.中国经济年鉴:1981[M].北京:经济管理出版社,1981:Ⅳ-6-Ⅳ-7.

(2)在计划行政手段的使用上。具体措施:增加农业、轻工业和基础工业的物资供应,保障农民的各项权力,提高部分农产品的统购价格、降低农民家用工业品的出厂价格和销售价格,调整预算内投资计划、按条件停建缓建一部分投资项目和暂缓一部分项目的引进等。这些措施是中央通过集中掌控的物资分配权力、价格定价权力、计划指标制定权力等做出的具体调控措施,并结合一定的行政命令通过对微观主体的直接控制来实现其预期目标。

(二)传统财政体制的松动和财政手段的具体运用

(1)在财政管理体制和分配体制方面,中央对财力过于集中的"统收统支"体制进行初步的改革,实行以"划分收支,分级包干"为主的管理体制,对企业实行以"利润留成"为主要措施的放权让利。改革对各级财政收入很快产生了影响。①财政收入占国内生产总值的比重逐年下降。1978—1981年财政收入占国内生产总值的比重依次为31.2%、28.4%、25.7%、24.2%(见表5-1)。②由于调动了地方和企业的生产积极性,中央财政占全部财政收入的比重反而有所上升。1978—1981年中央财政占全部财政收入的比重依次为15.5%、20.2%、24.5%、26.5%(见表5-2)。整体来看,由于财力集中程度的降低,财政的调控能力有所下降。

(2)在财政手段的使用上。具体措施:增加发展缓慢行业的投资,增加轻工业生产和建设所需要的外汇,提高农业收入和部分职工的工资级别,发放职工副食补贴,控制集团购买力,实行增收节支,加强税收管理等。这些措施是中央通过在财政上依然高度集中的管理体制,利用手中拥有的财权来直接控制投资、支出、居民收入的增减。这些措施是借助于行政命令来实现的,财政手段基本上被行政化。

(三)传统金融体制的松动和金融手段的具体运用

(1)传统金融体制的松动。根据"统一计划,分级管理,存贷挂钩,差额控制"的新的信贷计划管理办法,各地分行在完成总行规定的存款、贷款差额指标的情况下,有权把多吸收的存款按规定范围多发放贷款;增加中短期设备贷款和专项贷款,扩大贷款规模。

(2)在金融货币手段的使用上。具体措施:增加对农业和轻工业的贷款,下调贷款发放指标,缩小信贷规模,减少货币投放等。虽然实行了"统一计划,分级管理,存贷挂钩,差额控制"的新的信贷管理办法,但银行"资金供给制"的本质并没有改变,对于信贷规模的控制也只有调整信贷计划这一个工具,中央只能通过上传下达的直接调控信贷计划来控制信贷规模和货币投放。

由此可知,1978—1981年间,传统体制下的宏观调控体系开始松动,计划、财政、金融对经济的直接控制能力开始减弱。但鉴于1979年开始宏观调控时一些改革措施还没有出台,在宏观调控过程中一些改革措施还只是处于试点阶段,并不是在全国的范围内展开,这一时期的市场化程度非常低。所以,此次宏观调控和改革开放前并无太大差异,仍是通过下达行政命令和直接控制微观经济主体来达到调控的目标。这种调控方法、调控手段对于解决经济中的浅层次问题非常有效,1981年经济过热的情况得到有效抑制。经济过热趋势得到有效抑制后,中央就放松了对经济的控制,加快放权让利的改革。但是,由于国民经济中的深层次矛盾依然存在,1982年经济就开始了快速上升,1984年底经济又出现过热。宏观经济运行中"一放就热、一收就冷"的现象开始出现。

二、保证改革进行的宏观调控:1985—1986年

农村经济体制改革的成功,大大增强了中央加快改革进程的决心。1984年10月,中共中央召开十二届三中全会,做出了《中共中央关于经济体制改革的决定》,指出1985年改革要转变到以城市为重点的全面的经济体制改革。

为解决1984年底和1985年初国民经济中出现的总需求膨胀和物价上涨等问题,1985年4月,赵紫阳在全国人大六届三次会议上作题为《当前经济形势和经济体制改革的任务》的政府工作报告。报告指出:"以城市为重点的整个经济体制改革,涉及面广,关系复杂……经济生活中上年出现的货币发行偏多等问题,给当前的改革造成了一定的困难……同时切实加强和完善宏观经济的有效控制和管理,为今后的改革打下较好的基础。"[①]

在这样的背景下,1985年开始的这次宏观调控力求通过压缩信贷规模、行政开支和社会集团购买力,控制消费基金、现金投放和固定资产投资的过快增长,实现物价稳定和供求基本平衡。宏观调控的目标是解决经济生活中亟待解决的浅层次问题,保证以城市为重点的经济体制改革的全面进行。

(一)计划体制的转变和调控手段的具体运用

(1)计划调控能力的转变。在1978—1981年体制改革的基础上,中央又采取了承包经营试点、两步"利改税"、放宽商品购销和运输政策、继续减少指令性计划商品、逐步缩小国家统一定价的范围、放开小商品价格和大部分农副产品价格、实行生产资料价格双轨制等改革措施。国家实行统、派购的农副产品,1983年减为60种,1984年进一步减少为40种;1985年初农副产品全部实行合同订

[①] 中共中央文献研究室.十二大以来重要文献选编(中)[M].北京:人民出版社,1986:695.

购和市场自由购销,国家继续实行计划管理的农副产品只有9种;商业部主管的商品,1985年全部退出统购统销的范围;商业部实行计划管理的工业品,1984年由原来的39种减为26种,1985年又减为14种。① 计划对物资的调控手段逐步减弱。

(2)计划调控手段的具体运用。具体措施:缩小基本建设投资计划,加强基本建设自筹资金管理,加强物价管理和监督,开展物价大检查,严禁乱涨价等。自筹资金中包含中央下放给企业可以自行支配的资金,加强基本建设自筹资金管理等同于回收了一部分支配权力。加强物价管理、检查等实际上主要是对商品的指导性价格和市场价格的管理,也意味着中央对价格管理权限的部分回收。这说明此次宏观调控在计划手段的运用上,仍是通过对失控主体的直接控制来解决问题,且依然存在传统体制下通过收权实现调控目标的特性。

(二)传统财政体制的转变和财政手段的具体运用

(1)在财政管理体制方面。颁布相关涉外税收管理规定,初步形成较为完整的涉外税制,实行集体企业所得税、进出口关税、出口退税等税收改革措施,增加中央宏观调控的财政政策工具;实行"划分税种、核定收支、分级包干"和"利改税",进一步对地方和企业进行放权让利。进一步降低了中央财政占全部财政收入的比重。各级财政收入又随即出现了明显的变化,①财政收入占国内生产总值的比重继续逐年下降。1982—1986年财政收入占国内生产总值的比重依次为22.9%、23.0%、22.9%、22.4%、20.8%(见表5-1)。②中央财政占全部财政收入的比重出现了先升后降的局面,1982—1986年中央财政占全部财政收入的比重依次为28.6%、35.8%、40.5%、38.4%、36.7%(见表5-2)。这样的财政收入变化使中央的财政调控能力日益削弱。

(2)财政手段的具体运用。具体措施:严格控制资金、补贴的发放,严禁公款消费,控制集团购买力,对国有企业和事业单位征收奖金税,对实行工资与上缴利润挂钩的国有企业开征工资调节税,下达国有企业和事业单位调资控制指标。在财力日益下降的情况下,此次宏观调控,在财政手段运用上是通过借助行政命令和使用尚不成熟的税收工具来对经济进行控制。

(三)金融体制的建设和金融手段的具体运用

(1)在金融体制方面。在改革信贷管理体制的基础上,初步形成由中国人民银行、中国农业银行和农村信用合作社、中国银行和国家外汇管理总局、中国

---

① 中国经济年鉴编辑委员会.中国经济年鉴:1986[M].北京:经济管理出版社,1986:V-34.

工商银行、中国人民建设银行组成的较为完整的金融体系。中国人民银行作为中央银行,不再同企业直接发生业务关系,而只同专业银行进行业务往来。这就逐步加强了中央银行对整个金融体系的领导,增强了对宏观经济的调节作用。农业信贷、工商信贷、建设信贷、外汇业务和储蓄业务由另外几家银行分别办理;进一步扩大银行贷款范围,增加了银行在多领域的贷款控制能力;实行"统一计划、划分资金、实贷实存、相互融通"的信贷资金管理办法,把资金和计划分开,改变了各家银行在信贷资金上吃大锅饭的状况,使中央银行管理资金的职能进一步加强,专业银行的企业化管理水平有了提高。

(2)金融手段的具体运用。具体措施:缩小贷款规模,严格控制信贷规模和货币投放,加强金融信贷管理,开展信贷检查,提高储蓄存款利率和固定资产利率。从这些措施看,银行在进行宏观调控时主要是使用直接控制贷款规模和货币投放、加强信贷管理和检查这些行政化的金融手段。此次宏观调控开始尝试使用提高利率这种经济手段,由于投资的约束体制尚未建立,加之银行和企业都属于国家所有,利率这个货币政策工具的有效性不大。

此次宏观调控前后,中央在宏观稳定和微观搞活上更倾向于微观搞活,更重视对地方和企业继续采取的放权让利的改革,1985年所开始的宏观调控只是为加快改革的进程而被迫做出的选择,中央并不想把经济快速增长的势头彻底打压下来。因此,此次宏观调控的调控力度不是很大,主要通过压缩空气、紧缩信贷、下达行政命令来实现。这种以行政手段为主的宏观调控措施具有"见效快"的特征,1986年第一季度工业增长速度大幅回落,经济过热现象得到解决。工业增长速度出现下滑后,地方和企业强烈要求放松银根,而中央也并不想看到经济真正冷却下来。所以,在引发经济过热的深层次矛盾尚未解决的情况下,1986年下半年中央就放松了宏观调控的紧缩力度,基本结束了此次宏观调控。与此同时,政策上的放松、改革的推进等种种因素的作用下,经济又进入快速上升阶段,1987年、1988年经济又出现过热趋势,1988年下半年国民经济严重过热。从1985年到1988年,短短几年的时间,经济运行和宏观调控中就又出现了一次"一放就热、一收就冷"的现象。

三、宏观调控的局部回退:1989—1991年

以城市为重点的经济体制改革的全面展开,有效调动了地方和企业的生产积极性,国民经济出现持续性的高速增长局面。同时,引致1985年经济过热的深层次矛盾也日益激化,1988年国民经济中出现了比1985年更为严重的总需求膨胀和通货膨胀等问题。1988年10月,中国共产党十三届三中全会提出"治

理经济环境、整顿经济秩序"作为1989年、1990年两年建设和改革的重点。治理经济环境,主要是压缩社会总需求,抑制通货膨胀。整顿经济秩序,就是要整顿在新旧体制转换中出现的各种混乱现象。治理经济环境,整顿经济秩序,必须同加强和改善新旧体制转换时期的宏观调控结合起来,必须同努力增加农副产品、适销对路的轻纺产品以及能源原材料等方面的有效供给结合起来。

这次治理整顿分为两个阶段,1988年10月到1989年10月,治理整顿所要达到的主要目标是:控制投资需求尤其是消费需求的膨胀,消除经济发展过热,遏制严重通货膨胀,缓解市场物价上涨,使1989年物价上涨的幅度明显低于1988年。由于总需求膨胀和通货膨胀较为严重,第一阶段行政性措施密集出台,紧缩力度较大。在过热需求得到压缩的同时,行政性宏观调控政策所固有的"一刀切"和"急刹车"的弊端也显现出来,商品销售不畅和工业增长速度下降过快等问题接踵而来。因此,1989年10月到1991年底,治理整顿的目标转变为:进一步控制总需求膨胀和通货膨胀,使之恢复正常;重点克服经济滑坡、市场疲软、资金供应紧张和工业增长速度下降过快等问题。

(一)传统计划调控体系的部分解体和计划手段的具体运用

(1)传统计划调控体系的部分解体。一方面,中央的计划控制范围缩小。通过在大多数企业中推行承包经营制和在法律中确立企业的经营者地位,进一步缩小统配物资的范围、放开部分商品价格和下放部分工业品价格的管理权,减少实行计划内价格的生产资料种类和数量等改革措施,中央放松了企业经营、物资统配和价格管理等方面的计划控制。截至1988年,国家计委和国家物资局实行指令性计划管理的统配物资减少到27种,各生产主管部门管理的496种物资中,只剩下45种采取指令性计划管理,国家合同订购物资93种(都是机电产品),国家组织产需衔接物资209种;在国家指令性计划分配中,国家合同订购和产需衔接的物资中,有158种是委托主管部门管理的。[①] 1988年,政府定价在政府定价、政府指导价和市场调节价三种价格形式中的比重,商品零售环节从1978年的97.0%下降到47.0%,农产品收购环节从1978年的92.2%下降到37.0%,生产资料出厂环节从1978年的100%下降到60.0%(见表5-3)。另一方面,中央进行了间接调控的体制建设。组建新的国家计划委员会,逐步缩小指令性计划的范围,改革计划调拨制度,将计划管理的重点从微观层面转向宏观层面,从直接控制为主逐步向间接调控转变。建立中央基本建设基金制,组建国家

---

① 国家经济体制改革委员会.中国经济体制改革年鉴:1989[M].北京:改革出版社,1989:192.

专业投资公司,减少各部门直接管理投资的职能,为进行投资的间接调控创造体制条件。

(2)计划手段的具体运用。具体措施主要有:1988年10月—1989年10月期间,下达行政命令控制物价上涨,对计划外重要生产资料采取最高限价政策,加强已放开工业消费品价格的管理;实行"先停工后清理"的行政措施,清理固定资产投资在建项目,压缩投资规模,适当集中部分投资项目的审批权限(包括楼堂馆所的审批权,建设项目的新开工审批权)。1989年10月—1991年底,扩大专控商品种类,对重要生产资料和商品实行专营,关闭部分重要物资的批发、零售市场,对部分计划外重要物资实行定点定量供应;清理整顿流通领域和金融领域的各类公司;进一步放开商品和生产资料的价格,允许集体商业和个体商业从事运输和批发销售业务,建立粮食批发市场,进一步发展和完善农副产品批发市场。

如上所述,到1988年中央计划控制的范围大大缩小,直接控制能力减弱,但相应的间接调控体制只是初步开始建立,还不具备进行间接调控的功能。所以,针对国民经济中出现的各种问题,计划调控又回退到传统体制下的模式,通过收权、放权来完成调控目标。调控的第一阶段,在企业产权仍属国家所有的背景下,主要通过回收部分领域的权力来增加直接调控的作用范围,对市场调节部分则进行行政干预。调控的第二阶段,先是继续回收部分领域的计划管理权限,实行宏观稳定;后是放松管制、下放权力,增强微观活力。

(二)财政调控体系的转变和财政手段的运用

(1)财政调控体系的转变。一方面,中央财政调控能力的减弱。多种形式财政"大包干"体制(如收入递增包干办法、总额分成办法、总额分成加增长分成办法、上解额递增包干办法、定额补助办法)的实施,使财政的集中程度进一步下降,利用财政进行综合调控的能力进一步减弱。1987—1991年间,财政收入占国内生产总值的比重依次为18.4%、15.8%、15.8%、15.8%、14.6%,中央财政占全部财政收入的比重依次为33.5%、32.9%、30.9%、33.8%、29.8%(见表5-1,表5-2)。另一方面,间接调控体制的继续建设。组建新的国家税务局,将税收管理、税收征缴和税务检查三者划开;继续税制改革,颁发建筑税、城市维护建设税、房产税、车辆使用税等税收条例,推出印花税、私营企业所得税、私营企业投资者个人收入调节税、筵席税、城镇土地使用税等新税种,改革农业税,开征一些体现特殊调节作用的税种(如燃油特别税、个人收入调节税等),扩大税收政策的作用范围;发行国家重点建设债券和重点企业债券,增加中央财政平衡财政收支的途径。

表 5-1 1978—2008 年财政收入、税收情况及其占国内生产总值的比重

年份	财政收入（亿元）	各项税收（亿元）	国内生产总值（亿元）	税收占财政收入的比重(%)	税收占国内生产总值的比重(%)
1978	1132.26	519.28	3645.2	45.9	14.2
1979	1146.38	537.82	4062.6	46.9	13.2
1980	1159.93	571.70	4545.6	49.3	12.6
1981	1175.79	629.89	4891.6	53.6	12.9
1982	1212.33	700.02	5323.4	57.7	13.1
1983	1366.95	775.59	5962.7	56.7	13.0
1984	1642.86	947.35	7208.1	57.7	13.1
1985	2004.82	2040.79	9016.0	101.8	22.6
1986	2122.01	2090.73	10275.2	98.5	20.3
1987	2199.35	2140.36	12058.6	97.3	17.7
1988	2357.24	2390.47	15042.8	101.4	15.9
1989	2664.9	2727.4	16992.3	102.3	16.1
1990	2937.1	2821.86	18667.8	96.1	15.1
1991	3149.48	2990.17	21781.5	94.9	13.7
1992	3483.37	3296.91	26923.5	94.6	12.2
1993	4348.95	4255.30	35333.9	97.8	12.0
1994	5218.1	5126.88	48197.9	98.3	10.6
1995	6242.2	6038.04	60793.7	96.7	9.9
1996	7407.99	6909.82	71176.6	93.3	9.7
1997	8651.14	8234.04	78973.0	95.2	10.4
1998	9875.95	9262.80	84402.3	93.8	11.0
1999	11444.08	10682.58	89677.1	93.3	11.9
2000	13395.23	12581.51	99214.6	93.9	12.7
2001	16386.04	15301.38	109655.2	93.4	14.0
2002	18903.64	17636.45	120332.7	93.3	14.7

续表

年份	财政收入（亿元）	各项税收（亿元）	国内生产总值（亿元）	税收占财政收入的比重(%)	税收占国内生产总值的比重(%)
2003	21715.25	20017.31	135822.8	92.2	14.7
2004	26396.47	24165.68	159878.3	91.5	15.1
2005	31649.29	28778.54	183217.4	90.9	15.7
2006	38760.2	34804.35	211923.5	89.8	16.4
2007	51321.78	45621.97	257305.6	88.9	17.7
2008	61330.35	54223.79	300670.0	88.4	18.0

资料来源：1978—1999年财政收入和各项税收来源于国家统计局.中国统计年鉴：2000[M].北京：中国统计出版社，2000：255，279；2000—2008年财政收入和各项税收、1978—2008年国内生产总值来源于国家统计局.中国统计年鉴：2009[M].北京：中国统计出版社，2009.税收占财政收入的比重和税收占国内生产总值的比重根据表中数据计算所得。

表5-2 1978—2008年中央与地方财政收入及比重

年份	绝对数（亿元）			比重（%）	
	全国	中央	地方	中央	地方
1978	1132.26	175.77	956.49	15.5	84.5
1979	1146.38	231.34	915.04	20.2	79.8
1980	1159.93	284.45	875.48	24.5	75.5
1981	1175.79	311.07	864.72	26.5	73.5
1982	1212.33	346.84	865.49	28.6	71.4
1983	1366.95	490.01	876.94	35.8	64.2
1984	1642.86	665.47	977.39	40.5	59.5
1985	2004.82	769.63	1235.19	38.4	61.6
1986	2122.01	778.42	1343.59	36.7	63.3
1987	2199.35	736.29	1463.06	33.5	66.5
1988	2357.24	774.76	1582.48	32.9	67.1
1989	2664.9	822.52	1842.38	30.9	69.1
1990	2937.1	992.42	1944.68	33.8	66.2

续表

年份	绝对数（亿元）			比重（%）	
	全国	中央	地方	中央	地方
1991	3149.48	938.25	2211.23	29.8	70.2
1992	3483.37	979.51	2503.86	28.1	71.9
1993	4348.95	957.51	3391.44	22	78
1994	5218.1	2906.5	2311.6	55.7	44.3
1995	6242.2	3256.62	2985.58	52.2	47.8
1996	7407.99	3661.07	3746.92	49.4	50.6
1997	8651.14	4226.92	4424.22	48.9	51.1
1998	9875.95	4892	4983.95	49.5	50.5
1999	11444.08	5849.21	5594.87	51.1	48.9
2000	13395.23	6989.17	6406.06	52.2	47.8
2001	16386.04	8582.74	7803.3	52.4	47.6
2002	18903.64	10388.64	8515	55	45
2003	21715.25	11865.27	9849.98	54.6	45.4
2004	26396.47	14503.1	11893.37	54.9	45.1
2005	31649.29	16548.53	15100.76	52.3	47.7
2006	38760.2	20456.62	18303.58	52.8	47.2
2007	51321.78	27749.16	23572.62	54.1	45.9
2008	61330.35	32680.56	28649.79	53.3	46.7

资料来源：1978—1999 年数据来源于国家统计局.中国统计年鉴：2000[M].北京：中国统计出版社，2000：267；2000—2008 年数据来源于国家统计局.中国统计年鉴：2009[DB/OL].2009.

（2）财政手段的运用。具体措施：1988 年 10 月—1989 年 10 月，下达消费基金水平控制指标，压缩社会集团购买力；提高商业零售环节营业税税率，加强批发扣税，控制减免税政策范围，加强个体商业税收秩序管理和税收征管工作；发行保值公债。1989 年 10 月—1991 年底，禁止发放各种代币购物券，加强控购管理；清理拖欠税款，调整固定资产投资方向调节税；增发专项债券，减少粮食补贴和外贸亏损补贴；放松集团消费的控制力度，增加农业投资和支农资金。

中央财政收入的继续下降,进一步减弱了中央利用财政收入进行直接控制的能力。但同时也加快了间接调控体制的建设工作,增加了财政政策的工具种类,税收逐步成为一项主要的财政政策工具。在财政手段的运用上,虽然税收等间接调控工具大量使用,但由于中央对地方和企业控制能力的减弱,而地方和企业约束机制的不健全,地方和企业采取了对应的措施来弱化紧缩性财政政策对其影响。所以,直接控制的财政手段依然被较多地使用,财政手段的行政色彩依然浓厚。

(三)金融调控体系的转变和金融货币手段的运用

(1)金融调控体系的转变。进一步完善金融体系,建立多家股份制综合性商业银行,允许各家银行都办储蓄,开展业务竞争;扩大和培育金融间接调控市场、增加金融调控工具,允许银行之间资金的相互拆借、发展金融机构同业拆借业务,发展商业票据的承兑、贴现、再贴现业务,允许国债流通转让、在部分大城市试办证券交易市场;下放央行信贷资金的管理权限,先是采取两级限额管理、以专业银行为主的方式,后又实行"限额控制、以存定贷"和"全年亮底、按季监控、按月考核、适时调节"的办法,并建立备付金制度。

(2)金融货币手段的运用。具体措施有:1988年10月—1989年10月,提高存贷款利率,贷款利率按产业政策区别对待,有高有低,实行差别利率,严格贷款的加息制度,开办保值储蓄存款和有奖储蓄;调整信贷计划,控制信贷规模和货币发行,下达行政命令要求各级各类信托投资公司停止发放贷款或投资,开展信贷大检查;下调人民币汇率。1990—1991年,将各专业银行和其他金融机构的信用活动统一纳入全社会信用规划,进行总量控制;先后增加流动资金贷款和固定资产贷款,放松贷款紧缩力度,为清理"三角债"投入一批启动资金;向个人发放金融债券,降低存贷款利率,不再办理保值储蓄业务。

金融体制的改革,降低了中央直接控制资金的能力,增加了中央可以运用的货币政策工具,但经济手段的功效较为薄弱。"以存定贷"信贷资金管理体制减少了中央直接控制的资金,资金管理较为混乱;在投资约束体制不健全和利率尚未市场化的情况下,利率工具所能发挥的效用比较微弱。因此,此次宏观调控中,依然借助行政命令来实现对信贷规模和货币投放的控制。

综上所述,1989—1991年这次宏观调控在手段和方法上又局部回到传统体制下的模式。尤其是宏观调控的第一阶段,大量的行政命令接连发布,在财政、金融手段上也局部回到计划经济体制下的操作方法。这种调控方式导致经济出现大幅度的下滑,即"硬着陆"。在这种宏观调控结束后,经济又迅速升温,1992年经济中又出现过热现象。"一放就热、一收就冷"的现象再一次出现。

总的来看,1978—1991年间,三次宏观调控都是在经济出现较严重的失衡后才开始的,宏观调控的目标都是根据当时经济中的问题而随机制定的,是相机抉择目标;计划经济体制下的宏观调控体系亟待调整,而新的宏观调控体系只是在部分领域开始了初步建设;宏观调控的手段、内容和方法有向间接调节转变的趋势,但转变不明显,1989—1991年的宏观调控又出现了局部回退。从三次宏观调控的目标、体系和手段等方面来看,这一时期,宏观调控模式基本上是属于行政命令控制型。

第二节　1992—2002年:经济手段间接调节型的宏观调控模式

1992年中国的经济体制改革进入了一个新的阶段,邓小平的"南方谈话"和中共十四大的召开,为改革确立了明确的目标,即建立社会主义市场经济体制。

改革的进一步推进,使原有体制下的宏观调控体系渐渐退出了历史舞台,新的宏观调控体系逐步建立并开始发挥作用,宏观调控的目标、手段等都出现了显著的变化。

一、宏观调控的重大转变:1993—1996年

1992年邓小平的"南方谈话",使三年治理整顿期间关于改革的争论基本结束,之后中共十四大确立了建立社会主义市场经济体制的目标,并认识到宏观调控在市场经济中的重要作用。

1992年上半年到1993年下半年,国民经济再次过热,出现投资膨胀、货币发行和信贷投放过量、金融秩序混乱等问题。1993年6月24日,中共中央、国务院发布《关于当前经济情况和加强宏观调控的意见》。

1993年八届人大一次会议上的《关于1992年国民经济和社会发展情况与1993年计划草案的报告》,第一次提出了国民经济和社会发展的八大主要目标:①经济增长;②固定资产投资;③金融财政;④外贸进出口和外汇储备;⑤商品零售;⑥物价;⑦经济效益;⑧人口自然增长率。1994年八届人大二次会议上对这个八大目标进行了调整,调整后的目标为:①经济增长;②固定资产投资;③财政;④金融;⑤商品零售;⑥外贸;⑦物价;⑧人口自然增长率。由这些目标可以看出,这一时期的宏观调控目标较为微观,将经济中经常出现问题的领域都包含在内,但开始尝试设立目标是一种很大的进步。在进行宏观调控时,中央已认识

到解决这些问题必须采用新思路、新办法,要既能有效解决当前经济问题,又有利于继续增强微观经济活力和市场机制作用的充分发挥。在这种指导思想下,尽管1993年出台了多项行政措施解决突出问题,但也加快市场体制下宏观调控体系的建立,力求通过多种宏观调控手段的使用实现经济的"软着陆"。可以说,在解决经济中突出问题的同时,实现国民经济的"软着陆"是此次宏观调控在实施过程中逐步形成的最终目标。

在此目标的指导下,此次宏观调控在进行过程中,出台了多项宏观调控体系的改革措施。所以此次宏观调控体系的转变和宏观调控手段的运用是密切结合在一起的。

(一)计划体制和计划手段的渐进转变

(1)以放权来瓦解传统计划体制和以收权来加强宏观调控并存。①继续削减传统的指令性计划,下放商品经营权限。1993年国家计委管理的指令性计划指标再减少50%左右,工业生产指令性计划的比重占全部工业总产值的比重减少7%左右①,农业生产已全部取消指令性计划。1993年、1994年,又回收棉花的购销权,对化肥等重要农业生产资料实行两级调控和储备。随着经济形势的好转,又削减了指令性计划,1996年,国家农业指令性生产计划已全部取消,国家计划调拨的重要农产品占市场销售总额的比重约为2%;国家工业指令性生产计划产品占全国工业总产值比重为4%左右;国家计划调拨的重要工业生产资料占市场销售总额的比重约为5%。② ②加快转换价格形成机制的步伐,放开大批商品和生产资料的价格。1992年、1993年,商品零售环节中政府定价占三种价格形式的比重分别为5.9%、4.8%,农产品收购环节中政府定价比重依次为12.5%、10.4%,生产资料出厂环节中政府定价比重依次为18.7%、13.8%(见表5-3)。由于在1993年和1994年,对粮食实行限价,对20种生活必需品实行严格的价格审核,对部分能源的出厂价格和销售价格全部实行国家统一定价,对棉花、化肥及其他重要农业生产资料的定价权也再次回收,政府定价的比重又再度上升。1994年和1995年,商品零售环节中政府定价占三种价格形式的比重分别为7.2%、8.8%,农产品收购环节中政府定价比重依次为16.6%、17.0%,生产资料出厂环节中政府定价比重依次为14.7%、15.6%(见表5-3)。1995年以

---

① 邹家华.关于1992年国民经济和社会发展情况与1993年计划草案的报告[J].中华人民共和国国务院公报,1993(9):365-378.

② 国家经济体制改革委员会.中国经济体制改革年鉴:1997[M].北京:改革出版社,1998:116.

后,继续价格转换机制的改革,逐步放开竞争性产品价格,搞好生产资料价格的并轨。1996年三种环节中政府定价的比重才又分别下降为6.3%、16.9%和14.0%(见表5-3)。③进一步下放投资决策权,简化项目审批程序,下放审批权限。但在宏观调控中又采取了对在建项目进行审核排队,严格控制新开工项目,加强房地产市场的宏观管理,促进房地产业的健康发展等行政命令措施。

表5-3 1978—2006年三种价格形式比重变化情况表

单位:%

年份	商品零售环节			农产品收购环节			生产资料出厂环节		
	政府定价比例	政府指导价比例	市场调节价比例	政府定价比例	政府指导价比例	市场调节价比例	政府定价比例	政府指导价比例	市场调节价比例
1978	97.0	0.0	3.0	92.2	2.2	5.6	100.0	0.0	0.0
1988	47.0	19.0	34.0	37.0	23.0	40.0	60.0	0.0	40.0
1990	29.8	17.2	53.0	25.0	23.4	51.6	44.6	19.0	36.4
1991	20.9	10.3	68.8	22.2	20.0	57.8	36.0	18.3	45.7
1992	5.9	1.1	93.0	12.5	5.7	81.8	18.7	7.5	73.8
1993	4.8	1.4	93.8	10.4	2.1	87.5	13.8	5.1	81.1
1994	7.2	2.4	90.4	16.6	4.1	79.3	14.7	5.3	80.0
1995	8.8	2.4	88.8	17.0	4.4	78.6	15.6	6.5	77.9
1996	6.3	1.2	92.5	16.9	4.1	79.0	14.0	4.9	81.1
1997	5.5	1.3	93.2	16.1	3.4	80.5	13.6	4.8	81.6
1998	4.1	1.2	94.7	9.1	7.1	83.8	9.6	4.4	86.0
1999	3.7	1.5	94.8	6.7	2.9	90.4	9.6	4.8	85.6
2000	3.2	1.0	95.8	4.7	2.8	92.5	8.4	4.2	87.4
2001	2.7	1.3	96.0	2.7	3.4	93.9	9.5	2.9	87.6
2002	2.6	1.3	96.1	2.6	2.9	94.5	9.7	3.0	87.3
2003	3.0	1.4	95.6	1.9	1.6	96.5	9.9	2.7	87.4
2004	3.0	1.7	95.3	1.0	1.2	97.8	8.9	3.3	87.8
2005	2.7	1.7	95.6	1.2	1.1	97.7	5.9	2.2	91.9
2006	2.8	1.9	95.3	1.2	1.7	97.1	5.6	2.3	92.1

资料来源:发改办价格[2007]3030号文件。

(2)尝试运用新的计划手段进行调控。①转变计划管理职能,更新计划观念。改进计划指标体系,在计划编制上主要突出计划的宏观性、政策性和信息性,充分发挥计划的总体指导作用。②开始产业政策体系的建设,使其代替部分行政命令。先后颁布《九十年代国家产业政策纲要》《汽车工业产业政策》《水利产业政策》《国家重点鼓励发展的产业、产品和技术目录》等产业政策条例。③进行计划间接调控体制的建设,建立包括重要农产品、农业生产资料和基础工业产品在内的统一的国家订货制度,建立重要商品的中央和地方两级储备体系。④加快法制化进程,用法律手段而非行政命令来规范市场经济秩序和市场主体的行为。相继出台了《建设项目实行业主责任制的暂行规定》《国家重点建设项目管理办法》《中华人民共和国价格法》等多项法律法规。⑤完善宏观经济信息发布制度,发布不同行业的生产建设情况、市场需求状况、发展中存在的主要问题以及国家的政策导向,以引导微观经济主体的投资行为。

在宏观调控结束时,计划经济体制下的宏观调控体系基本解体,市场经济体制下新的宏观调控体系框架基本确立,计划体制发生了重大转变。在计划手段的运用上,1993年和1994年这两年,计划手段仍以收权和使用行政命令为主。1995年以后,随着传统计划体制的解体,新计划体制的发展,计划手段也逐步改变了传统的以指令性计划为主直接控制微观经济活动的管理方式,使用了以宏观性、政策性、调节性为特征的宏观指导计划、产业政策等措施,计划手段的控制性有所减弱。

(二)财政体制和财政手段的渐进转变

(1)市场体制下新的财政体制的建立。①实行分税制财政管理体制。按照中央与地方的事权划分,实行划分支出、划分收入,将税种统一划分为中央税、地方税和中央与地方共享税,实行中央财政对地方的税收返还和转移支付制度,国有企业统一按国家规定的33%税率缴纳所得税,取消各种包税的做法。分税制的实施,大大增强了中央财政的财力。1994—1996年中央财政占全部财政收入的比重依次为55.7%、52.2%、59.4%,远远高于实行分税制改革前1993年22.0%的水平(见表5-2)。②为与分税制改革相配合,税收管理体制也同时进行了相应的改革。在现有税务机构基础上,分设中央税务机构和地方税务机构,建立以增值税为主体的流转税体系,统一企业所得税制。③财政部收回了委托建设银行代行的财政职能,负责对国家预算内基本建设投资进行管理。将"拨改贷"和经营性基金本息余额转为国家资本金,国家财政使用国家资本金对经营性项目进行投资。完善投资风险约束机制,实行经营性项目法人责任制和项目资本金制度。④增加国库券品种,改革国债发行方式。在进一步推行国债承购包销发行方式的基础上,试行国债招标发行。⑤加强财政法制建设,强化财政监督职能。颁发多项财税法律法规,完成财政部派驻全国各地方财政监察专员办事机构的设立,初步形成对全国各地执行财政法规的监督体系。

(2)财政手段的运用。具体措施:提高国库券票面利率,对1992年和1993年发行的国库券实行保值,限期完成国库券发行任务,加强税收管理和严格控制减免税,严格控制财政支出和社会集团购买力,发布多项税收管理条例,调整进出口商品的税收政策,清理企业欠税,调整出口退税率等。

这一时期,中央侧重于财政体制的深入改革,力求尽快建立新的财政调控体系,增强间接性财政政策工具的调控能力。宏观调控结束时,新的财政调控体系的基础框架已基本建立。在此次宏观调控中,财政政策中经济手段的运用有所增加。但在转移支付等新的财政政策工具还不能有效发挥作用时,行政化的财政手段依然被使用。

(三)金融体制和金融货币手段的渐进转变

(1)新的金融体制的逐步建立。①强化中国人民银行的宏观调控能力,保证货币政策的统一性和独立性。货币发行权、信用总量调控权、基础货币管理权和基准利率调节权由中国人民银行集中掌握;取消中国人民银行省级及省级以下分行的再贷款权和7%信贷规模的调剂权,人民银行的再贷款直接贷给专业银行总行,由它们在系统内调度;中国人民银行不再直接发放对企业的专项贷款和由专业银行转贷的指定投向的贷款,不再对财政部透支和借款;改人民银行的利润留成制度为预算制度,使人民银行脱离商业性利润动机;建立政策性银行,使政策性金融和商业性金融分离,对金融机构实施资产负债比例管理和资产风险管理;加快金融立法的进程,颁布《中国人民银行法》,提高人民银行的调控能力,加强金融业的监管。②增加货币政策工具。先是发行中国人民银行融资券,允许国债流通,逐步推出公开市场业务;建立全国统一、公开、高效的同业拆借市场,逐步形成全国统一的同业拆借市场利率;中国人民银行对工商银行、农业银行、中国银行、建设银行四家国有独资商业银行的总行开办再贴现业务;实行以外汇市场供求为基础的、单一的、有管理的浮动汇率制;定期公布货币供应量,把金融机构信用总量的货币供应量作为宏观监测的重要指标。

(2)金融货币手段的运用。①采取下达行政命令的方式,制止乱集资、乱收费、乱罚款等,查处期货交易违规行为,控制新股发行和上市节奏,加强债券、股票的发行管理工作,制止期货市场盲目发展,规范发行市场,禁止国有企业低价折股、低价出售,甚至无偿分给个人,查处非法外汇期货和外汇按金交易。下达信贷规模和货币发行的控制指标。②采取调整存贷款、再贷款利率、公开市场操作等经济手段,调整信贷规模和货币供应量。结合实行定期储蓄存款保值,降低投资和消费的增长速度,缩小供求缺口,稳定市场物价。

随着金融改革的深入,初步建立了由中国人民银行发行货币、管理各金融机构、发布执行金融货币政策,由各类型的商业银行办理日常存贷款和其他相关金融业务的间接金融调控体系。中国人民银行执行货币政策时,从改革开放前单一的控制信贷计划的方法转变为由存款准备金率、中央银行贷款、利率、贷款限额、公开市场操作、外汇操作等多种方法,从主要依赖信贷规模转向调控货币供应量。

在这次宏观调控中,中央将建立新的宏观调控体系放在首位,计划经济体制下的宏观调控体系基本解体,财政、金融的间接调控框架初步构建起来。此次宏观调控也是在经济出现严重问题后才开始的,宏观调控目标逐步摆脱相机抉择的目标,开始设立总的调控目标,只是宏观调控目标仍过于微观化。在手段的运用上,金融货币手段虽然是以行政命令为主,但使用中注意区别对待,不搞"一刀切"。行政命令的使用主要用于金融秩序的治理方面,对于信贷规模和货币供应量方面,基本上是通过间接的经济手段来调控的。这种宏观调控方式下,经济的降温是缓慢的、逐步的,1996年经济实现"软着陆",1997年底经济中出现了过冷的趋势。"一收就冷"的时间间隔虽然拉长了,但是这种现象却依然存在。

二、间接性宏观调控的尝试:1998—2002年

1998年,国际、国内经济环境的转变,使国民经济在改革开放以来首次出现经济增长缓慢、通货紧缩、有效需求不足等问题。1998年政府工作报告中指出,社会主义市场经济条件下的宏观调控,不同于计划经济体制下那种对企业生产经营活动的直接干预,必须按照市场经济规律,主要运用经济手段和法律手段,辅之以必要的行政手段,对国民经济进行合理的调节。中央对宏观调控的认识已经上升到一个新的阶段。

报告指出1998年国民经济宏观调控的主要目标是:经济增长速度8%,商品零售价格涨幅控制在3%以内。这体现了稳中求进的精神,实现这样的目标,就能保持高增长、低通胀的良好发展势头。2002年11月,中共中央在十六大报告中指出,宏观调控的主要目标是:促进经济稳定增长,增加就业,稳定物价,保持国际收支平衡。

(一)计划手段的新发展

在上一次宏观调控结束时,传统的计划体制已基本解体,指令性生产计划、国家统配物资和政府定价等手段对经济的控制基本上只存在于关系国计民生的特殊行业、特殊商品上。在此基础上,这一时期又深入进行了教育、住房、医疗、社会保险等领域的改革,放松计划对这些行业的管制。因此,新的计划体制主要是通过制定长远的发展规划,提出一些宏观战略层面上的指导性意见,经济的运行基本上是靠市场来自发的调节。同时,传统计划手段的退出,使前面所提到的产业政策、法律政策,还有新出现的区域政策等,逐步代替了传统计划手段来对经济进行调控。

(1)中央经过长期的酝酿和调查研究,提出实行"西部大开发"战略。力求在此战略的作用下,通过政策上的优惠,缩小区域差距,加快中西部地区的经济发展,缓解能源等基础工业的紧张。

(2)在科教兴国战略和可持续发展战略的指导下,对教育、通信、电子高科技等知识密集型行业和以服务为主的第三产业,制定有利于其发展的各种产业政策。一方面培育新的消费增长点,带动经济的快速发展;另一方面调整国民经济产业结构,实现经济的可持续发展。

(3)在市场经济体制下,由于经济人都存在着利己的行为,所以法律手段对市场主体行为的约束比行政手段更有效、更公平,作用范围更广。这一时期,中央加快了各项法律制度的建设,出台了多项法律法规,有效保证了市场经济的有序运转。

(二)完善财政体制和财政手段的运用

(1)完善财政体制。①构建为满足社会公共需要的财政收支体制,深化"收支两条线"改革,实行部门预算和国库集中支付制度的配套改革,逐步建立公共财政的基本体制框架。②调整财政支出结构。增加对低收入人群、社会保障方面的支出,增加对农业、农村、农民的投入,扩大农村税费改革试点,完善税收政策,改进政府采购制度、缩减政府采购支出。③中央财政先后设立了中小企业发展专项基金、国际市场开拓资金和科技型中小企业创新基金等,用于扶持中小企业发展,并加强对中小企业发展环境建设方面的资金支持。

(2)财政手段的运用。在财政支出手段的运用上,大量发行国债,用于基础设施、中西部等方面的建设;增加转移支付、发放各类补助资金和调整收入分配,用于提高居民收入;提高部分出口产品退税率。在财政收入手段的运用上,调整固定资产投资方向调节税,对符合国家产业政策按标准抵免企业所得税;对居民储蓄存款利息恢复征收个人所得税;对外商投资于基础产业和高新技术产业给予税收鼓励;对西部大开发采取税收优惠政策等。

在新的财政体制框架基本建立的基础上,中央继续推进财政体制的改革,完善财政体制,增强财政政策的间接调控能力。从这次财政手段的运用上可以发现,财政政策基本上都是采取的间接的经济手段,通过间接的政策传导机制作用到各微观个体,是通过对经济结构的调节来实现宏观调控目标的。

(三)完善金融体制和金融货币手段的运用

(1)完善金融体制。①进一步取消对信贷的直接管制。将法定存款准备金账户与备付金账户合并,取消对国有商业银行贷款限额的控制,在推行资产负债比例管理和风险管理的基础上,实行"计划指导,自求平衡,比例管理,间接调控"的新的管理体制。对国有商业银行不再下达指令性贷款计划,而改为按年(季)下达指导性计划。②完善间接调控的传导机制。改进金融资产分类办法,加强金融资金管理;恢复在银行间债券市场进行债券回购交易的业务,丰富中央银行公开市场操作的品种;在金融机构的体制上实行垂直领导,中国人民银行、中国证监会、中国保监会对全国的金融、证券、保险行业实行分业统一监管;推进利率市场化改革,率先放开外币存贷款利率;组建金融清算总中心,防范和化解支付风险。

(2)金融货币手段的运用。①多次降低金融机构存贷款利率、法定存款准备金利率和再贷款利率,加大对小企业贷款利率的浮动幅度。频繁使用公开市场操作来调节市场上的货币供应量。②加强信贷指导,强化央行的"窗口指导"作用。出台各种信贷指导文件,引导银行发放住房、助学、支农等方面的信贷投放,引导居民增加信贷消费,支持中小企业发展。③加强本外币利率政策的协调,在境内本、外币利差变化时,及时调整境内外币利率。

这一时期金融体制的改革,主要是进一步取消行政管制和指令性信贷计划,对货币政策中经济手段的传导机制进行初步建设,增强货币政策的间接调控功效。随着市场经济体制下金融调控体制的基本建立,中央对货币政策的运用基本以经济手段为主,利率、存款准备金率、贴现率、公开市场操作、窗口指导等多种货币政策工具交替使用,通过对总量指标的调节来实现宏观调控目标。

1998—2002年,新的宏观调控体系基本建立,宏观调控目标完成了从微观化向宏观化的转变,四大目标涵盖了众多的微观经济问题。在宏观调控手段上,间接性的经济手段开始大量运用,对经济的调控开始侧重于总量调节。宏观调控目标、手段等的转变,使此次宏观调控的效果显现较慢,2000年经济的下滑趋势才得到抑制。但是,由于扩张性宏观调控政策过于注重促进经济增长,对于经济结构调整、发展方式转变等根本性问题着力不足,经济在2002年底又出现了过热趋势,"一放就热"的现象仍没有消除。

综上所述,1992—2002年的体制转轨全面推进阶段,宏观调控出现了渐进性的转变。宏观调控目标从相机抉择目标转变到统一、长远、宏观的目标;宏观调控手段从以计划行政手段为主转变到以财政、金融等经济手段为主;宏观调控从侧重于对微观经济主体实行直接控制转变到对宏观经济问题实行间接调节。这一系列的转变说明,宏观调控模式从行政命令直接控制型逐步转变为经济手段间接调节型。

第三节 2003—2008年:预防性局部间接微调型的宏观调控模式

2003年初,部分宏观经济总量指标出现失控,经济出现过热和通货膨胀的压力。相比改革开放前期的几次经济过热,此次的经济过热只是局部的,只是部分行业的过热。衡量经济运行情况的总量指标中也只有少数出现失控,市场上商品物价较为稳定,只是极少数商品存在一定程度的涨价。宏观经济基本面仍是好的,但中央为避免经济出现严重的过热现象,开始了新一次的宏观调控。

宏观调控是要解决部分行业发展过快、投资过大和农业的发展相对滞后等局部性问题,解决固定资产投资规模过大、货币信贷投放过多和外贸顺差过大等部分总量指标失控问题。整体来说,这次宏观调控是针对经济中局部失衡采取的微调,是为了防止经济出现全面过热而进行预防性调控。2003—2007年上半年宏观调控的首要任务是保证经济的稳定发展,对经济运行中的局部过热进行调节,改善经济结构不合理的状况。2007年下半年到2008年上半年,中央在实际操作中,逐步明确提出将"防止经济增长由偏快转为过热、防止价格由结构性上涨演变为明显通货膨胀"作为宏观调控的首要任务。2008年下半年,当国民经济形势出现大的转变后,宏观调控的首要任务又转变为"保增长"。"保增长"的字面含义是实现经济稳定增长,深层次含义是避免就业率的下滑。所以,尽管这一时期宏观调控的首要任务在不断变化,但是宏观调控的总体目标仍然是2002年11月确定下来的四大目标,即保持经济持续快速的增长,实现充分就业,保持物价稳定,保持国际收支平衡。

2003—2008年,中央一方面进一步完善刚刚建立的宏观调控体系,另一方面尝试新的宏观调控方式来保证经济的持续稳定增长,实现国民经济的健康发展。

(一)丰富计划体制的内涵和计划手段的运用

发布经济发展的总体规划、行业发展规划和区域发展规划,指导经济结构调整和经济发展;完善产业政策体系,结合行业发展规划,指导行业发展,引导经济结构的转变;振兴东北等老工业基地战略、中部崛起战略、天津滨海新区综合配套改革试验区、武汉和长沙城市群两型社会综合配套改革试验区、成渝城乡综合配套改革试验区等政策接连出台,丰富了区域政策的内涵。有效促进了区域差距的缩小、产业转移的实现和新的经济增长区域的培育;加速法制化建设的进程,为经济发展提供一个公平、公正的环境。出台各项法律法规,规范市场主体的行为,在法律上确立不同职能部门的权责,增强各部门政策的独立性;在部分行业、部分地区使用行政手段,在法制尚不完善的背景上,制止市场主体的违法行为。

(二)进一步完善财政体制和财政手段的运用

(1)进一步完善财政体制。以服务型政府为目标,中央加大对自身的改革力度,加快了政府职能转变的进程,以确保财政政策的公正性;中央大力推进基本公共服务均等化,不断完善转移支付制度,使中央对地方转移支付占地方本级支出的比重由2003年的28.1%提高到2007年的36.7%;建立中央与地方出口退税共同负担机制,基本统一了内外资企业税收制度,实行增值税转型改革试点工作,调整了个人所得税政策和消费税政策;加快农村税费改革的进程。

(2)财政手段的运用。此次宏观调控财政政策主要是用来协调区域发展和调整产业结构,对中央推出的产业政策、区域政策等予以支持。具体措施:调整投资方向,有保有压。增加财政对西部、东北等老工业基地的支持力度,增加对农业、高科技产业等的支持力度;增加财政支出,增加对贫困人口的补助和增加转移支付,减轻农民税收负担;调整关税和出口退税率,转变进出口商品结构,稳定进出口增长形势。

(三)进一步完善金融体制和金融手段的运用

(1)进一步完善金融体制。发行央行票据,增加货币政策工具;加速利率市场化进程,使其更加合理化,增强利率的调控效力;加快股票市场和期货市场的发展,建立短期融资券市场,增加企业融资渠道和政策传导渠道,增强货币政策的有效性;建立以市场为基础的有管理的浮动汇率制度,完善人民币汇率形成机制,增强货币政策的独立性,提高金融调控的主动性和有效性。

(2)金融手段的运用。多次提高金融机构存款准备金率和存贷款基准利率,其中2006—2007年存款准备金率提高13次,存贷款基准利率提高8次。进行公开市场操作,调节市场上的货币流通量。提高钢铁、电解铝、水泥、房地产开发投资项目的资本金比例;调整信贷政策,加强产业政策和信贷政策协调配合;对人民币进行升值;等等。

如前所述,此次宏观调控是在经济中出现局部过热的情况时开始的,是为了防止经济出现全面过热而展开的。宏观调控体系在这一时期得到了进一步的完善,各种政策工具的传导机制基本畅通,保证了中央宏观调控的有效性。在手段的运用上,此次宏观调控在前期运用多种手段进行预防性的局部结构微调;在后期基本上是以间接的经济手段为主,注重多种政策工具的组合使用,注重不同手段间的相互配合,注重政策的一致性。以货币政策来防止经济过度升温,以财政政策、产业政策、法律政策等来调整产业结构,促进发展模式的转变,通过对宏观经济总量的调节,引导市场主体的自发调整,实现经济的可持续发展。宏观调控模式也进一步转变为预防性局部间接微调型。但是,由于宏观调控体系尚不完善,经济手段的传导还未完全畅通,而中央运用经济手段进行调控的经验尚显不足,对开放条件下世界经济对国内经济的影响认识也不充分。因此,2007年下半年到2008年下半年,经济迅速从过热到过冷,宏观经济运行中的"一放就热,一收就冷"的现象仍然存在。

小 结

综上所述,改革开放30年,中国在宏观调控的实践过程中逐步形成了三种宏观调控模式,一是体制转轨局部推进阶段的行政命令直接控制型;二是体制转轨全面推进阶段的经济手段间接调节型;三是市场经济体制初步完善阶段的预防性局部间接微调型。这三种宏观调控模式在目标、体系、手段等方面都存在较大的差异。

一、宏观调控目标的历史演变

在行政命令直接控制型宏观调控模式下,1978—1991年间的三次宏观调控都是在经济失衡较为严重时才开始的,宏观调控的目标就是解决当时出现的经济问题。中央根据临时出现的问题来调整计划、出台临时性行政命令,经济中出现的问题不同,宏观调控所要达到的目标也就不同。因此,体制转轨局部推进阶段宏观调控的目标是相机抉择的,宏观调控目标过于微观化。

在经济手段间接调节型宏观调控模式下,1992—2002年间的两次宏观调控在目标上发生了较明显的转变。1993—1996年间的宏观调控目标较为微观,但开始尝试设立较为长期的目标,并开始注重目标的连续性和各个具体目标之间的协调性。1998—2002年间的宏观调控中基本上摈弃了相机抉择目标,在宏观调控的实际操作中基本形成了统一、长远、宏观的目标。宏观调控的目标从相机抉择向确定化转变,从微观化向宏观化转变。

在预防性局部间接微调型宏观调控模式下,2003—2008年的这次宏观调控仍然沿用了2002年11月确定下来的四大目标,即保持经济持续快速的增长,实现充分就业,保持物价稳定,保持国际收支平衡。宏观调控的首要任务在这次宏观调控中发生了多次变化,但都是围绕着这四大目标而确立的。宏观调控确立了统一、长远、宏观的目标。

二、宏观调控体系的历史演变

在行政命令直接控制型宏观调控模式下,随着改革的进行,传统的宏观调控体系(即各领域高度集中的集权体制)开始松动。指令性计划比重下降、中央财权弱化等,计划、财政、金融对经济的直接控制能力开始减弱。但是,传统的宏观调控体系的基本框架仍然健在,宏观调控仍然是以高度集中的集权体制为依托来展开。

在经济手段间接调节型宏观调控模式下,中央开始了新的宏观调控体系的建设。1994年,宏观调控体系的建设取得重大进展,财税体制开始实行分税制、金融体制实现政策性金融和商业性金融的分离等,初步形成了新的宏观调控体系的基础框架。随着税制、汇率等领域改革的继续推进,2002年,以财政、金融等经济性间接调控手段为主的新的宏观调控体系基本确立。

在预防性局部间接微调型宏观调控模式下,中央加快了产业政策、区域政策、法律政策等方面的建设工作,加快了政府支出和转移支付制度的建设,加快了服务型政府和公共财政的建立,加快了利率市场化等金融领域的改革,等等。新的宏观调控体系获得进一步的发展,但财政、金融等经济手段的传导机制还没有完全畅通,宏观调控体系还有待进一步完善。

三、宏观调控手段的历史演变

在行政命令直接控制型宏观调控模式下,在计划手段方面,指导性计划所占比重逐步超过指令性计划,成为中央控制微观经济主体的主要手段。而且,在暂时回收权力、加强计划管理和大量使用指令性的行政手段的同时,也开始尝试运用价格调节、政策支持等措施;在财政手段方面,1984年以后,税收占财政收入的比重虽然大幅度增加,但由于新的税收体制还不完善,税收这个间接的财政手段尚无法有效发挥作用(见表5-1、图5-1、图5-2)。因此,财政手段在使用时,仍主要通过加强财政管理、加强税收征管来控制经济,行政色彩较为浓厚。但同时,也尝试使用财政补贴、调整投资等手段来稳定经济;在金融手段方面,由于金融体制的改革主要集中在信贷资金管理体制方面,货币政策工具仍比较单一。因此,金融货币手段的运用就仍以控制货币发放、压缩信贷规模等行政性的控制手段为主,也使用了一些调整利率、办理保值储蓄等经济手段,但作用较小。

在经济手段间接调节型宏观调控模式下,在计划手段方面,随着计划经济体制的逐步解体,指令性计划慢慢退出了历史舞台,指导性计划占据了较为重要的地位;在财政手段方面,分税制财政体制的实施,逐步增加了财政收入占国内生产总值的比重,税收也成为财政收入的主要来源(见表5-1、图5-1、图5-2),中央可以有效地运用税收手段进行宏观调控。1998—2002年间的宏观调控中,税收、政府支出、国债等财政手段被大量使用,有力刺激了经济的恢复和增长;在金融手段方面,在建立间接性金融调控体系的过程中,利率、准备金率、汇率等工具的使用逐步增加,货币政策实现了从直接控制信贷规模向以利率等工具进行间接调节的渐进性转变。

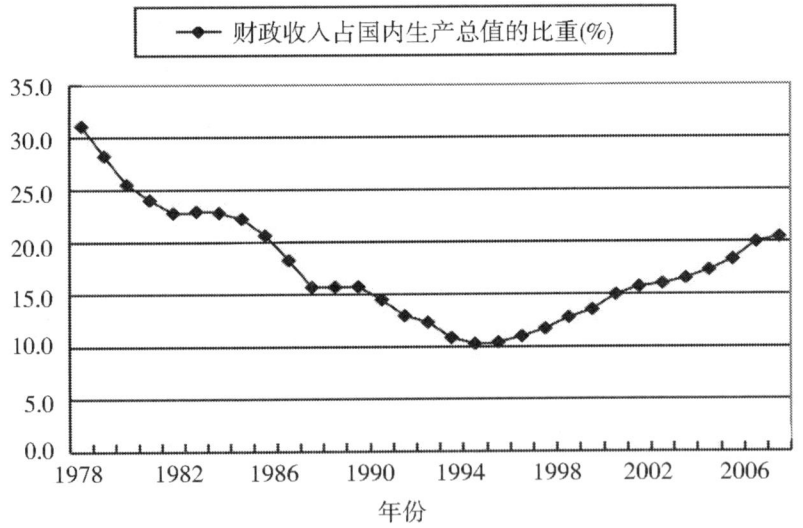

图5-1 1978—2008年财政收入国内生产总值的比重
资料来源:根据表5-1中数据计算所得。

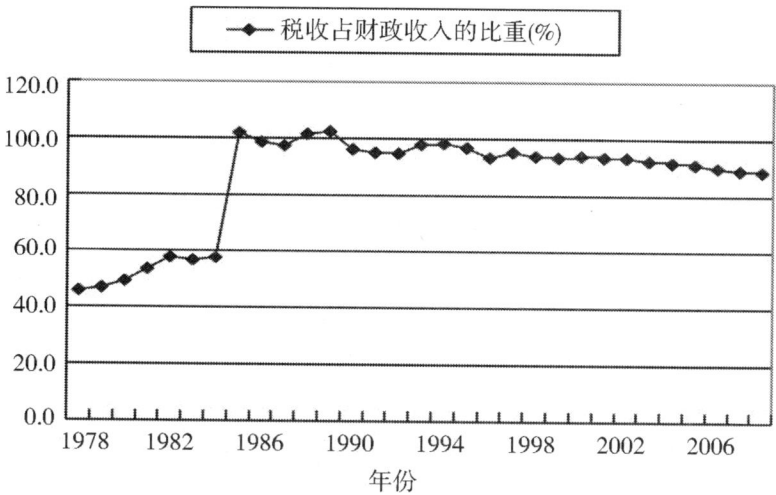

图 5-2 1978—2008 年各项税收占财政收入比重

资料来源:同表 5-1。

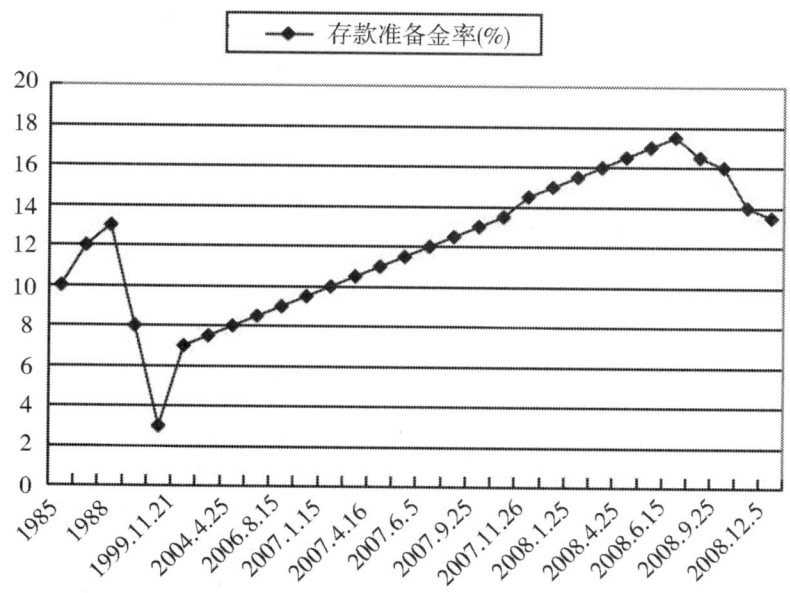

图 5-3 1985—2008 年存款准备金率变动情况

资料来源:1985—2007 年数据来源于存款准备金率历次调整一览[EB/OL].2007—2008 年数据来源于中国人民银行.人民币存款准备金[EB/OL].

在预防性局部间接微调型宏观调控模式下,在计划手段方面,随着计划经济体制的彻底解体,计划转变为指导经济发展的长远规划,区域政策、产业政策等取代指导性计划来指导经济运行,法律政策取代指令性计划来规范经济主体的行为;在财政手段方面,手段多样化、分工明确化。税收政策被用于调整产业结构、缩小收入差距等,转移支付主要是对国民收入进行再分配、支持落后产业和企业的发展;在金融手段方面,多种工具组合使用。金融货币手段的使用大幅度增加,利率、法定存款准备金率、公开市场操作等间接的货币政策工具,被频繁地用来调节货币投放、贷款规模(见图5-3、表5-4、表5-5)。同时,在使用金融货币手段时,与产业政策、财政政策、区域政策等保持了较好的协同合作关系。

表 5-4 1990—2008 年全国金融机构法定存款利率

单位:年利率%

日期	活期	定期					
		3个月	6个月	1年	2年	3年	5年
1990.4.15	2.88	6.30	7.74	10.08	10.98	11.88	13.68
1990.8.21	2.16	4.32	6.48	8.64	9.36	10.08	11.52
1991.4.21	1.80	3.24	5.40	7.56	7.92	8.28	9.00
1993.5.15	2.16	4.86	7.20	9.18	9.90	10.80	12.06
1993.7.11	3.15	6.66	9.00	10.98	11.70	12.24	13.86
1996.5.1	2.97	4.86	7.20	9.18	9.90	10.80	12.06
1996.8.23	1.98	3.33	5.40	7.47	7.92	8.28	9.00
1997.10.23	1.71	2.88	4.14	5.67	5.94	6.21	6.66
1998.3.25	1.71	2.88	4.14	5.22	5.58	6.21	6.66
1998.7.1	1.44	2.79	3.96	4.77	4.86	4.95	5.22
1998.12.7	1.44	2.79	3.33	3.78	3.96	4.14	4.50
1999.6.10	0.99	1.98	2.16	2.25	2.43	2.70	2.88
2002.2.21	0.72	1.71	1.89	1.98	2.25	2.52	2.79
2004.10.29	0.72	1.71	2.07	2.25	2.70	3.24	3.60

续表

日期	活期	定期					
		3个月	6个月	1年	2年	3年	5年
2006.8.19	0.72	1.80	2.25	2.52	3.06	3.69	4.14
2007.3.18	0.72	1.98	2.43	2.79	3.33	3.96	4.41
2007.5.19	0.72	2.07	2.61	3.06	3.69	4.41	4.95
2007.7.21	0.81	2.34	2.88	3.33	3.96	4.68	5.22
2007.8.22	0.81	2.61	3.15	3.60	4.23	4.95	5.49
2007.9.15	0.81	2.88	3.42	3.87	4.50	5.22	5.76
2007.12.21	0.72	3.33	3.78	4.14	4.68	5.40	5.85
2008.10.9	0.72	3.15	3.51	3.87	4.41	5.13	5.58
2008.10.30	0.72	2.88	3.24	3.60	4.14	4.77	5.13
2008.11.27	0.36	1.98	2.25	2.52	3.06	3.60	3.87
2008.12.23	0.36	1.71	1.98	2.25	2.79	3.33	3.60

资料来源:1990—2004年数据来源于国家统计局国民经济综合统计司.新中国五十五年统计资料汇编[M].北京:中国统计出版社,2005:74.2005—2008年数据来源于中国人民银行.利率政策[EB/OL].

表5-5　1991—2008年全国金融机构法定贷款利率

单位:年利率%

日期	短期贷款			中长期贷		
	6个月	1年	1年以内（含1年）	1~3年（含3年）	3~5年（含5年）	5年以上
1991.4.21	8.10	8.64	8.46	9.00	9.54	9.72
1993.5.15	8.82	9.36	9.18	10.80	12.06	12.24
1993.7.11	9.00	10.98	10.98	12.24	13.86	14.04
1995.1.1	9.00	10.98	11.70	12.96	14.58	14.76
1995.7.1	10.08	12.06	12.24	13.50	15.12	15.30

续表

日期	短期贷款			中长期贷		
	6个月	1年	1年以内（含1年）	1~3年（含3年）	3~5年（含5年）	5年以上
1996.5.1	9.72	10.98	11.52	13.14	14.94	15.12
1996.8.23	9.18	10.08	10.08	10.98	11.70	12.42
1997.10.23	7.65	8.64	8.64	9.36	9.90	10.53
1998.3.25	7.02	7.92	7.92	9.00	9.72	10.35
1998.7.1	6.57	6.93	6.93	7.11	7.65	8.01
1998.12.7	6.12	6.39	6.12~6.39	6.66	7.20	7.56
1999.6.10	5.58	5.85	5.58~5.85	5.94	6.03	6.21
2002.2.21	5.04	5.31	—	5.49	5.58	5.76
2004.10.29	5.22	5.58		5.76	5.85	6.12
2006.8.19	5.58	6.12		6.30	6.48	6.84
2007.3.18	5.67	6.39	—	6.57	6.75	7.11
2007.5.19	5.85	6.57	—	6.75	6.93	7.20
2007.7.21	6.03	6.84	—	7.02	7.20	7.38
2007.8.22	6.21	7.02	—	7.20	7.38	7.56
2007.9.15	6.48	7.29	—	7.47	7.65	7.83
2007.12.21	6.57	7.47	—	7.56	7.74	7.83
2008.9.16	6.21	7.20	—	7.29	7.56	7.74
2008.10.9	6.12	6.93	—	7.02	7.29	7.47
2008.10.30	6.03	6.66	—	6.75	7.02	7.20
2008.11.27	5.04	5.58	—	5.67	5.94	6.12
2008.12.23	4.86	5.31	—	5.40	5.76	5.94

资料来源:1991—2004年数据来源于国家统计局国民经济综合统计司.新中国五十五年统计资料汇编[M].北京:中国统计出版社,2005:74.2005—2008年数据来源于中国人民银行.利率政策[EB/OL].

总的来看,宏观调控目标从相机抉择目标,逐步转变到统一、长远、宏观的目标;计划经济体制下的宏观调控体系逐步解体,市场经济体制下间接的宏观调控体系初步建立;宏观调控手段从对微观经济主体的直接控制,逐步转变到对宏观经济总量的间接调节,实现了由"控"到"调"的渐进性转变。但是,宏观调控模式、手段、体系等方面的转变并未消除宏观经济运行中"一放就热、一收就冷"的现象,进一步消除这一现象是中国能否继续保持快速发展的关键,是增强宏观调控效果的关键,是中国能否在国际市场上保持当前经济地位的关键。因此,笔者将在下一章对这一现象进行深入的历史考察。

第六章　宏观经济运行中"一放就热，一收就冷"现象的历史考察

通过对1978—2008年间历次宏观调控原因、过程等的具体分析，可以发现改革开放30年，中国的宏观经济运行中一直存在一个现象。即"一放就热、一热就收、一收就冷、一冷就放"，也可称为"一放就热、一收就冷"。这一现象在1992年以前一直是社会各界谈论的热点，随着1996年、1997年中国经济成功实现"软着陆"，决策层、学术界中大多数人都认为这一现象已经逐步消除了。但是，以历史的角度去审视改革开放30年来的宏观经济运行情况，对历次宏观调控进行更深入的分析，可以发现这一现象依然存在，只是现象的表现形式发生了变化。

第一节　"一放就热、一收就冷"现象的界定

一、现象的存在

"一放就热、一收就冷"这一现象并不是改革开放之后才出现的。1949年中华人民共和国成立以后，随着高度集中的计划经济体制的确立，这一现象就开始出现。在改革开放之前30年的时间里，它是一直存在的。改革开放后的前30年，这一现象也是一直存在的。

为了便于分析比较这一现象的内涵、基础和原因，根据改革开放的进展和经济运行情况，也可以将1978—2008年大体分为两个时期。一是1978—1991年，这一时期对经济体制的改革是修补和完善计划经济体制为目标，改革的主要思路是通过放权让利来调动地方和企业的积极性，从而增强经济活力，实现国民经济的快速发展。二是1992—2008年，这一时期对经济体制的改革主要是以建立社会主义市场经济体制为目标，前期侧重于计划经济体制向市场经济体制的转

轨,后期侧重于市场经济体制的健全。

1978—1991年间,中央在进行经济体制改革的过程中,伴随着对地方和企业的放权,国民经济出现了三次过热。在每一次经济出现过热以后,中央都采取了以收权为主要内容的紧缩性宏观调控措施,经济过热很快得到了抑制,但国民经济也都出现不同程度的过冷。在这一时期,宏观经济运行中存在着较为明显的"一放就热、一收就冷"的现象。

1992—2008年间,在建立市场经济体制和进一步健全市场经济体制的过程中,国民经济出现两次过热和一次过冷。1989—1991年的治理整顿结束后,中央放松了对经济的控制,继续进行放权的改革,1992年下半年国民经济又出现过热的趋势,1993年下半年中央又开始了以收权为主要特征的宏观调控。在这次宏观调控中,中央注重了经济手段的运用,收权的力度和范围也都有一定程度控制,国民经济并没有马上出现过冷。在紧缩性宏观调控措施和国际经济环境的双重影响下,1998年国民经济出现过冷。1998年开始,一方面,中央加快了经济体制改革的进程,对国有企业、居民住房、教育等更多的行业进行深入的改革,在更大范围上放松了对经济的控制,以创造新的消费增长点,刺激经济增长。另一方面,中央采取以间接调控为主的扩张性的宏观调控政策,给予地方和企业更多的优惠,以刺激企业进行投资和生产建设,带动经济增长。在改革和宏观调控的双重作用下,国民经济在2002年又出现一些过热的苗头。2003—2008年,针对国民经济出现的局部过热,中央开始新一次的紧缩性的宏观调控。这次宏观调控中,加强土地管理等行政措施属于直接收权,调整存款准备金率、窗口指导等属于间接收权。在宏观调控政策的作用下,国民经济在2008年下半年出现偏冷的现象。所以,1992—2008年间,宏观经济运行中仍然存在着"一放就热、一收就冷"的现象,只是这一现象表现比较隐蔽,波长变长,波动幅度变小。

二、现象的内涵

表面上看,"一放就热、一收就冷"的现象是对宏观经济运行情况的一种描述,实际上其内涵非常丰富。

(1)它反映了中国政府在指导经济运行时的一个总体思路。改革开放以前,中国实行的是高度集中的计划经济体制。计划经济体制最大的弊端就是权力高度集中,经济中的各微观主体没有生产积极性。为了调动地方和企业的积极性,搞活经济,中央多次对计划经济体制进行过改进,而这些改进都是从对地方和企业进行适度放权这方面来进行的。在资源配置方式未变的情况下,适度的放权虽在一定程度上可以搞活微观经济,但也使宏观经济出现不稳定;将权力收回后,宏观经济保持了稳定,微观经济则失去了活力。改革开放之前,中央政府在指导经济运行时一直在放权与收权之间徘徊,对于宏观稳定和微观搞活更偏向于前者。改革开放以后,在调动地方和企业生产积极性上,仍延续了之前放权的这个思想。十一届三中全会冲破了长期以来"左倾"思想的禁锢,解放了人们的思想,在对计划经济体制进行修补和改造时,敢于突破和创新。虽然还在放权和收权之间交替,但对于宏观稳定和微观搞活则更偏重于后者。也正是因为改革开放之后,中央对于宏观稳定和微观搞活两者之间侧重点的转移,才使经济运行情况和改革开放之前相比发生了巨大的变化,也使"一放就热、一收就冷"现象的表现形式发生变化。

(2)它是国民经济中众多失衡问题的一个总体描述。在判断经济出现过热或过冷时,不是只看GDP增长速度,而是要对经济中各个主体的状况都进行考察,综合分析后才能判断经济处于何种状态。在经济运行中不可避免地会出现各种各样的问题,这些问题表面上看起来似乎没有什么联系,都发生在各自的领域。但实际上它们之间相互影响、相互制约,共同反映了一种经济状态,即经济处于过热,或经济处于过冷。当经济出现过热时,投资和消费可能都出现膨胀,商品和货币的流通速度可能都在加快,物价也会处于上升阶段。而当经济出现过冷时,投资和消费都会萎缩,商品销售滞缓,货币流通速度放慢,物价也开始下滑,经济中弥漫着萧条的气氛。所以,"一放就热、一收就冷"是对国民经济中各种问题的一个总体描述。

(3)它是对中国宏观调控模式历史演变的一个总体反映。本书第四章已经详细分析了1978—2008年中国宏观调控模式的历史演变,得出宏观调控方式经历了由"控"到"调"的渐进性转变,宏观调控体系经历了由直接控制体系到间接调节体系的渐进性转变等结论。而"一放就热、一收就冷"现象中,"放"不仅代表中央政府权力上的下放,也代表放松对经济的直接控制,增加政府支出鼓励消费,创造宽松的政策环境,由市场来自发地调节经济的运行;"收"不仅代表中央政府回收部分管理权限,增加对经济的直接控制,也代表增强对经济的间接调节,加大税收、紧缩银根,对经济进行干预和约束。这一现象在1978—2008年间以两种不同的表现形式,形象反映了中国宏观调控目标、体系、手段、方法等的历史变迁。

(4)它是对引发经济失衡的众多原因和矛盾的一个总体概括。一方面,每次国民经济出现失衡都和当时的经济环境和经济背景密不可分,是当时经济中各种力量相互作用的结果,是当时经济中存在的各种矛盾共同作用的结果。寻找经济失衡的根源,必须把它放到当时的经济环境和经济背景中进行分析。所以,尽管有时经济失衡的表现是相似的,但导致其产生的原因是不同的。另一方面,世界上任何事物的发展、变化都是在长期的历史过程中逐步发生的,经济失衡有它的现实原因,也必然有它的历史原因。而不管是众多的现实原因也好,还是不同的历史原因,其中必然有一种在起主导性作用。"一放就热、一收就冷"这种表述,是将经济失衡的原因归结到对微观主体及宏观总量的"放"和"收"上。在中国改革开放的特殊进程中,中央政府对微观主体及宏观总量的"放"和"收"是对经济运行起主导性作用的,所以这一现象是对引发经济失衡的众多原因和矛盾的一个总体概括。

三、表现形式

1978—2008年间,"一放就热、一收就冷"这一现象的存在是以两种形式表现出来的。由图6-1可知,准确地说,第一种形式出现于1993年之前,"一放就热、一收就冷"的现象是非常明显的,"放"和"收"之间经济波动幅度较大。第二种形式出现于1993年之后,"一放就热、一收就冷"的现象是较为隐蔽的,"放"和"收"之间经济波动幅度较小。

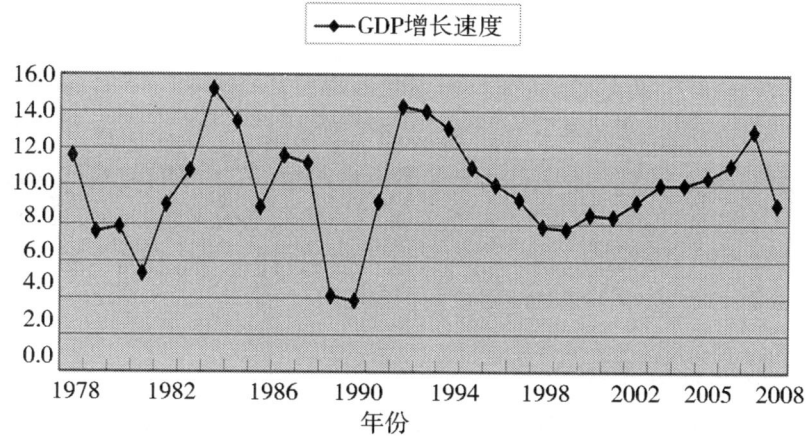

图6-1　1978—2008年中国GDP增长率

资料来源:国家统计局.中国统计年鉴:2009[DB/OL].2009.

1993年以前,"一放就热、一收就冷"这一现象是在计划经济体制为主导的经济体制下存在的。这时是改革的初步阶段,经济中总需求大于总供给的缺口是比较大的,基本上是属于卖方市场,中央对地方的权力下放和放松管制也是较为明显和频繁的。因此,中央一进行权力下放和放松管制,经济就会很快出现过热。当国民经济出现问题时,中央进行宏观调控也多是采取传统的计划行政手段来进行直接控制,这种宏观调控手段的主要特征就是见效快,调控力度较大,有"一刀切"的弊端。因此,中央一进行权力回收,经济就很快出现过冷。因此,就出现了一种波长较短、波幅较大的现象。

1993年以后,"一放就热、一收就冷"这一现象是在建立市场经济体制和健全市场经济体制的背景下存在的。这时改革已进入了深化阶段,经济中供求力量从基本平衡逐步转变到供过于求,出现买方市场,中央对地方的权力下放和放松管制也不如1993年以前那么明显和频繁。因此,中央进行权力下放和放松管制后,对经济的刺激作用较小,国民经济出现过热所需要的时间较长。当经济出现问题时,中央更多地采取间接的经济手段进行宏观调控,通过总量调节使市场自发地配置资源。这种调控方式属于间接收权,对微观主体的控制力度较小,且从政策出台到发挥作用有一定的时滞,见效较慢。因此,中央进行宏观调控时,经济不会马上出现过冷。由此,就出现了一种波长较长、波幅较小的现象。

第二节 "一放就热、一收就冷"现象的宏观分析

"一放就热、一收就冷"现象是对宏观经济运行情况的一个总体描述。从经济运行的角度来看,它反映了经济的周期性波动情况。中国改革开放30年,经济的周期性波动不仅仅是经济中的内部因素所致,更主要的是外部因素作用的结果。从宏观调控的角度来看,它是宏观调控的长期效果的一种反映,也是宏观调控体系、手段、内容和方法的一种反映。也正是拥有了这种特殊的宏观调控基础,才使"一放就热、一收就冷"现象得以存在。

一、宏观经济基础

"一放就热、一收就冷"现象是对经济运行情况的总体描述,这种描述说明在国民经济中存在周期性的波动。在经济学理论中,经济周期是指经济活动沿着经济发展的总体趋势所经历的有规律的扩张和收缩。改革开放30年,国民经济经历了多次的扩张和收缩。根据国内生产总值增长率的波动情况,1978—1984年、1984—1988年、1988—1992年和1992—2007年,国民经济都分别经历了收缩和扩张两个阶段(见图6-1)。经济周期性波动存在的原因,是"一放就热、一收就冷"现象的宏观经济基础。

第六章　宏观经济运行中"一放就热,一收就冷"现象的历史考察

(一)经济周期性波动的内部因素

经济运行为什么会出现周期性的波动,西方经济学家们做出了种种不同的说明和解释。美国经济学家萨缪尔森提出的乘数—加速数模型,是从经济体系内部来寻找原因的,是接受程度较高的一种解释。

乘数—加速数模型的具体内容是指,在整个社会经济运行过程中,消费、投资和国民收入是相互影响的。如果政府不干预经济的运行,只靠市场自发地调节经济的运行,那么,乘数和加速数相互作用的结果,就会形成经济周期。其中,投资是引起经济周期的主导因素。投资增加在乘数作用下使产量大量增加,产量的大量增加又在加速数的作用下使投资大量增加,这样,经济就会出现繁荣。但是,产量增加到一定水平后,由于受到社会需求与资源的限制,这时加速数的作用就会使投资减少,投资的减少又会由于乘数的作用使产量继续减少,这两者的共同作用使经济进入萧条。萧条持续一定时期后由于产量回升又使投资增加、产量再增加,从而经济又进入另一次繁荣。正是由于乘数与加速原理的共同作用,经济中就形成了由繁荣到萧条,又由萧条到繁荣的周期性运动。

这个模型说明,在没有外部因素作用的情况下,经济运行会自发地出现周期性的波动。要想尽量消除这种周期性的波动,可以通过宏观调控来干预经济,以尽量减轻经济的周期性波动。这个理论是对西方国家的市场经济体制下经济波动的解释。但是,计划经济体制下同样存在投资和消费,投资和消费同样是拉动经济增长的重要因素,投资的乘数作用和加速数作用也同样存在。1978—2008年间,当投资增长率较高,并处于上升趋势时,国内生产总值的增长率也处于上升阶段;当投资增长率较低,并处于下降趋势时,国内生产总值的增长率也处于下降阶段(见图6-2)。所以,改革开放30年,经济运行的周期性波动在一定程度上是由内部因素所致。

(二)经济周期性波动的外部因素

经济的周期性波动,内部因素固然起了重要的作用,但在中国特殊的国情下,这种周期性波动更主要是由外部因素所致,也即中央的历次宏观调控。

改革开放之前,中国实行的是计划经济体制,其弊端是使经济运行缺乏活力。所以,1978年开始的改革开放,是以增强经济活力为出发点,以逐步下放经济管理权限来实现的,并走出了一条极具特色的渐进性的改革开放道路。

体制转轨局部推进阶段,中央分别在1979—1981年、1985—1986年和1989—1991年进行过三次紧缩性的宏观调控,通过回收权力、压缩投资、紧缩银根来治理经济过热,投资的减少更主要是由中央强制性压缩下来的。国民经济在紧缩性措施开始实施后的很短时间内就出现过冷,1981年、1989年和1990

年,国内生产总值增长率都处于经济周期中波谷的位置(见图6-2)。在宏观调控基本结束后,权力下放、增加投资、放松银根等推动经济发展的措施又继续采用,投资的增加在一定程度上也是政策作用的结果。国民经济很快再次出现过热,1982年、1984年、1987年和1988年,国内生产总值增长率都接近或位于经济周期中波峰的位置(见图6-2)。

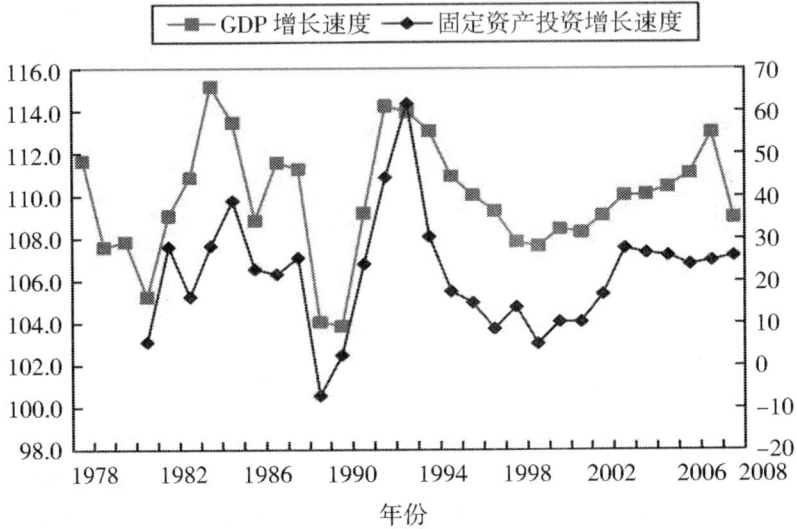

图6-2　1978—2007年中国GDP增长率和固定资产投资增长率

资料来源:GDP增长率来源于国家统计局.中国统计年鉴:2009[DB/OL].2009.固定资产投资增长率1981—2000年数据来源于国家统计局固定资产投资统计司.中国固定资产投资统计数典:1950—2000[M].北京:中国统计出版社,2002:15.固定资产投资增长率2001—2007年数据来源于国家统计局.中国统计年鉴:2009[DB/OL].2009.增长率按相关数据计算得到。

体制转轨全面推进和市场经济体制初步完善阶段,中央分别在1993—1996年、2003—2008年进行过两次紧缩性的宏观调控,通过收权、间接的紧缩银根等手段来调控经济,国民经济在紧缩性措施开始实施较长时间后出现过冷。1997年、2008年国内生产总值接近或位于波谷的位置。1998—2002年中央进行了一次扩张性的宏观调控,通过进一步的放权、间接的放松银根和创造宽松的经济环境来刺激经济增长,国民经济在2002年底和2003年初出现过热现象。

改革开放30年,经济的周期性波动和中央所进行的六次宏观调控在时间上基本上是保持一致的,这说明中央政府采取的宏观调控是导致经济周期性波动的外部因素,而且这种外部因素所起的作用是比较大的。

二、宏观调控基础

(一)波长短、波幅大的现象的宏观调控基础

1978—1991年,改革一直是以对农民、企业、地方等微观经济主体放权让利和给予优惠政策来展开的,微观经济主体的经济环境较为宽松。"放"主要是指直接的权力下放,直接给予微观经济主体一定的经营权力、决策权力,缩小指令性计划控制的范围。在供求矛盾十分突出的情况下,宏观经济管理体制和微观经济主体的自我约束体制的建立却较为滞后。微观经济主体获得了一定的权力,却没有相应的机制来约束其经济行为,微观经济主体也不用为经济决策负责,这种权力下放很容易导致国民经济出现过热和混乱。因此,"放"和"热"之间的时期间隔非常短,"一放就热"的现象一再出现。

如前所述,1978—1991年间,传统的宏观调控体系开始逐步解体,而新的宏观调控体系并未及时建立。可以说这一时期,宏观调控体系存在着缺陷。一方面,传统的宏观调控体系已不完整,调控效力逐步下降,指令性计划对经济的作用范围逐步缩小;另一方面,新的宏观调控体系还处于设想阶段,税收、利率等经济手段所起的作用还很微弱。因此,国民经济出现过热时,只能通过权力回收、下达行政命令等措施来直接控制微观经济主体。这种调控方法见效快,作用力强,具有"急刹车""一刀切"的特征,国民经济在降温的同时也失去活力,"收"和"冷"之间的时间间隔非常短,一再出现"一收就冷"的现象。

在整个体制转轨局部推进阶段,改革开放都是以放权为主要思路,宏观调控都是以行政命令为主要调控手段,从而经济运行和宏观调控中一再出现波长短、波幅大的"一放就热、一收就冷"现象。

(二)波长长、波幅小的现象的宏观调控基础

1992—2008年,随着1992年将改革目标确立为建立社会主义市场经济体制后,经济体制改革进入一个新的历史阶段。改革不再局限于对计划经济体制的修修补补,不再侧重于对地方和企业的放权让利。改革开始全面构建社会主义市场经济体制,建立新的宏观调控体系,建立现代企业制度,通过制度建设赋予微观经济主体真正的生命力。这一时期,新的宏观调控体系虽然逐步建立,但还不完善。

1992年下半年到1993年上半年,由于刚刚经历了三年治理整顿,改革的目标也刚刚确立,国民经济中出现的过热仍主要是体制转轨局部推进阶段的"放"所引致的。1993年开始的宏观调控,行政手段仍大量运用,但其力度、作用范围、具体内容和体制转轨局部推进阶段的宏观调控相比都发生了较大的转变。

同时,中央也增加了间接性经济手段的运用。因此,"收"和"冷"之间的时间间隔明显拉长。

1998年开始扩张性宏观调控,此时的"放"不只是直接的权力下放,更多的是给予微观经济主体宽松的经济环境,使其可以充分利用政策上、资金上的优惠来快速发展。但是,由于新的宏观调控体系还不完善,间接手段的传导机制还不畅通,宏观调控在1998年、1999年效果不明显,国民经济在2000年才走出低谷。同时,为了使国民经济尽快走出低谷,中央加大了宏观调控力度,且在宏观调控中过于注重刺激经济增长,对经济结构调控和发展方式的转变有所忽视,国民经济在2002年出现一些过热的苗头。

2003—2008年,新的宏观调控体系已基本建立,中央基本上通过间接的经济手段来调节经济。其中,2003—2005年只是对经济中的局部进行微调,所以经济并没有马上出现过冷,真正的整体紧缩性调控是从2006年下半年开始的。但是,由于宏观调控体系依然不完善,货币政策的传导机制还不是很畅通,对不同微观经济主体的作用力也存在较大差异,货币政策还不能有效地发挥作用。所以,2006年下半年到2007年上半年的宏观调控政策没有产生明显的效果,经济过热趋势加剧。在此情况下,尽管国际经济形势已经发生转变,迫于国内经济形势的压力,以及中央对开放条件下国际经济对国内经济的影响力估计不足,中央于2007年下半年到2008年上半年进一步增强了紧缩力度。紧缩力度之大和政策出台频率之快都是历史上少有的,货币政策也未针对各行业发展情况的不同做出区别对待。2007年下半年开始,本就偏冷的行业经营更加困难,许多中小企业因融资问题而大量破产,2008年下半年国民经济开始转向偏冷。

在体制转轨全面推进和市场经济体制初步完善阶段,改革方式和宏观调控手段实现了根本性的转变,"一放就热,一收就冷"这一现象出现的频率和波动的幅度都大大缩小。但宏观调控体系的不完善,使间接的宏观调控手段不能有效发挥作用,经济运行和宏观调控中"一放就热、一收就冷"现象由于较为隐蔽,反而影响了宏观调控政策的出台。

第三节 "一放就热、一收就冷"现象的微观分析

如前所述,"一放就热、一收就冷"现象是对宏观经济运行情况的一个总体描述,但它并不仅仅只是一种宏观现象。在中国经济的微观领域中,也存在着一些现象、一些矛盾,正是微观经济中存在的这些现象和矛盾,使宏观经济一再出

现"一放就热,一收就冷"现象,影响了宏观调控的效果,影响了国民经济的正常运转,影响了中国经济持续、健康、稳定的发展。

一、固定资产投资的"膨胀—收缩"

投资变动对于国内生产总值的变动是有乘数作用的。也就是说,投资增加会引起国内生产总值成倍地增加,投资减少会引起国内生产总值成倍的减少。"一放就热、一收就冷"现象存在与否,是以国内生产总值增长速度的变动为初步依据的。既然投资对国内生产总值有乘数作用,那么从理论上来讲,投资的变动情况就可能是这一现象的微观基础之一。

在中国改革开放30年的过程中,中国的经济实现了突飞猛进的发展。投资、消费和出口作为拉动经济增长的三驾马车,都发挥了重要的作用。由于消费对经济增长的贡献相对来说比较稳定,所以投资对经济增长的作用就显得更为突出。1978—2008年间,1978年、1984年、1985年、1987年、1988年、1993年、1994年、1995年、2003—2007年这些年是中国经济增长速度相对来说比较高的(见图6-2)。其中,除了1984年、1987年消费对国内生产总值的贡献率和拉动远远高于投资之外,其他大多数年份投资都占据了拉动国内生产总值增长的主导作用,个别年份和消费的拉动作用持平(见表6-1);1981年、1986年、1989年、1990年、1998年、1999年、2000年国民经济的增长速度处于低谷,主要原因是因为投资对国内生产总值的贡献率和拉动大幅下降所致。和经济高速增长年份相比,投资的贡献率和拉动作用差距非常明显,1981年投资的贡献率和拉动分别由1978年的66.0%和7.7个百分点下降到-4.3%和-0.2个百分点,1986年投资的贡献率和拉动分别由1985年的80.9%和10.9个百分点下降到23.2%和2.0个百分点(见表6-1)。由此可知,投资是国民经济出现过热和过冷的重要因素之一。

表6-1 1978—2008年三大需求对国内生产总值增长的贡献率和拉动

年份	最终消费支出		资本形成总额		货物和服务净出口	
	贡献率(%)	拉动(百分点)	贡献率(%)	拉动(百分点)	贡献率(%)	拉动(百分点)
1978	39.4	4.6	66.0	7.7	-5.4	-0.6
1979	87.3	6.6	15.4	1.2	-2.7	-0.2
1980	71.8	5.6	26.5	2.1	1.8	0.1
1981	93.4	4.9	-4.3	-0.2	10.9	0.5

续表

年份	最终消费支出		资本形成总额		货物和服务净出口	
	贡献率(%)	拉动(百分点)	贡献率(%)	拉动(百分点)	贡献率(%)	拉动(百分点)
1982	64.7	5.9	23.8	2.2	11.5	1.0
1983	74.1	8.1	40.4	4.4	−14.5	−1.6
1984	69.3	10.5	40.5	6.2	−9.8	−1.5
1985	85.5	11.5	80.9	10.9	−66.4	−8.9
1986	45.0	4.0	23.2	2.0	31.8	2.8
1987	50.3	5.8	23.5	2.7	26.2	3.1
1988	49.6	5.6	39.4	4.5	11.0	1.2
1989	39.6	1.6	16.4	0.7	44.0	1.8
1990	47.8	1.8	1.8	0.1	50.4	1.9
1991	65.1	6.0	24.3	2.2	10.6	1.0
1992	72.5	10.3	34.2	4.9	−6.8	−1.0
1993	59.5	8.3	78.6	11.0	−38.1	−5.3
1994	30.2	4.0	43.8	5.7	26.0	3.4
1995	44.7	4.9	55.0	6.0	0.3	—
1996	60.1	6.0	34.3	3.4	5.6	0.6
1997	37.0	3.4	18.6	1.7	44.4	4.2
1998	57.1	4.4	26.4	2.1	16.5	1.3
1999	74.7	5.7	23.7	1.8	1.6	0.1
2000	65.1	5.5	22.4	1.9	12.5	1.0
2001	50.0	4.1	50.1	4.2	−0.1	—
2002	43.6	4.0	48.8	4.4	7.6	0.7
2003	35.3	3.5	63.7	6.4	1.0	0.1
2004	38.7	3.9	55.3	5.6	6.0	0.6
2005	38.2	4.0	37.7	3.9	24.1	2.5
2006	38.7	4.5	42.0	4.9	19.3	2.2

续表

年份	最终消费支出		资本形成总额		货物和服务净出口	
	贡献率（%）	拉动（百分点）	贡献率（%）	拉动（百分点）	贡献率（%）	拉动（百分点）
2007	40.6	5.3	39.7	5.1	19.7	2.6
2008	45.7	4.1	45.1	4.1	9.2	0.8

资料来源：国家统计局.中国统计年鉴：2009[DB/OL].2009.

资本形成总额指常住单位在一定时期内获得的减去处置的固定资产（如出售、易货、转移的固定资产）加存货的净变动额，包括固定资本形成总额和存货增加。固定资本形成总额指生产者在一定的时期内获得的固定资产减去处置的固定资产的价值总额。从图6-3和图6-4可知，在改革开放的这30年中，固定资产投资和基本建设投资的增长速度波动幅度较大，存在着较为明显的"膨胀—收缩—膨胀"的波动态势。在国内生产总值增长速度较快的年份，也即国民经济出现过热的年份里，固定资产投资都处于膨胀时期；在国内生产总值增长速度处于低谷的年份，也即国民经济出现过冷的年份里，固定资产投资都处于收缩时期（见图6-2）。这说明在固定资产投资领域，也存在着"一放就热、一收就冷"现象。

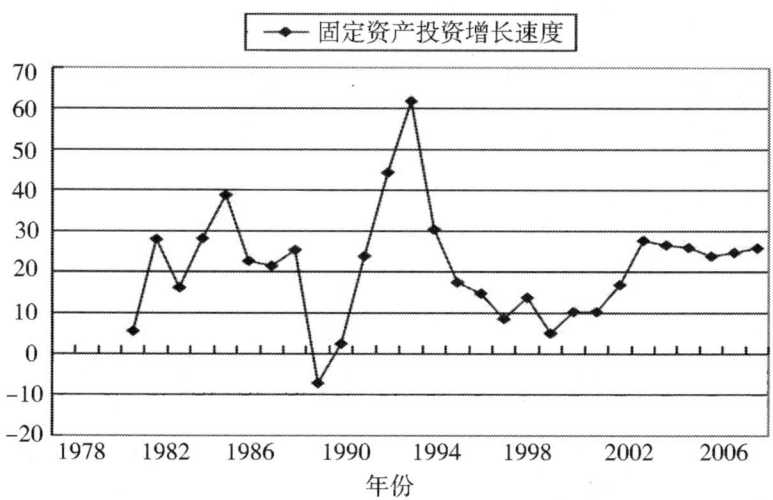

图6-3　1978—2008年全社会固定资产投资增长情况
资料来源：同图6-2。

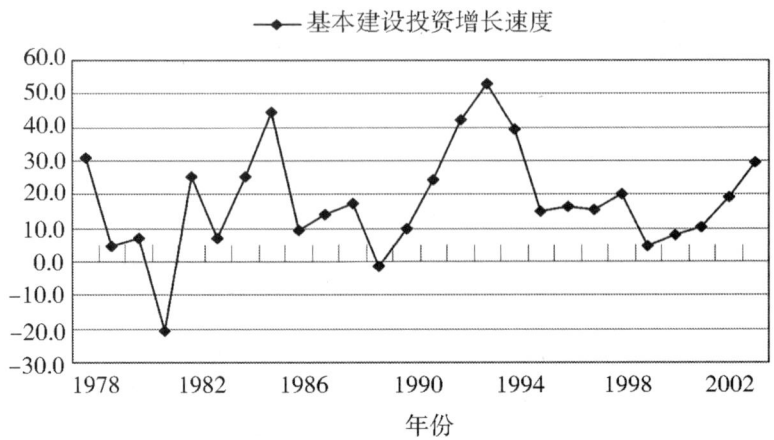

图 6-4　1978—2003 年基本建设投资增长情况

资料来源：1978—2000 年数据来源于国家统计局固定资产投资统计司.中国固定资产投资统计数典：1950—2000[M].北京：中国统计出版社,2002:87.2001—2003 年数据来源于国家统计局.中国统计年鉴：2004[M].北京：中国统计出版社,2004:193.

因此，从理论和实际上来看，在中国改革开放 30 年的过程中，固定资产投资的"膨胀—收缩—膨胀"现象是"一放就热，一收就冷"现象的一个微观基础。

二、国有工业的"扩张"和"收缩"

1978—2008 年间，国有工业总产值和国有经济固定资产投资的增长速度波动一直都比较大，国有工业固定资产投资增长速度的波动幅度是最大的。从图 6-5 分析，由三条线的整体走势来看，GDP 增长速度、国有工业总产值增长速度和国有经济固定资产投资增长速度三者的升降步伐基本上是一致的。

对图 6-5 进行分析可知，国民经济出现过热的 1978 年、1984 年、1985 年、1987 年、1988 年、1993 年、1994 年、1995 年、2003—2007 年，国有工业总产值增长速度也是处于波峰或接近波峰的位置。这些年份基本上都是结束了上一次的宏观调控，进行了一系列放权后出现的；国民经济出现偏冷的 1981 年、1986 年、1989 年、1990 年、1998 年、1999 年、2000 年，国有工业总产值增长速度也是处于波谷或接近波谷的位置，这些年份都是历次宏观调控结束前后的年份。

对图 6-5 进行分析可知，国有经济固定资产投资出现高速增长的 1982 年、1985 年、1988 年、1992 年、1993 年、1998 年、2003 年、2004 年，国有工业的增长速度也基本上都是处于波峰的位置，反之亦然。由此说明，国有工业的高速增长是由国有经济固定资产投资加快增长速度、扩大投资规模而实现的，是以盲目地扩大生产规模来实现的。国有工业的增长主要是依靠增加生产要素的投入,即增加投资、扩大厂房、增加劳动投入,来增加产量。这种外延型的增长方式,很容易受中央宏观调控政策的影响。当政策环境较为宽松时,资金的获得非常容易,企业就加大扩张的步伐,出现高速增长;当政策环境收紧时,资金变得非常紧张,阻碍了企业的扩张,出现生产上的下滑。这说明国有工业的生产中存在着"高涨"和"下滑"的交替过程,与中央的放权和收权基本上是同步的。

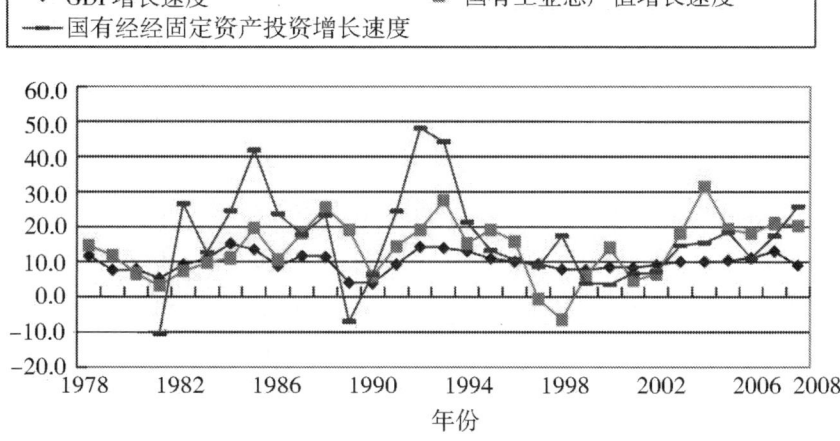

图 6-5　1978—2008 年 GDP 增速、国有工业总产值和固定资产投资增速

资料来源:GDP 增长率数据来源同图 6-1。1978—1999 年国有工业总产值增长率数据来源于国家统计局.中国统计年鉴:2000[M].北京:中国统计出版社,2000:409。2000—2008 年国有工业总产值数据来源于国家统计局.中国统计年鉴:2009[M/OL].2009.增长率根据总产值数据计算得到。1981—2000 年国有经济固定资产投资增长速度来源于国家统计局固定资产投资统计司.中国固定资产投资统计数典:1950—2000[M].北京:中国统计出版社,2002:15。2001—2005 年国有经济固定资产投资增长速度来源于国家统计局.中国统计年鉴:2006[M/OL].2006.2006—2008 年国有经济固定资产投资增长速度分别来源于国家统计局.中国统计年鉴:2007,2008,2009[M/OL].2007,2008,2009.

三、私营经济的生存问题

改革开放 30 年间,私营经济是中国经济快速发展的重要力量。私营经济是以产权私有、雇工劳动为基础的私有制经济。1978 年以前,私营经济在中国几乎是不存在的。改革开放 30 年,私营经济的发展可以简单划分为两个阶段。第一阶段:1978—1987 年,私营经济开始慢慢萌芽,发展极其缓慢;第二阶段:

1988—2007年,私营经济开始了快速发展的过程,为中国经济的发展做出了重要的贡献(见表6-2、图6-6、图6-7、图6-8)。

表6-2 1989—1998年私营经济的产值贡献

单位:亿元、%

年份	产值	增长率	GDP增长率	占GDP的比例	消费品零售额	增长率	社会消费品零售总额增长率	占总额的比例
1989	97	—	—	0.57	33.7	—	—	0.42
1990	122	25.8	9.7	0.66	43	26.5	2.5	0.52
1991	147	20.5	16.6	0.68	57.6	32.6	13.4	0.61
1992	205	39.5	23.2	0.77	90.7	59.6	16.8	0.83
1993	422	105.9	30.0	1.21	190.5	108.8	13.4	1.52
1994	1140	170.1	35.0	2.44	512.6	170.0	30.5	3.15
1995	2295	101.3	25.1	3.92	1006.4	96.1	26.8	4.88
1996	3227	40.6	16.1	4.75	1458.6	45.0	20.1	5.89
1997	3923	21.6	9.7	5.27	1854.7	27.1	10.2	6.80
1998	5853	49.2	6.6	7.37	3059.3	64.9	6.8	10.49

资料来源:胡家勇.中国私营经济:贡献与前景[J].管理世界,2000(5):41-48.

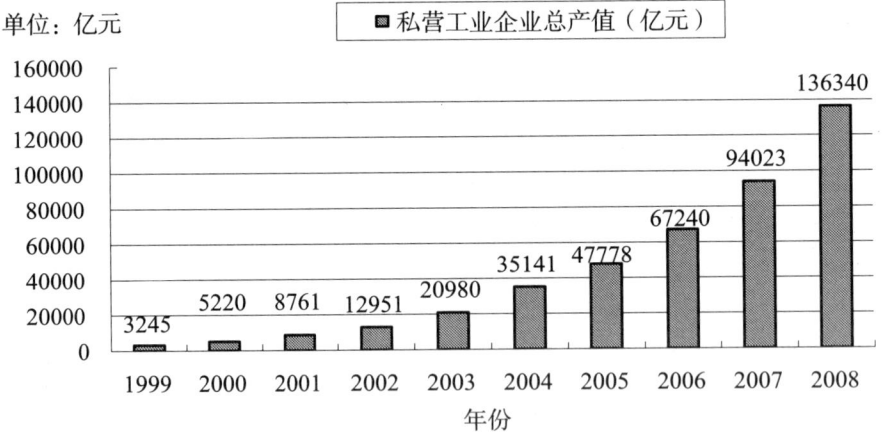

图6-6 1999—2008年私营工业企业总产值

资料来源:国家统计局.中国统计年鉴:2009[M/OL].2009.

第六章 宏观经济运行中"一放就热,一收就冷"现象的历史考察

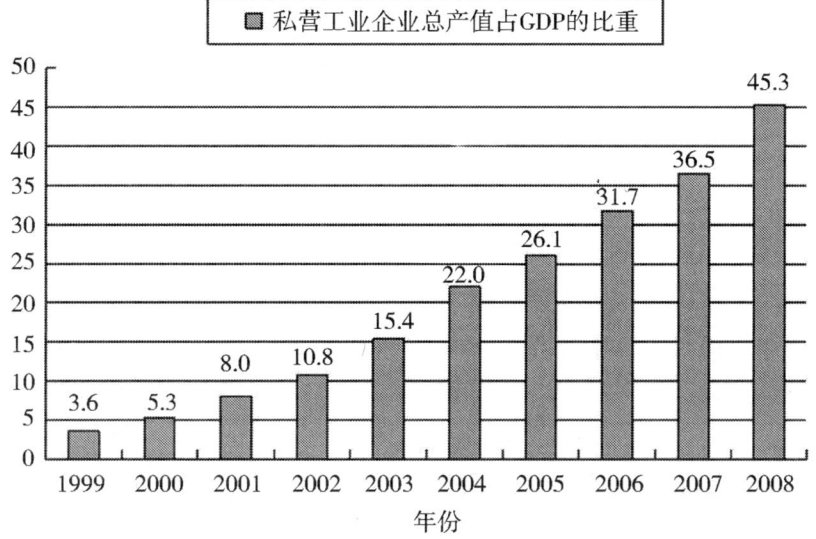

图6-7　1999—2008年私营工业企业总产值占GDP的比重

资料来源:同图6-6,私营工业企业总产值占GDP的比重根据相关数据计算得到。

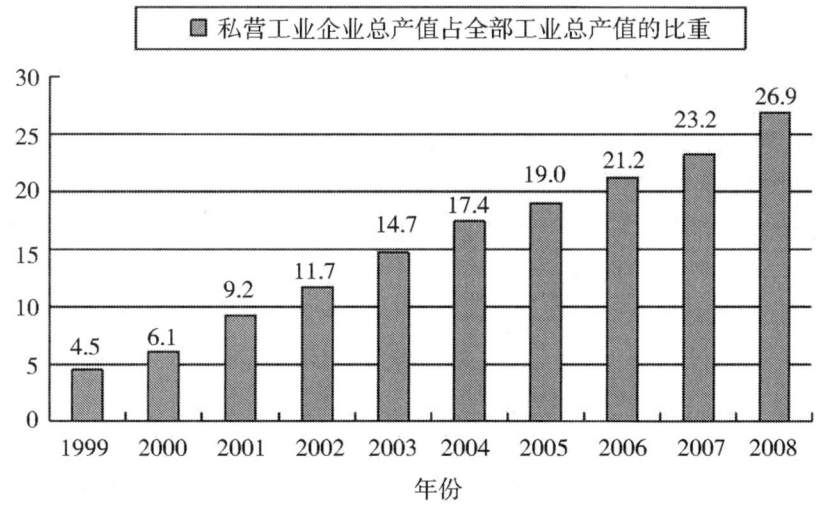

图6-8　1999—2008年私营工业企业总产值占全部工业总产值的比重

资料来源:国家统计局.中国统计年鉴:2009[M/OL].2009.根据相关数据计算得来。

在改革开放30年的过程中,私营经济也带来了一些消极的影响。由表6-2可知,1993年、1994年私营经济增长速度非常快,而这两年中国经济出现经济过

热和通货膨胀。在市场经济体制还很不健全的情况下,宽松的经济环境,使私营经济快速发展,并出现很多违规行为。"四高、四热、四紧和一乱"很大程度上是由于新发展起来的私营经济所导致的。在中央进行宏观调控以后,私营经济生存环境很快恶化,资金出现问题,增长速度又有大幅度的回落,很多中小企业经营困难,最终破产。随着市场经济体制的进一步完善,买方市场的出现和劳动力价格的提高,使以劳动密集型企业为主的私营经济面临的竞争越来越激烈。融资成本成为影响私营企业发展的重要因素,所以在中央进行紧缩性宏观调控时,很多企业因为融资成本上升而出现亏损,进一步出现经营困难,最后破产。私营经济这个中国微观经济中最具活力的经济体,在改革开放的过程中出现生存周期短的现象,私营企业"成立—快速发展—经营困难—破产—成立"的这种现象,是"一放就热、一收就冷"现象的微观基础之一。

四、中央和地方事权与财权不统一问题

计划经济体制下,权力高度集中在中央政府手中,中央通过政府机构层层下达生产计划,地方和企业根据上级下达的计划来安排生产,通过计划完成情况来对各级政府的工作进行考核,计划就成为必须完成的任务。在"赶英超美"的战略指导下,在计划几乎是配置资源的唯一手段的局限下,在中央制订的生产计划中很容易出现高指标,各级地方政府在具体操作中又将这些计划层层加码,地方和企业又都在拼命地超额完成任务。为了超额完成计划,各级政府就通过各种渠道向上级争资金,争材料,争能源,就逐步形成了地方向中央要权、要钱、要物资的传统。

计划经济体制的最大弊端就是权力过于集中,严重遏制了地方和企业的生产积极性,再加上中央和地方之间这种传统,使中央对计划经济体制的最初改革,就是通过对地方进行放权开始的。1979年7月,中共中央和国务院原则同意广东省、福建省提交的两个报告,决定对两省的对外经济活动实行特殊政策和灵活措施,以充分发挥两省的优越条件,扩大对外贸易。此外,在计划、物资供应、物价等方面,也实行新的经济体制和灵活措施。这说明,改革开放所给予地方的很多权力和优惠也是地方政府从中央要过来的。和对计划经济体制的改革经历了长期的过程一样,计划经济体制所遗留下来的这个传统,在改革开放的过程中也是长期存在的。由此,中央和地方之间事权与财权的分配成为改革的重要组成部分。

1994年以前,中央在进行经济体制改革时,对地方所进行的放权是从财政权力的下放开始的。主要有1980年的"划分收支、分级包干"的财政管理体制,

1985年的"划分税种、核定收支、分级包干"的财政管理体制,1988年开始的"财政大包干"的财政管理体制。这一系列的改革,使中央与地方的财权和事权关系发生了重大的变化。

由图6-9可知,1978年中央财政收入与地方财政收入在全部财政收入中所占的比重差距很大,但由于这时实行的仍是统收统支的财政体制,全部财政收入的支配权都在中央手中,地方只是按中央的指令来安排支出。可以说,地方只是中央下达指令的执行者,既没有审批投资等权力,也没有财政收入的支配权,事权和财权是统一的。1980年2月实行财政体制改革以后,这种情况就发生了变化。

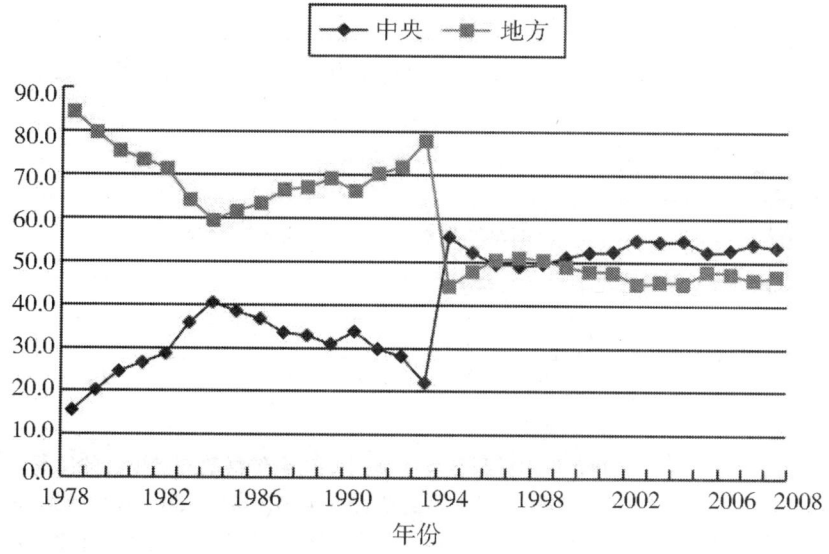

图6-9　1978—2008年中央财政与地方财政在全部财政收入中占的比重
资料来源:同图6-2。

对图6-9、图6-10和图6-11分析可知,1984年以前,中央财政收入占全部财政收入的比重虽然是上升的,但中央财政支出占全部财政支出的比重是远远大于中央财政收入占全部财政收入的比重的,这说明中央的财权和事权是不统一的;中央向地方下放了一定的权力,但地方财政收入占全部财政收入的比重反而是下降的。地方负责的事权和掌握的财权发生了矛盾,地方就要求进一步的改革财政体制。尽管中央的财权和事权与地方的财权与事权都是不统一的,但这时中央在改革方面更倾向于对地方进行放权。所以在地方的要求下,继续了对地方放权的改革。1985年以后,中央对财政体制进行了进一步改革,这时地方财政占全部财政收入的比重开始上升,中央财政占全部财政收入的比重开始下降。但从1985年开始,是中央进行以城市为主的全面经济体制改革的重要时期,改革需要中央有较强的财力做后盾;国民经济在1985年出现过热,经济秩序开始有些混乱,宏观调控需要中央有较强的财力做保证,中央的财政与事权出现严重的矛盾。因此,1989年开始的治理整顿,中央回收很多给地方的权力,比如投资项目审批决策权。同时,这种严重的不统一也促使中央开始思考对事权和财权进行新的划分。

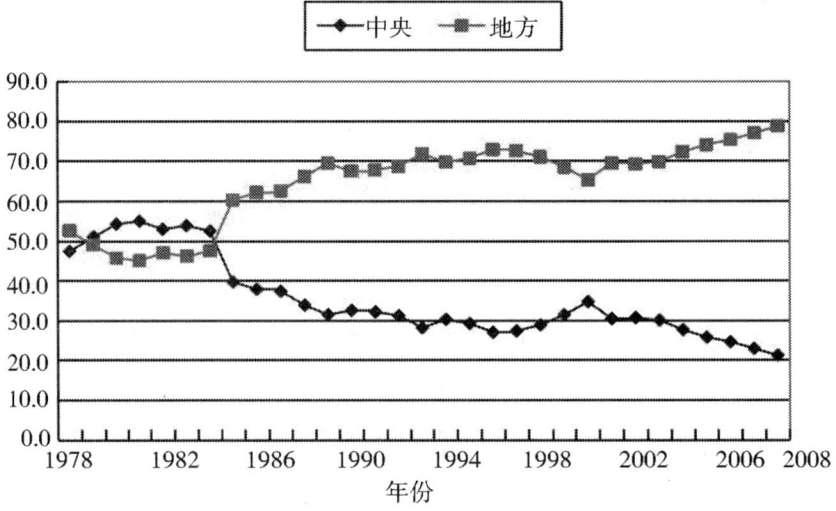

图6-10 1978—2008年中央财政与地方财政在全部财政支出中占的比重

资料来源:1978—1999年数据来源于国家统计局.中国统计年鉴:2000[M].北京:中国统计出版社,2000:268. 2000—2008年数据来源于国家统计局.中国统计年鉴:2009[M/OL].2009.

在经过了一段时间的探索和试点之后,1994年中央提出了以实行分税制为主要内容的新的财政管理体制。分税制对中央和地方的事权与财权以税种的形式进行了详细的划分。1994年之后,改革的目标转变为建立社会主义市场经济体制,改革的进程日益加快,地方所掌握的事权也迅速扩大。由图6-9、图6-10可知,中央财政收入和地方财政收入在全部财政收入中所占的比重虽然差别不大,但地方财政支出在全部财政支出中所占的比重却远远高于中央,而且呈现日益扩大的趋势。同时地方在全部财政收入中占的比重较小,但却要支付较大比重的财政支出(见图6-12)。这说明地方的事权与财权出现较为严重的矛盾,这种矛盾使地方向中央要权的做法就有了新的变化。对中央采取的各项推动经济

第六章 宏观经济运行中"一放就热,一收就冷"现象的历史考察

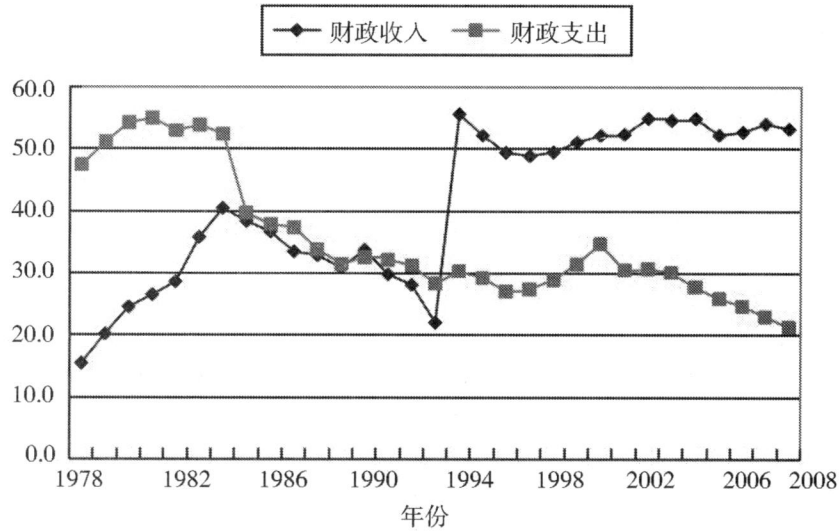

图 6-11　1978—2008 年中央财政在全国财政收入和财政支出中占的比重
资料来源:同图 6-2 和图 6-10。

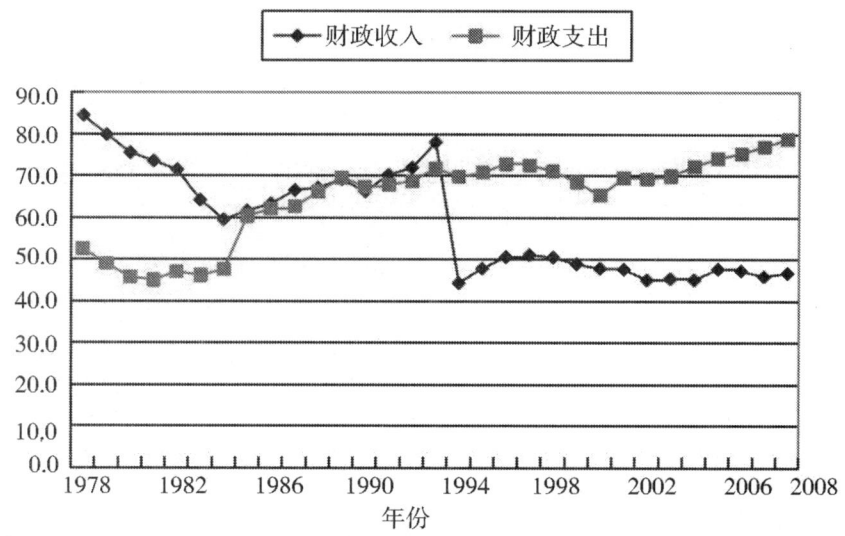

图 6-12　1978—2008 年地方财政在全国财政收入和财政支出中占的比重
资料来源:同图 6-2 和图 6-10。

增长的政策,以及各项宏观调控政策,地方以本地区利益为出发点,利用手中掌握的事权,制订出相应的对策。这种做法实际上是弱化了中央的宏观调控能力,使中央和地方出现权力上的博弈。

综上所述,1994年之前,中央和地方在事权与财权上的不统一,使中央和地方在放权和收权之间循环。1994年以后,中央和地方在事权与财权上的不统一,使中央和地方在权力上进行政策与对策间的博弈。这种现象也成为"一放就热、一收就冷"这一现象的一个微观基础。

第四节 "一放就热,一收就冷"现象的各微观基础长期存在的原因分析

"一放就热、一收就冷"现象是在计划经济体制下出现的。所以,很多人都把这一现象和计划经济体制等同起来,认为这一现象是计划经济体制的特有产物。但由于这一现象是由众多微观现象所共同构成的,这些微观构成有些在计划经济体制下是不存在的,所以它们长期存在的原因不是计划经济体制可以完全解释的。当然,高度集中的计划经济体制确实是导致这一现象及其微观基础长期存在的原因之一,但同时也还有很多其他的因素在起作用。

一、固定资产投资中"膨胀—收缩"的原因分析

当国民经济出现过热,固定资产投资出现膨胀时,中央采取措施对其进行压缩是宏观调控所必需的,是保证经济长期稳定发展所必需的。在不同的时期,中央对固定资产进行压缩的手段不同,力度不同。如前所述,1978—1991年间,三次宏观调控中,固定资产投资都出现了膨胀,中央基本上都是通过直接控制来完成压缩任务;1992—2008年间,三次宏观调控中,有两次固定资产投资出现了膨胀。第一次以直接控制为主,结合了相应的间接调控。第二次以间接调节为主,结合了适当的行政手段。

同理,这两个时期固定资产投资出现膨胀的原因也有一定的差异。1978—1991年间,计划经济体制仍占据主导地位。尤其在1985年以前,指令性计划占有相当的比重。这一时期固定资产投资出现了三次膨胀。

第一次是1978年,这次固定资产投资出现膨胀的主要原因是"洋跃进"发展战略。"洋跃进"发展战略提出了一些过高的不切实际的口号和目标,试图通过高指标、高投入来实现国民经济的"大跃进"。所以一开始,是由于计划指标

第六章 宏观经济运行中"一放就热,一收就冷"现象的历史考察

定得过高,基本建设投资增长过快、规模过大,使固定资产投资出现了膨胀。之后,在调整的过程中,放权让利的改革措施增强了地方和企业的积极性,自有资金有所扩大,预算外投资增长过快;加之调整前期对调整的重要性认识不够,预算内投资压缩不够。双重因素导致固定资产投资出现较严重的膨胀。

第二次是1985年前后,第三次是1988年前后,这两次固定资产投资出现膨胀的原因基本上是一样的。第二次和第三次固定资产投资出现膨胀分别是在"两步走"(即"翻两番")现代化战略和"三步走"发展战略的指导下出现的,"两步走"现代化战略和"三步走"发展战略,都保留了重工业优先发展战略追求高增长的不足,过于重视增长速度。投资出现膨胀,一方面是计划遗留的问题。经济建设在指导思想上的急于求成,中央下达的计划指标过高,地方和企业在进行生产建设时为完成生产任务一味追求高增长。在经济基础比较薄弱的情况下,主要是通过增加固定资产投资来获得经济的高增长。另一方面是改革不到位的问题。地方和企业在改革过程中获得了较大的权力和自有资金。但同时,企业的预算约束体制没有建立,企业负盈不负亏;投资的约束体制也没有建立,投资责任人不用为投资效果负责。因此,地方和企业在计划经济体制下就存在的"投资饥渴"依然存在,地方和企业都有较强的投资冲动。

1992—2008年间,固定资产投资出现了两次膨胀,分别是1993年前后和2004年前后。1993年前后固定资产投资出现膨胀的原因是:一方面,治理整顿期间压缩的固定资产投资开始释放,而企业在进行生产建设时仍然追求高增长,利用自有资金来增加固定资产投资,引起投资出现膨胀。另一方面,1993年前后,市场因素的过快增长,使经济中出现了开发区热、房地产热等现象,国民经济中这些行业的过热进一步加剧了固定资产投资的膨胀。

2004年前后固定资产投资膨胀的出现是在市场经济体制初步建立之后,经济环境、消费结构都已经发生了显著的变化,原因主要有三个方面:一是产业结构的重型化转变是投资出现膨胀的原因之一。房地产业、基础设施建设、能源工业等重工业是这一时期发展速度较快的,重型化的产业结构决定了这一时期的固定资产投资规模会比较大。二是市场体制的不健全是投资出现膨胀的原因之一。在约束机制软化的条件下,企业为了获得高额利润,通过一些不正当的竞争手段抬高房地产价格,加大电解铝等重化工业、煤炭等能源工业的生产规模,从而导致了固定资产投资出现膨胀。三是外资大量涌入是投资出现膨胀的原因之一。在开放条件下,国内投资环境的优化和中国较低的利率水平等因素导致外资大量涌入,外资的大量涌入加速了房地产等行业的升温,投资出现膨胀。

综上所述,固定资产投资出现"膨胀—收缩"现象的原因可简单归纳为三个方面。一是发展观的问题,在传统发展观下,"洋跃进"发展战略、"两步走"现代化战略和"三步走"发展战略都追求增长速度,在指导思想上都有些急于求成。二是改革的不到位,增加地方和企业资金支配权和投资决策权时,却没有建立相应的约束机制,预算外投资不受约束。三是发展方式的问题,改革开放以来,中国的经济发展方式一直是以粗放型、外延型为主。在这种发展方式下,实现经济快速增长是通过扩大生产规模、增加固定资产投资来实现的。其中,2003年以后,开放条件下外资的涌入也是投资出现膨胀的重要原因。

二、国有工业中"扩张—收缩"的原因分析

国有工业在中国改革开放的过程中,多次出现盲目扩张、重复建设等问题。这些问题的出现可以说是中国特有的渐进性改革道路所导致的。

(一)产权不明确

1978年以前,中国实行的是计划经济体制,经过三大改造以后,绝大多数的工业企业的产权都归国家所有。国有企业由中央统一下达工业生产计划,统一安排工业生产所需物资的调配,统一安排工业品的销售,企业的收入全部上缴国家,企业的生产积极性被抑制。1978—1991年,对国有企业采取了"放权让利""利改税""承包经营责任制"等一系列改革措施。这一时期的改革过于强调对企业扩权、减税、让利和创造外部环境,而对如何改善企业自身经营机制则重视不够,使企业从短期利益出发,容易出现盲目扩张、重复建设的现象。另外,由于产权问题在改革中一直没有涉及,在计划经济体制仍然占据主导地位的背景下,政府对企业在投资、资产处理、人事任免等方面仍有较强的干预能力,企业依然受制于政府。产权问题改革的滞后,使企业的生产积极性不能被进一步激发,而且"承包制"也不可能真正承包责任,多为负盈不负亏。且企业短期行为严重,盲目扩张、重复生产、重复建设现象经常出现。1993年以后国有企业进行了"建立现代企业制度""股份制"等改革,在改革中产权明确、政企分开一直是改革的重点和难点,虽取得了一些阶段性的成果,但改革仍不到位。同时,1994年以后随着地方财政收入的下降,财政收支之间出现较大的矛盾。在此背景下,各地方政府利用手中的权力对企业进行了过多的干预,阻碍了产权制度的改革。所以因产权问题、政府干预过多所带来的盲目扩张情况也依然存在。

(二)资金供给陷阱

在计划经济体制下,国有企业的资金使用基本上是属于供给制的。固定资产投资资金由财政无偿拨款。流动资金分为定额流动资金和超定额流动资金两

部分,定额流动资金由财政拨给企业主管部门,再由企业主管部门下拨给企业,不计算利息,无偿使用;超定额流动资金由银行贷款解决,采取有偿的信贷方式。这种资金供给方式,使企业不注意不关心资金使用情况,只尽量争资金。1978年改革开放以后,对企业固定资产投资实行了"拨改贷""国家资本金"等改革措施,对流动资金投资实行了"全额信贷"等改革措施。但是由于国有企业和银行的产权都是归国家所有,作为债务人的企业可以不还债务,还可以以此为理由重新借债。因此,国民经济中就出现了"企业盲目扩张—银行放款支持—银行资金突破信贷计划—央行扩大信贷计划—政府增发货币—企业继续盲目扩张"[①]这种奇怪的循环现象。当企业的盲目扩张及其他因素共同作用导致经济出现失衡时,中央开始进行宏观调控,银行就开始收紧信贷,企业的盲目扩张暂告一段落。随着经济形势的稳定,又开始了新一轮的企业扩张和银行放贷支持的循环。由图 6-13 可知,1978—2007 年间,国有工业出现高速增长年份的前后,都出现过货币投放量过大,且与上年相比有较大的增长。这也进一步说明了国有企业的盲目扩张与银行的信贷投放之间存在密切的联系。

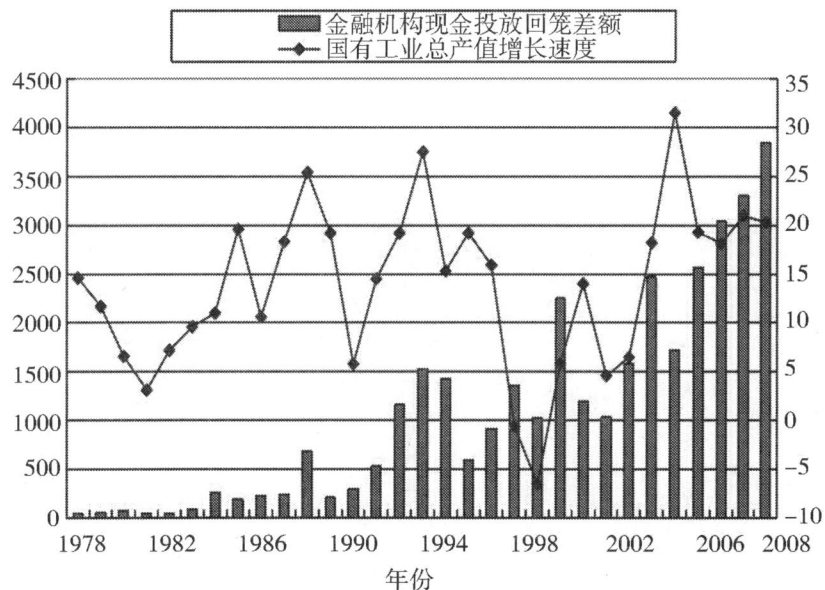

图 6-13　1978—2008 年货币投放量与国有工业增长对比

资料来源:货币投放量数据来源于国家统计局.中国统计年鉴:2009[M/OL].2009.国有工业总产值增长速度数据来源同图 6-5。

---

① 赵海均.破解中国经济之谜[M].北京:经济日报出版社,2002:196.

(三) 外延型、粗放型增长方式

计划经济体制下,受"赶超战略"①的影响,企业生产侧重于增长速度,忽视了经济效益。改革开放以后,中央虽多次提出要注重经济效益的提高,但指导思想上依然存在急于求成的问题。"两步走"现代化战略和"三步走"发展战略都遗留了传统发展战略的注重速度的不足。在这样的经济环境下,加上企业自身约束体制的建设滞后和资金作用基本上是供给制度,企业的增长方式是外延型、粗放型增长方式,主要靠增加投资来实现快速增长。这种类型的增长方式不注重企业经济效益的提高,是导致经济效益低下的重要原因。由表6-3、表6-4和表6-5可知,国有企业的经济效益低下是一个长期性的问题。尤其是在2000年之前,部分年份经济效益的提高是明显带有"速度效益型"特征。

表6-3 1978—1991年国有独立核算工业企业经济效益

年份	每百元固定资产原值实现的利税(元)	资金利润率(%)	资金利税率(%)	产值利税率(%)	每百元工业总产值占用流动资金(元)	可比产品成本降低率(%)
1978	24.8	15.5	24.2	24.9	33.0	4.6
1979	24.9	16.1	24.8	24.5	31.5	0.3
1980	24.3	16.0	24.8	24.1	30.2	1.1
1981	22.9	15.0	23.8	23.9	30.2	-1.2
1982	22.2	14.4	23.4	23.5	29.8	0.4
1983	21.7	14.4	23.2	22.8	28.5	0.2
1984	22.3	14.9	24.2	22.8	26.9	-2.0
1985	22.4	13.2	23.8	21.8	26.6	-7.7
1986	19.9	10.6	20.7	19.9	28.9	-7.3
1987	19.7	10.6	20.3	18.9	27.7	-7.0
1988	20.2	10.4	20.6	17.8	25.8	-15.6

---

① 林毅夫,蔡昉,李周.中国的奇迹:发展战略与经济改革:增订版[M].上海:格致出版社,1999:38.具体是指不顾资源的约束而推行超越发展阶段的重工业优先发展战略,是一种"赶超"战略。

第六章 宏观经济运行中"一放就热,一收就冷"现象的历史考察

续表

年份	每百元固定资产原值实现的利税(元)	资金利润率(%)	资金利税率(%)	产值利税率(%)	每百元工业总产值占用流动资金(元)	可比产品成本降低率(%)
1989	17.5	7.2	17.2	14.9	27.7	−22.2
1990	12.9	3.2	12.4	12.0	31.8	−7.0
1991	12.3	2.9	11.8	11.6	31.7	−4.8

资料来源:国家统计局.中国统计年鉴:1993[M].北京:中国统计出版社,1993:437.

表6-4　1992—1997年国有独立核算工业企业经济效益

年份	每百元固定资产原值实现的利税(元)	资金利税率(%)	产值利税率(%)	百元销售收入实现利润(元)	成本费用利润率(%)	流动资产周转次数(次)
1992	12.41	9.71	11.38	3.21	3.88	1.65
1993	12.87	9.68	11.11	3.61	4.10	1.68
1994	12.45	9.77	11.37	3.75	4.71	1.40
1995	9.29	8.01	11.10	2.55	3.22	1.42
1996	7.87	6.54	10.03	1.52	1.86	1.38
1997	7.58	6.27	10.44	1.53	1.86	1.28

资料来源:汪海波.新中国工业经济史:1979—2000[M].北京:经济管理出版社,2001:675.

表6-5　1998—2008年国有及国有控股工业企业主要经济效益指标

年份	总资产贡献率(%)	资产负债率(%)	流动资产周转次数(次/年)	工业成本费用利润率(%)	产品销售率(%)
1998	6.51	64.26	0.93	1.61	97.41
1999	6.77	61.98	1.20	2.89	98.15
2000	8.43	60.99	1.34	6.15	98.88
2001	8.17	59.19	1.36	5.75	98.65
2002	8.71	59.30	1.47	5.93	98.98
2003	10.09	59.24	1.69	7.25	98.87

续表

年份	总资产贡献率(%)	资产负债率(%)	流动资产周转次数(次/年)	工业成本费用利润率(%)	产品销售率(%)
2004	12.13	59.35	1.86	8.23	—
2005	11.87	56.66	2.10	8.44	99.25
2006	12.92	56.24	2.28	9.35	99.03
2007	13.79	56.50	2.39	9.90	99.01
2008	11.77	58.99	2.34	6.71	97.95

资料来源:1998—2004年数据来源于国家统计局.中国统计年鉴:2005[M].北京:中国统计出版社,2005:501;2005年数据来源于国家统计局.中国统计年鉴:2006[M].北京:中国统计出版社,2006:521;2006年数据来源于国家统计局.中国统计年鉴:2007[M].北京:中国统计出版社,2007:529;2007年数据来源于国家统计局.中国统计年鉴:2008[M/OL].2008;2008年数据来源于国家统计局.中国统计年鉴:2009[M/OL].2008.

综上所述,国有工业出现"扩张—收缩"现象的原因可归纳为三个方面。一是发展观的问题,在传统发展观下,企业在生产上注重增长速度而忽视经济效益。二是改革不到位。对国有企业的改革侧重于放权让利,对建立相应的约束机制有所滞后。另外,对产权问题的改革又较为滞后,政府对企业的干预又较多,从而导致企业负盈不负亏,资金基本上仍是供给制。在政府放松管制的情况下,很容易出现盲目扩张;在政府收紧控制的时候,又很容易出现生产下滑。三是发展方式的问题。粗放型的发展方式,企业依靠扩大生产规模来完成产值。这种单靠规模大小决定产值大小的发展方式,很容易受宏观调控政策的影响,出现"扩张—收缩"现象。

三、私营经济生存问题的原因分析

在权力高度集中的计划经济体制下,私营经济几乎是不允许存在的。1952年开始的三大改造,使私营经济的规模迅速缩小。1957年以后,私营经济的各项数据便从统计资料中彻底消失,这说明私营的地位是不被承认的。改革开放初期,由于私营经济存在对雇佣工人一定程度的剥削,仍然到处受到排斥和压制。直到1988年以后,私营经济凭借自身的发展,作用日益显现,才逐步得到了社会和政府的认可。在这期间,和农业、国有经济等相比,私营经济的发展环境是非常困难的,没有任何政策上的支持,还处处受到排挤。1993年之后,社会主义市场经济体制改革目标的确立,才使私营经济有了相对宽松的发展环境。

1997年,中央才确立了私营经济是社会主义市场经济的重要组成部分的社会地位,地位得到了提升,但对私营经济的发展中央的思想仍是"依靠自身力量"。缺乏政策支持仍然是私营经济发展的困境之一。

在资金融通方面,1993年之前,私营经济的发展主要是靠自有资本,国有银行基本上不会贷款给私营经济。随着金融市场的发展,融资渠道的多样化,私营经济融资问题有所好转,但仍存在很大的问题。国有四大银行的主要融资对象仍是国有企业;新成立的多家股份制银行,在选择融资对象时非常谨慎,企业的规模、经营情况、发展潜力等都是严格审查的。很多时候商业银行为规避风险宁肯放弃一些私营经济客户。所以中国的私营经济,尤其是中小型企业同样存在融资困难这个世界性难题。

由于财力和其他因素所限,私营经济所能进入的一般都是竞争最为激烈的行业,在缺乏政策支持、资金融通困难的双重阻碍下,加上私营经济的生产运作和管理本身存在很大不规范性、不科学性。所以,私营经济生存周期较短就成为改革过程中的一个长期现象。

综上所述,这一时期私营经济生存周期较短的原因可简单归纳为两个方面。一是改革不到位。在改革过程中,对私营经济采取任其自由发展的思路,并没有给予太多的政策性的保护,没有建立专门的金融机构来解决私营企业的融资问题,使私营经济面临着不公平的发展环境。二是发展方式的问题,私营经济因资金、技术上的问题,一般都是从事劳动密集型的简单加工工业,属于粗放型发展,受中央宏观调控政策的影响较大。

四、中央和地方出现事权与财权不统一的原因分析

中国的改革道路是渐进性的,是摸索着前进的,是没有成功历史经验可以借鉴的。这条特殊的改革道路决定了中国在改革中遇到的问题是多样化的,是复杂的,而且改革最初是以修补和完善计划经济体制为出发点的。所以,尽管在计划经济体制下,中央几次权力下放的尝试出现了很多问题,但受传统观念影响,改革一开始,还是首先选择了放权让利的方式。

在计划经济体制下,中央强有力的调控能力,是通过手中掌握的各项权力来实现的,而每次宏观调控也是中央进一步将权力集中的过程。改革开放以后,为搞活经济,权力被一次次的下放到地方和企业,中央对经济的直接控制能力持续下降。在改革开放初期,计划经济体制的种种传统对经济的影响还很深。在经济出现问题时,需要进行宏观调控时,中央首先想到的就是回收权力,加强直接控制。党中央的权威必须加强,特别是有困难的时候,没有中央、国务院的这个

权威,不可能解决问题。不能否定权威,该集中的要集中。① 1994年以后,财政体制的改革使中央将分散的财权再次收回。

如前所述,在计划经济体制下,地方就有向中央要权的传统。改革开放以后,改革中地方的一些优惠政策很多也是各地方政府向中央要来的。享受到优惠政策、经济发展速度较快的省份,继续向中央要权以求更大的发展;没有享受到优惠政策、经济发展较为滞后的省份,刺激他们以加快经济发展为由向中央要权。各级政府向中央进行要权的动力除了加快本地经济发展这个因素外,还有一个重要的原因,即中央对地方政府、官员的考核体系。

计划经济体制下,中央对各地方政府、官员的考核,是通过对中央下达计划的完成情况来进行的,只考察计划指标的完成情况,对经济效益的评价较少。改革开放以后,地方经济、企业的管理权逐步都下放到了各级地方政府,指令性计划逐步减少并基本消失。政府机构一直是作为改革者的身份而出现的,对自身体制的改革较为滞后,对各级政府的考核仍主要是以经济增长速度、以实现工业产值等总量指标来进行。这种考核体系,财政收入和财政支出上的差异,使地方政府鼓励本地企业发展价高利大的加工工业,鼓励本地企业通过加大投资来实现高速增长。实现本地经济的高速发展,在政绩考核中就有资本向中央要更多的权力。

综上所述,中央与地方出现事权与财权不统一的原因可简单归纳为两个方面。一是发展观的问题,发展观中追求高增长,迫使地方向中央要权。二是改革不到位,中央与地方在事权与财权上的划分不科学,对地方考核体系的改革较为滞后,导致地方总是出现投资冲动。

第五节 "一放就热,一收就冷"现象长期 存在的综合原因分析

如前所述,"一放就热、一收就冷"现象在改革开放的过程中是一直存在的,经济的周期性波动和中国宏观调控的特殊性是其存在的宏观基础,投资的膨胀与收缩、国有工业的扩张与收缩等是其存在的微观基础。经济周期性波动的原因、宏观调控的特殊性和各微观基础存在的原因都是这一现象长期存在的原因,可归纳总结为四个方面。

---

① 邓小平.邓小平文选:第三卷[M].北京:人民出版社,1993:319.

一、宏观调控的不完善性是这一现象长期存在的直接原因

宏观调控是"一放就热、一收就冷"现象长期存在的直接原因。首先,在前面分析中提到,经济的波动情况和中国的历次宏观调控在时间上基本上是吻合的,这说明宏观调控和经济波动之间存在着最直接的因果关系。其次,经济周期性波动的内部因素和外部因素中,宏观调控所起的作用是占主导地位的。在经济体制改革过程中,受传统计划经济体制的影响,投资的增加和减少不是经济自发的调节,更多是靠政府的宏观政策来调控的。最后,如前所述,体制转轨局部推进阶段,宏观调控中行政手段的使用是这一现象一再出现的重要原因;体制转轨全面推进和市场经济体制初步完善阶段,宏观调控体系的不完善是这一现象仍然存在的重要原因。因此,宏观调控是这一现象长期存在的直接原因。

二、发展观的不完善性是这一现象长期存在的主观原因

中国的工业和农业在国民经济中的比重,就全国范围来说,在抗日战争以前,大约是现代性的工业占10%,农业和手工业占90%。[①] 经过了抗日战争和国内战争的严重破坏,中国的经济基础更加薄弱。1949年9月,《共同纲领》提出,在经济发展上,要"稳步地变农业国为工业国"[②]。由此开始了新中国工业化道路的建设,也开始了中国第一代发展观的形成过程。

发展观是关于发展的目标、内涵、途径、重点、动力与战略等方面理念的总和。1949—1978年间,中国逐步形成了第一代发展观,即经济增长导向型发展观。第一代发展观强调重工业优先发展,强调工农业总产值规模,强调经济增长速度,强调外延型、粗放型发展方式,强调赶超西方先进国家。[③] 在这种发展观的指导下,在重工业基础极其薄弱,国际局势极其复杂的情况下,中国选择了"赶英超美"为目标的重工业优先发展战略,也称之为赶超战略。这样的发展观和发展战略,使经济中的指导思想容易出现急于求成。

第一代发展观在中国经济的发展过程中所带来的影响是巨大的。虽然改革开放之后,中央对发展观进行了改进、发展和创新。并逐步形成了第二代经济发

---

① 薄一波.若干重大决策与事件的回顾[M].北京:中共中央党校出版社,1991:26.
② 中共中央文献研究室.建国以来重要文献选编:第1册[M].北京:中央文献出版社,1992:2.
③ 赵凌云,张连辉.新中国成立以来发展观与发展模式的历史互动[J].当代中国史研究,2005(1):24-32+125-126.

展导向型发展观①,发展目标从工业化转变到四个现代化,以国内生产总值为发展标准,以增长为主、发展为辅,强调重点发展工业,并先后产生了"两步走"现代化战略和"三步走"发展战略。但是,第二代发展观中仍然过于追求速度,仍然采用外延型、粗放型发展方式,在发展态势上仍然是赶超型的。在这样的发展观指导下,企业追求高增长,盲目扩大生产规模、增加固定资产投资,使投资出现膨胀。另外,地方政府为了增加财政收入、提高政绩,将地方投资侧重于重化工业等产值、利税较大的行业,鼓励企业发展产值大、利税高的产业。只要政策环境稍有宽松,固定资产投资膨胀、工业高速增长等问题就会接踵而来。

1995年以后,第三代经济社会进步导向型发展观②开始萌芽并逐步形成。第三代发展观将人的全面发展作为发展目标,发展标准升级到绿色国内生产总值,以发展为主、增长为辅,强调整个国民经济和社会作为发展,强调将发展方式转变为内涵型和集约型,在发展态势上摈弃了"赶超"型,追求"和平崛起"。第三代发展观在各个方面都有了较大的提高。但是,由于1995年只是第三代发展观逐步形成的开始,还没有真正发挥效力。而且,第一代发展观中,强调产值的增长、经济总量规模的扩大和追求经济增长速度的影响力太大,在经济实践中仍然一直在起作用。所以,第三代发展观对微观经济主体所起的指导作用仍然是有限的,发展观转变的不彻底是"一放就热,一收就冷"现象长期存在的战略原因。

三、改革的不完善性是这一现象长期存在的体制原因

改革开放30年,国民经济之所以频繁出现失衡,很重要的一个原因是经济体制的改革不到位。1978—1991年间,中央对企业进行放权让利时,对企业经营机制、预算约束体制的改革较为滞后,企业在使用手中权力进行盲目扩张、重复生产、重复建设时,没有相应的机制来约束这种短期行为;对产权问题的改革较为滞后,使国有企业不注重经济效益,不利于其发展模式的转变。在对计划、财政等体制进行改革时,金融体制的改革较为滞后,国有企业资金使用依然是供给制,出现资金陷阱,不利于企业的长期发展;私营经济融资问题难以解决,出现生存周期短现象。中央对地方进行权力下放时,侧重于权力简单的放与收,没有真正解决中央与地方之间在权力上的分配问题。

---

①② 赵凌云,张连辉.新中国成立以来发展观与发展模式的历史互动[J].当代中国史研究,2005(1):24-32+125-126.

1992—2008年,改革取得了很大的进展,在2002年初步建立了社会主义市场经济体制。政府对传统经济体制的改革基本是成功的,但是作为改革者对自身机构及职能的改革明显是滞后的,机构改革"精简、膨胀、再精简、再膨胀"的现象有力地说明政府对自身的改革是不到位的。市场经济体制下需要的是服务型政府,截至2008年中国各级政府还远未达到服务型政府的要求。在机构设置上仍显庞杂,从而导致机构职权界定不清,政府职能方式仍存在着浓厚的计划经济体制色彩。对地方考核改革的滞后,使地方的投资冲动不能得到有效抑制。因此,改革不到位是这一现象长期存在的体制原因。

四、发展方式的不科学性是这一现象长期存在的实践基础

在不同的发展方式下,经济发展的主导性原动力是有所差异的,微观经济主体的经营运作方式也存在较大的差异。改革开放30年来,不管是从全要素生产率对经济发展的贡献上来看,还是从消费率和投资率上来看,中国的发展方式一直都是外延型、粗放型的,尚未实现向集约型、内涵型的转变。

(1)经济发展依然通过增加要素投入来拉动。1978—1996年,全要素生产率对GDP增长的贡献率①一度达到30%~58%,但1997—2007年,全要素生产率对GDP增长的贡献率逐年下降至不足20%②,全要素生产率对经济增长的贡献率是较低的。相反,1979—2004年间,要素投入增长的平均贡献率高达90.54%③,说明经济的发展主要依靠要素投入的增加。另外,本书在前文对经济波动这一现象微观基础的分析中也已提到,国有工业出现高速增长的年份,固定资产投资的增长速度也都较高,说明工业的高速增长主要是靠固定资产投资的高速增长来支撑的。

(2)经济发展中消费率过低,内需不足。从理论角度来看,根据钱纳里提出的伴随着人均国民生产总值变化时消费率和投资率出现的正常变化,即不同收入水平下,消费率和投资率的标准规律。④ 1990年中国人均国民生产总值为320美元,消费率为61.3%,比钱纳里提出人均GNP为300美元时的标准规律值

---

① 全社会综合要素生产率即全要素生产率,全社会综合要素生产率占产出增长率的比重也可称为全要素生产率贡献率。

② 鲁宁.刺激内需再次走"老路"[J].社会观察,2008(12):34-35.

③ 郭庆旺,贾俊雪.中国全要素生产率的估算:1979—2004[J].经济研究,2005(6):51-60.

④ 霍利斯·钱纳里.发展的型式1950—1970[M].北京:经济科学出版社,1988:30.

80.2%还低近19个百分点;投资率为34.7%,比钱纳里提出人均GNP为300美元时的标准规律值20.3%还高14个百分点。2000年中国人均GNP达到930美元,消费率为61.1%,比人均GNP为800~1000美元的标准规律值76.9%~76.5%低15个百分点;投资率为36.4%,比人均GNP为800~1000美元的标准规律值23.4%~24.0%高出近13个百分点。2004年中国人均GNP达到1500美元,消费率为54.2%,比标准规律值76.5%低22个百分点;投资率为43.3%,比标准规律值23.4%高出近20个百分点。[①]

从现实角度来看,由表6-6可知,1980—2008年间,中国的消费率一直都低于世界平均水平。从国与国之间对比来看,中国的消费率不仅大大低于美国、英国、德国等西方发达国家,而且还明显低于以高储蓄率为特征的东亚国家。同时,消费率不仅低于经济水平高于中国的日本和韩国,而且显著低于经济发展水平落后于中国的印度。这说明,消费对经济发展的拉动作用是很有限的。另一方面,投资率较高。由表6-7可知,中国的投资率一直以来都高于世界平均水平。同其他国家相比,投资率高于美国、英国、德国等西方发达资本主义国家,也高于亚洲的日本、韩国等新兴经济国家,也高于经济发展水平落后于中国的印度。这说明,中国经济的高速增长很大程度上是靠投资拉动的。综合分析表6-6和表6-7可以发现,随着经济发展水平的提高,美国、英国、日本等国家的消费率是逐渐提高的,而中国的消费率反而逐渐走低;美国等其他国家的投资率整体上来看还是有一定的下降趋势,而中国的投资率则趋于上升。

表6-6 1980—2008年世界各国消费率

单位:%

年份	世界	美国	英国	德国	日本	印度	韩国	中国
1980	76.2	80.6	80.9	—	68.7	82.6	75.2	65.9
1985	77.7	82.8	81.9	—	68.5	78.9	69.1	64.4
1990	77.7	84.5	83.7	—	67.0	77.6	63.6	61.3
1995	77.9	83.8	—	76.6	70.0	77.3	64.0	59.0
2000	77.7	83.4	84.6	77.9	72.3	78.1	65.8	61.1

① 1990年、2000年和2004年人均国民生产总值数据来源于国家统计局.国际统计年鉴:2008[M/OL].2008;投资率和消费率数据来源于表6-6和表6-7;各收入水平下的标准规律来源于霍利斯·钱纳里.发展的型式1950—1970[M].北京:经济科学出版社,1988:31.

续表

年份	世界	美国	英国	德国	日本	印度	韩国	中国
2001	78.7	84.9	85.7	78.4	73.6	78.3	68.4	59.8
2002	79.1	86.0	86.5	77.8	74.8	77.5	69.5	58.2
2003	—	—	86.6	77.9	74.4	77.7	68.1	55.4
2005	—	86.3	86.1	77.9	75.1	68.0	67.6	50.4
2006	—	86.2	85.6	76.8	74.8	66.7	69.0	47.6
2007	—	—	84.8	74.7	—	64.8	69.1	47.0
2008	—	—	—	—	—	67.1	69.8	50.8

资料来源:1980年、1985年、1990年、1995年数据来源于国家统计局.国际统计年鉴:1998[M].北京:中国统计出版社,1998:107.2000—2003年数据来源于国家统计局.国际统计年鉴:2005[M].北京:中国统计出版社,2005:64.2005—2008年数据来源于国家统计局.国际统计年鉴:2009[M/OL].2009.

表6-7　1980—2008年世界各国投资率

单位:%

年份	世界	美国	英国	德国	日本	印度	韩国	中国
1980	24.3	20.0	16.9	—	32.2	20.9	32.0	35.2
1985	22.3	20.1	17.2	—	28.2	24.2	29.6	37.8
1990	22.6	16.9	19.0	—	32.3	25.2	36.9	34.7
1995	21.8	17.7	—	22.5	28.5	26.2	37.0	40.8
2000	22.4	20.5	17.5	21.7	26.3	22.7	31.0	36.4
2001	21.4	18.8	17.1	19.6	25.8	22.3	29.3	38.0
2002	20.7	18.0	16.5	17.9	23.9	22.8	29.1	39.2
2003	—	—	16.3	17.9	24.0	23.9	29.4	42.4
2005	21.8	19.5	17.5	17.1	23.6	34.8	29.7	44.0
2006	22.4	19.6	18.0	17.8	24.0	36.4	29.6	44.6
2007	—	—	18.8	18.3	—	38.7	29.4	43.3
2008	—	—	—	—	—	39.2	31.4	42.6

资料来源:同表6-6。

由此可知,中国的消费率过低问题是一直存在的。在改革开放初期,由于计划经济体制引致的商品短缺,经济中消费的增长速度较快,消费过低、内需不足的问题尚不明显。随着供求矛盾的逐步缓解,消费过低、内需不足的问题逐渐暴露出来,并在1998年以后表现得非常明显,成为制约经济发展的一大障碍。

综上所述,改革开放30年,中国的发展方式一直是粗放型、外延型的。这种发展方式,势必导致固定资产投资在宏观调控政策影响下出现"膨胀—收缩",势必导致国有工业在宏观调控政策影响下出现"扩张—收缩",势必导致私营经济更容易出现资金瓶颈和生存困境。在"一放就热,一收就冷"现象的微观基础不彻底解决的情况下,这一现象会在经济中长期存在,并影响宏观调控的有效性。

小 结

1998年以后,随着对外开放的深化,经济体系已经从封闭型经济转变为开放型经济,国际经济形势对国内经济的影响日益扩大。1998年经济出现的过冷和亚洲金融危机有很大关系;2003年以后出现的经济过热同中国进入入世过渡期、外资大量涌入有莫大关系;2008年下半年,经济形势的急转直下与世界性金融危机密切相关。

综上所述,宏观经济运行中"一放就热、一收就冷"现象长期存在的根本性原因:一是宏观调控、发展观、体制和发展方式组成的内部因素,二是开放条件对经济产生的种种影响。那么,进一步降低甚至消除这一现象的根本途径是加快完善宏观调控体系,加快完善市场经济体制,彻底转变发展观和发展模式,并注重开放型经济中宏观调控政策的内外关联性。

第七章 结论与启示

改革开放 30 年中国共进行了六次宏观调控。其中，1978—1991 年体制转轨局部推进阶段，有三次宏观调控；1992—2002 年体制转轨全面推进阶段，有两次宏观调控；2003—2008 年市场经济体制初步完善阶段，有一次宏观调控。

1978—1991 年，国民经济出现三次过热，引发这三次过热的直接原因，有指导思想上急于追赶，经济结构失调，企业盲目扩张，地方政府将计划指标层层加码，"双轨价格"带来的流通秩序混乱等。这些原因实际上是中央与地方、政府与企业、计划与市场、微观搞活与宏观稳定这四对矛盾共同作用的结果，各种矛盾使体制间摩擦加剧。消除经济中存在的深层次矛盾，是避免经济出现失衡的根本性解决方法。但是，不管是这些直接原因也好，深层次矛盾也好，它们在国民经济中都是长期存在的，不是短期内能够消除的。要想根本性的解决问题，必须对经济体制进行彻底的改革，并采用合适的宏观调控手段。

但是，经济体制的改革不可能一蹴而就，宏观调控手段的使用也需要相应的经济体制和宏观调控体系来配合。首先，由于没有可供借鉴的经验，中国经济体制的改革是在探索中前进的，在改革中又不可避免地会出现失误，且短期内想要通过经济体制的彻底改革而解决问题是不可能的。其次，随着改革的进行，计划对微观经济主体的控制能力越来越小，而市场尚不能有效地调节其行为。同时，市场经济体制下的宏观调控体系尚未建立，财政、金融的间接调控功能还不能有效发挥作用。中央在进行宏观调控手段的选择时面临两难选择。在经济失衡问题迫切需要解决的情况下，中央只能一次次地通过以收权为特征的行政手段来对微观经济主体进行直接控制。体制转轨局部推进阶段的行政手段具有见效快、力度大、"一刀切"等特征，而问题的解决则基本上局限于表面，经济结构不合理等深层次问题并没有得到根本性的解决。

因此，在种种因素的共同作用下，1978—1991 年，宏观经济运行中反复出现"一放就热、一收就冷"现象。

1992—2002年,国民经济有一次过热和一次偏冷,引发这两次经济失衡的直接原因有国有企业产权不清晰、私营企业融资困难、地方政府收支不平衡、信息不对称、垄断与竞争并存,等等。这一时期,中央与地方、政府与企业、微观搞活与宏观稳定、计划与市场这四对矛盾仍然在起作用,经济中又出现了市场调节与市场失灵这一新的矛盾,体制间摩擦更加激烈。解决问题的根本依然是消除经济中存在的这些深层次矛盾,加快进行经济体制改革和宏观调控方式的改进。

因此,在经历了治理整顿时期改革方向的徘徊之后,1992年中央明确提出改革的目标是建立社会主义市场经济体制。1992年以后,改革的步伐明显加快,从前期对计划经济体制的修修补补,转为对计划经济体制进行大刀阔斧的改制。市场经济体制下宏观调控体系的建设也迅速展开,在进行宏观调控时尽量采取财政、金融等经济手段对宏观经济总量进行调节。

但是,深层次问题和矛盾的解决仍然存在较大的困难。首先,改革虽取得阶段性的进展,但市场经济体制还很不健全。美国等资本主义国家市场经济体制的建设已经进行了200多年,到现在仍然存在一定的体制缺陷。而中国的市场经济体制建设才进行了20多年,传统计划经济体制虽基本退出历史舞台,但仍遗留了一些阻碍经济发展的因素。比如,政府一直以改革者的身份去进行这场改革,对自身的改革则有滞后性。其次,市场经济体制下的宏观调控体系虽已基本建立,但各种政策工具的传导机制尚未完全畅通,财政、金融等经济手段的调控效果无法达到预期目标。在日益复杂的经济环境下,市场经济体制下传统的财政、金融手段的调控效力在逐步减弱,需要创造更多的宏观调控手段,中央政府进行宏观调控的难度空前加大。再次,不同于改革开放初期,在买方市场出现、国际国内市场竞争日益激烈的背景下,国民经济出现偏冷和出现过热的概率都很大。受计划经济体制遗留因素的影响,一方面,政府仍习惯对微观经济主体进行干预;另一方面,国民经济出现失衡(尤其是出现偏冷时)时,微观经济主体仍寄希望于政府给予支持与协助,政府对经济的干预仍然较多。

因此,在体制转轨全面推进阶段,尽管这两次宏观调控开始逐步转变宏观调控方式,减少使用行政手段,主动采用以财政、金融等经济手段对宏观经济总量进行间接调节。但是,"一放就热、一收就冷"现象却依然存在,但出现的次数、涉及的范围明显减少。

2003—2008年,国民经济有一次过热。引发这次经济过热的直接原因有固定资产投资规模过大、出口增长过快、部分行业发展速度过快、国民经济环境优化，等等。这一时期，市场调节与市场失灵成为众多矛盾中的主要矛盾，中央与地方、政府与企业、计划与市场等矛盾处于从属地位。由于开放型经济的逐步形成，国际市场与国内市场也成为引发经济失衡的矛盾之一。

2003年以后，中央继续对市场经济体制进行改革，进一步清除经济中遗留下来的体制性障碍，健全市场经济体制，并进一步完善宏观调控体系。在2003—2004年的宏观调控中，中央尝试进行预防性局部微调，缓解经济中出现的过热趋势。在2006年之后的宏观调控中，经济手段被大量使用，利率、准备金率、公开市场操作、窗口指导、汇率等多种货币工具交替使用。财政政策、产业政策、法律政策等也配套出台。

但是，经济结构不合理等深层次问题尚没有得到根本性的解决。首先，市场经济中仍然存在着较多的计划因素，政府（尤其是地方政府）对经济的干预过多。为提高本地区的总产值，各地都加快重化工业的发展，固定资产投资规模过大、房地产行业发展过快等问题同地方政府干预经济是密切相关的。其次，市场体制的自身缺陷及宏观调控的不完善。2003年以来的经济过热是局部的，市场使资源自发配置到要素报酬较高的部门，国民经济中发展缓慢的行业出现偏冷。而且，紧缩性货币政策在抑制经济过热时，基本上是针对全部经济主体，这些本就过冷的行业经营更加困难。再次，经济形势的复杂性。开放型经济环境下，国际经济环境对经济发展的影响显著增加。这一时期，经济中各种失衡现象的出现、宏观调控的效果都和国际经济形势密切相关。输入性通货膨胀，外资进入对股市、楼市、投资的影响，世界性金融危机对出口行业的影响，世界性金融危机加快紧缩性宏观调控效果的显现，等等。各方面的因素使解决经济结构不合理等深层次问题的困难加剧。

因此，在市场经济体制初步完善阶段，尽管宏观调控的手段、内容、方法发生了根本性的变化，但经济中的深层次矛盾和问题仍然没有得到真正的解决。"一放就热、一收就冷"现象虽然存在，但已经是局部的、短期的，对经济的负面影响大大减弱。

综上所述，改革开放30年，在渐进性改革道路的作用下，历次宏观调控在目标、手段等方面存在着较大的差别，整体上表现出渐进性转变的特征（见表7-1）。

表7-1　历次宏观调控的对比分析

历次宏观调控时间	体制转轨局部推进阶段（1978—1991年）			体制转轨全面推进阶段（1992—2002年）		市场经济体制初步完善阶段（2003—2008年）
	1979—1981年	1985—1986年	1989—1991年	1993—1996年	1998—2002年	2003—2008年
宏观调控模式	行政命令直接控制型	行政命令直接控制型	行政命令直接控制型	经济手段间接调节型	经济手段间接调节型	预防性局部间接调节型
宏观调控目标	相机抉择	相机抉择	相机抉择	目标连续化	统一、长远的目标	统一、长远的目标
宏观调控时机	时机选择较为合适	宏观调控较早结束	时机把握不准，为滞后	时机选择基本合适	时机选择基本合适	前期时机把握较准，后期时机把握不准
宏观调控力度	基本适当	稍嫌不足	力度过大	较为合适	较为合适	较为合适
宏观调控手段	计划手段：指令性计划、集权、行政命令等直接控制微观主体 财政手段：借助行政命令等直接控制经济主体 金融手段：直接控制信贷规模	计划手段：行政命令、集权等直接控制失控主体 财政手段：借助行政命令和使用尚不成熟的税收工具 金融手段：直接控制信贷规模和尝试使用利率调节	计划手段：收权、放权等行政手段直接控制微观主体 财政手段：借助行政命令和税收工具来调控经济 金融手段：借助行政命令来实现对信贷规模和货币投放的控制	计划手段：指导性计划、产业政策和法律手段等 财政手段：税收、政府支出等工具调节使用 金融手段：尝试用多种货币政策工具调节货币供应量	计划手段：区域政策、产业政策、法律政策等 财政手段：税收、国债和转移支付等工具间接调节大量使用 金融手段：利率、信贷指导、贴现率等间接调节工具交替使用	计划手段：经济发展、行业发展和区域发展规划、区域政策、产业政策、法律政策 财政手段：税收、支出等工具来支持产业政策、区域政策等的实施 金融手段：利率、准备金率等工具间接调节宏观经济总量

(1)宏观调控目标从解决国民经济中的即时性问题,逐步转变到解决国民经济中的深层次问题。也即从体制转轨局部推进阶段的相机抉择目标,逐步转变到市场经济体制初步完善阶段的统一、长远、宏观的目标。

(2)宏观调控模式从行政命令直接控制型,逐步转变到经济手段间接调节型,并进一步转变到预防性局部间接微调型;宏观调控手段从以强制性的行政手段为主,逐步转变到以导向性的财政、金融手段为主。但中央在进行宏观调控时,对财政、金融手段使用还不太到位。

(3)宏观调控体系实现了根本性的转变,计划经济体制下高度集权的计划调控体系逐步解体;市场经济体制下手段多样化的间接调控体系成功建立,但财政、金融等经济手段的功能还不能有效发挥作用,新的宏观调控体系还并不完善。

(4)"一放就热、一收就冷"现象的转变。体制转轨局部推进阶段,此现象反复出现;体制转轨全面推进和市场经济体制初步完善阶段,此现象出现的次数减少。

通过深入研究,可以对改革开放 30 年宏观调控的历史过程和宏观调控模式的历史演变有一清楚的认识。改革开放 30 年,宏观经济运行中一直存在着"一放就热、一收就冷"现象。此现象在 1992 年以后并没有消失,只是表现形式发生了变化,表现得更加隐蔽。这一现象只是对宏观经济运行情况的总体描述,只是国民经济中众多失衡问题的一个总体描述。这一现象的存在有其宏观基础、宏观调控基础和微观基础,宏观基础主要是经济自身的周期性波动、体制改革的特殊道路;宏观调控基础主要是中国特有的宏观调控方式、手段和内容;微观基础是由固定资产投资、国有工业、私营经济和中央与地方权力划分的不均衡发展所构成的。表面上看,这一现象的各微观构成长期存在的原因是各不相同的,有发展战略方面的原因,有产权不明确方面的原因,有资金供给方面的原因,等等。但是,总的来看,这一现象及其宏观、微观基础长期存在的主要原因是:宏观调控体系不完善、发展观和发展模式转变滞后、体制改革不到位和开放型经济的影响,等等。

根据笔者对中国改革开放 30 年宏观调控相关问题的详细分析,对如何解决经济中存在的根本性问题和深层次矛盾,进一步降低"一放就热、一收就冷"现象的出现频率和作用范围,减轻对经济的负面影响,实现国民经济的持续、健康、快速发展,得出如下结论:

首先,必须深入贯彻、认真落实第三代发展观,以实现发展方式的真正转变。从 1995 年开始,绿色国内生产总值,发展为主、增长为辅,内涵型、集约型发展,可持续发展,人与自然和谐发展,生态文明建设,新发展理念,高质量发展等一系列发展思路接连提出,这是第三代发展观随着时代进步在内涵和外延上的不断升华。当前,中共中央主导的发展观是先进的、科学的,符合人、社会、自然全面和谐发展的。但纵观改革开放30年宏观调控的历史经验可以发现,在多次宏观调控中,就是由于地方政府和企业对宏观调控政策的执行不到位或者出现偏差才弱化了调控效果,甚至引发其他问题。党的十八大以来推行的以供给侧结构性改革为代表的宏观调控是新发展理念、高质量发展等的具体体现,要想提高宏观调控效果,必须敦促各级地方政府和企业等微观经济主体深入贯彻、认真落实这一发展观,实现发展方式真正地转变为内涵型、集约型。

其次,必须加快健全市场经济体制和提高宏观调控水平,形成市场和政府的合理分工。一方面,要发挥市场在资源配置中的决定性作用。在改革开放30年的经济发展中,市场在资源配置中所起的作用日益增强,但由于我国市场经济体制的不健全,增加了市场失灵出现的次数和范围,进而引发一些经济失衡现象。党的十八届三中全会通过的全面深化改革的决定是健全市场体制的重大举措。经过多年的深化改革,现代企业制度、市场体系、收入分配制度、社会保障制度等领域的改革都取得了较大的进展,但距离健全的社会主义市场经济体制还存在一定的差距,需要进一步加快改革的步伐和深度。另一方面,要更好地发挥政府作用。服务型政府、财税管理体制、金融体制、政府考核体制、政府治理体系等宏观调控体系的建设在十八大以后都取得了阶段性的成果,政府在引导市场预期、明确投资方向、规范市场行为等方面都获得了良好的成效,但国内外经济形势的日益复杂也使宏观调控的难度不断增加,需要进一步提高宏观调控水平,在调控手段的选择上、调控时机的把握上、调控范围的覆盖上等方面找到最合适的方案。既要发挥市场的决定性作用,又要通过宏观调控解决市场无法处理的问题。

2008年下半年,中国的宏观调控逐步转向,开始了新一次的扩张性的宏观调控。为保持经济增长、稳定就业,2008年底中国政府提出了4万亿投资计划来刺激经济。现在来看,此次宏观调控有效地防止了经济增速的放缓,但作用于需求端的宏观调控政策,一方面刺激了房地产等行业的飞速发展,在一定程度上影响了实体经济的发展,部分领域结构失衡现象进一步突出。另一方面使部分行业出现库存挤压、成本上升等问题,供求矛盾日益突出。2015年开始的以供给侧结构性改革为主导的宏观调控,是为了解决在我国存在已久的经济结构问题,在一定程度上也是为了解决上一次宏观调控的一些遗留问题。在新的宏观调控体系已经建立的情况下,经济增速下滑时在一定范围内、一定时期内采用政府主导增加投资的传统调控方式,充分说明"一放就热、一收就冷"现象的影响之深,一方面想要消除这一现象,另一方面又想要这种立竿见影的调控效果。党的十八大以来,宏观调控思路、方式、手段等都得到了较大的创新和完善,但市场化全球化程度的加深、国际局势的复杂化、各类突发事件的影响等多因素交织下,宏观调控的难度、不确定性增加,彻底转变发展观和发展方式,进一步健全经济体制和提高宏观调控水平是保证国民经济健康发展的根本途径。

参 考 文 献

中文文献:

[1] 中共中央文献研究室.毛泽东文集:第七卷[M].北京:人民出版社,1999.
[2] 邓小平.邓小平文选:第二卷[M].北京:人民出版社,1983.
[3] 邓小平.邓小平文选:第三卷[M].北京:人民出版社,1993.
[4] 李志宁.中华人民共和国经济大事典:1949.10—1987.1[M].长春:吉林人民出版社,1987.
[5] 江泽民.江泽民文选:第一卷[M].北京:人民出版社,2006.
[6] 江泽民.江泽民文选:第二卷[M].北京:人民出版社,2006.
[7] 江泽民.江泽民文选:第三卷[M].北京:人民出版社,2006.
[8] 中共中央文献研究室.建国以来重要文献选编:第1册[M].北京:中央文献出版社,1992.
[9] 中共中央文献研究室.新时期经济体制改革重要文献选编:上,下[M].北京:中央文献出版社,1998.
[10] 中共中央文献研究室.三中全会以来重要文献选编:上,下[M].北京:人民出版社,1982.
[11] 中共中央文献研究室.十二大以来重要文献选编:上,中,下[M].北京:人民出版社,1986—1988.
[12] 中共中央文献研究室.十三大以来重要文献选编:上,中,下[M].北京:人民出版社,1991—1993.
[13] 中共中央文献研究室.十四大以来重要文献选编:上,中,下[M].北京:人民出版社,1996—1999.
[14] 中共中央文献研究室.十五大以来重要文献选编[M].北京:人民出版社,2000.
[15] 中共中央文献研究室.十六大以来重要文献选编:上[M].北京:人民出版社,2005.

[16] 薄一波.若干重大决策与事件的回顾[M].北京:中共中央党校出版社,1991.

[17] 国家统计局城市抽样调查总队.物价统计文件汇编:1978—1987[M].北京:中国统计出版社,1988.

[18] 赵德馨.中华人民共和国经济专题大事记:1967—1984[M].郑州:河南人民出版社,1989.

[19] 赵德馨.中华人民共和国经济专题大事记:1985—1991[M].郑州:河南人民出版社,1999.

[20] 国家统计局固定资产投资统计司.中国固定资产投资统计数典:1950—2000[M].北京:中国统计出版社,2002.

[21] 国家统计局国民经济综合统计司.新中国五十年统计资料汇编[M].北京:中国统计出版社,1999.

[22] 国家统计局国民经济综合统计司.新中国五十五年统计资料汇编[M].北京:中国统计出版社,2005.

[23] 国家统计局城市社会经济调查总队.中国物价统计年鉴:1988[M].北京:中国统计出版社,1988.

[24] 国家统计局城市社会经济调查总队.中国物价统计年鉴:1989[M].北京:中国统计出版社,1989.

[25] 国家统计局城市社会经济调查总队.中国物价统计年鉴:1990[M].北京:中国统计出版社,1990.

[26] 国家统计局城市社会经济调查总队.中国物价统计年鉴:1991[M].北京:中国统计出版社,1991.

[27] 中国经济年鉴编辑委员会.中国经济年鉴:1981[M].北京:经济管理出版社,1981.

[28] 中国经济年鉴编辑委员会.中国经济年鉴:1985[M].北京:经济管理出版社,1985.

[29] 中国经济年鉴编辑委员会.中国经济年鉴:1986[M].北京:经济管理出版社,1986.

[30] 中国经济年鉴编辑委员会.中国经济年鉴:1987[M].北京:经济管理出版社,1987.

[31] 中国经济年鉴编辑委员会.中国经济年鉴:1988[M].北京:经济管理出版社,1988.

[32] 中国经济年鉴编辑委员会.中国经济年鉴:1989[M].北京:经济管理出版

社,1989.

[33] 中国经济年鉴编辑委员会.中国经济年鉴:1990[M].北京:经济管理出版社,1990.

[34] 中国经济年鉴编辑委员会.中国经济年鉴:1991[M].北京:经济管理出版社,1991.

[35] 中国经济年鉴编辑委员会.中国经济年鉴:1993[M].北京:经济管理出版社,1993.

[36] 中国经济年鉴编辑委员会.中国经济年鉴:1994[M].北京:中国经济年鉴社,1994.

[37] 中国经济年鉴编辑委员会.中国经济年鉴:1998[M].北京:中国经济年鉴社,1998.

[38] 中国经济年鉴编辑委员会.中国经济年鉴:1999[M].北京:中国经济年鉴社,1999.

[39] 中国经济年鉴编辑委员会.中国经济年鉴:2000[M].北京:中国经济年鉴社,2000.

[40] 中国经济年鉴编辑委员会.中国经济年鉴:2003[M].北京:中国经济年鉴社,2003.

[41] 国家经济体制改革委员会.中国经济体制改革年鉴:1989[M].北京:改革出版社,1989.

[42] 国家经济体制改革委员会.中国经济体制改革年鉴:1993[M].北京:改革出版社,1993.

[43] 国家经济体制改革委员会.中国经济体制改革年鉴:1994[M].北京:改革出版社,1994.

[44] 国家经济体制改革委员会.中国经济体制改革年鉴:1995[M].北京:改革出版社,1995.

[45] 国家经济体制改革委员会.中国经济体制改革年鉴:1997[M].北京:改革出版社,1997.

[46] 国家统计局.中国统计年鉴:1983[M].北京:中国统计出版社,1983.

[47] 国家统计局.中国统计年鉴:1985[M].北京:中国统计出版社,1985.

[48] 国家统计局.中国统计年鉴:1986[M].北京:中国统计出版社,1986.

[49] 国家统计局.中国统计年鉴:1989[M].北京:中国统计出版社,1989.

[50] 国家统计局.中国统计年鉴:1993[M].北京:中国统计出版社,1993.

[51] 国家统计局.中国统计年鉴:1997[M].北京:中国统计出版社,1997.

[52] 国家统计局.中国统计年鉴:1998[M].北京:中国统计出版社,1998.

[53] 国家统计局.中国统计年鉴:2000[M].北京:中国统计出版社,2000.

[54] 国家统计局.中国统计年鉴:2001[M].北京:中国统计出版社,2001.

[55] 国家统计局.中国统计年鉴:2003[M].北京:中国统计出版社,2003.

[56] 国家统计局.中国统计年鉴:2005[M].北京:中国统计出版社,2005.

[57] 国家统计局.中国统计年鉴:2007[M].北京:中国统计出版社,2007.

[58] 中国社会科学院经济研究所.中国改革开放以来经济大事辑要:1978—1998[M].北京:经济科学出版社,2000.

[59] 贺耀敏,武力.五十年国事纪要:经济卷[M].长沙:湖南人民出版社,1999.

[60] 马洪,孙尚清.现代中国经济大事典[M].北京:中国财政经济出版社,1993.

[61] 赵德馨.中华人民共和国经济史:1967—1984[M].郑州:河南人民出版社,1989.

[62] 赵德馨.中华人民共和国经济史:1985—1991[M].郑州:河南人民出版社,1999.

[63] 赵凌云.中国经济通史:第十卷·下册[M].长沙:湖南人民出版社,2002.

[64] 刘树成.经济周期与宏观调控[M].北京:社会科学文献出版社,2005.

[65] 刘树成.中国经济的周期波动[M].北京:社会科学文献出版社,2007.

[66] 刘树成.繁荣与稳定:中国经济的波动[M].北京:社会科学文献出版社,2000.

[67] 刘树成.中国经济的周期性波动的新阶段[M].上海:上海远东出版社,1996.

[68] 刘树成.中国经济周期研究报告[M].北京:社会科学文献出版社,2006.

[69] 吴敬琏.中国增长模式抉择[M].上海:上海远东出版社,2006.

[70] 吴敬琏.当代中国经济改革[M].上海:上海远东出版社,2004.

[71] 林毅夫.中国奇迹:回顾与展望[M].北京:北京大学出版社,2006.

[72] 林毅夫.解读中国经济没有现成模式[M].北京:社会科学文献出版社,2007.

[73] 林毅夫,蔡昉,李周.中国的奇迹:发展战略与经济改革:增订版[M].上海:上海人民出版社,1999.

[74] 蔡昉,林毅夫.中国经济[M].北京:中国财政经济出版社,2003.

[75] "中国改革与发展报告"专家组.透过历史的表象:中国改革20年回顾、反思与展望[M].上海:上海远东出版社,2000.

[76] 叶振鹏,梁尚敏.中国财政改革二十年回顾[M].北京:中国财政经济出版社,1999.

[77] 王梦奎.回顾和前瞻:走向市场经济的中国[M].北京:中国经济出版社,2003.

[78] 高萍.经济发展新阶段政府经济职能的创新[M].北京:中国财政经济出版社,2004.

[79] 张海鱼.宏观调控下的经济运行与产业发展[M].北京:人民出版社,2006.

[80] 贺铿,李鲁阳.投资、消费与经济增长[M].北京:中国统计出版社,2006.

[81] 赵海均.破解中国经济之谜[M].北京:经济日报出版社,2002.

[82] 刘伟,蔡志洲.走下神坛的GDP[M].北京:中信出版社,2006.

[83] 李晓西.宏观经济学:转轨的中国经济[M].北京:首都经济贸易大学出版社,2000.

[84] 闻潜.中国经济运行与宏观调节[M].北京:中国财政经济出版社,2005.

[85] 国家经济贸易委员会.中国工业五十年:第七部·中卷[M].北京:中国经济出版社,2000.

[86] 汪海波.中国经济效益问题研究[M].北京:经济管理出版社,1991.

[87] 汪海波.新中国工业经济史:1979—2000[M].北京:经济管理出版社,2001.

[88] 陈锦华.国事忆述[M].北京:中共党史出版社,2005.

[89] 霍利斯·钱纳里.发展的型式1950—1970[M].北京:经济科学出版社,1988.

[90] 郭树清.经济体制转轨与宏观调控[M].天津:天津人民出版社,1992.

[91] 陈锦华.通向"软着陆"的宏观调控[M].北京:中国计划出版社,1998.

[92] 《中国改革与发展》专家组.中国经济的"软着陆"[M].上海:上海远东出版社,1998.

[93] 汤在新,吴超林.宏观调控:理论基础与政策分析[M].广州:广东经济出版社,2001.

[94] 陆百甫.大调控:20年宏观调控的经验与教训[M].北京:中国发展出版社,1999.

[95] 桂世镛,周绍朋.宏观经济调控政策协调研究[M].北京:经济管理出版社,2000.

[96] 刘溶沧.财政体制改革与财政政策[M].重庆:重庆出版社,1988.

[97] 李海谦.高点的透视:金融宏观调控政策稽核[M].北京:中国金融出版

社,1995.

[98] 韩文秀,刘成等.积极财政政策的潜力和可持续性[M].北京:经济科学出版社,2000.

[99] 戴园晨.积极财政政策与宏观经济调控[M].北京:人民出版社,2003.

[100] 赵海宽.经济转轨时期的宏观调控与货币政策[M].北京:中国金融出版社,1996.

[101] 朱新天.社会主义市场经济条件下的金融宏观调控[M].北京:中国物价出版社,1995.

[102] 柏冬秀.中国:财政政策的选择[M].北京:企业管理出版社,1997.

[103] 项怀诚.中国:积极的财政政策[M].北京:中国财政经济出版社,2001.

[104] 孙文学.中国财政政策实证分析与选择[M].北京:中国财政经济出版社,2000.

[105] 汉斯约尔格·赫尔,阿尔布莱希特·隆美尔,何泽荣.中国的追赶型发展:货币政策与经济重构[M].成都:西南财政大学出版社,2003.

[106] 林志远.中国宏观经济问题和改革出路:货币政策和财政政策[M].北京:经济科学出版社,1999.

[107] 李念斋.中国货币政策研究[M].北京:中国统计出版社,2003.

[108] 田一农.论中国财政体制改革与宏观调控[M].北京:中国财政经济出版社,1988.

[109] 夏兴园.宏观经济调控论纲[M].西安:陕西人民出版社,2003.

[110] 樊纲,张晓晶.怎么又过热了?——新一轮经济波动与宏观调控分析[M].南昌:江西人民出版社,2005.

[111] 樊纲.现代三大经济理论体系的比较与综合[M].上海:上海三联书店,1994.

[112] 田江海.社会主义市场经济宏观调控[M].北京:中国轻工业出版社,1997.

[113] 郑春芳.再议中国经济的市场化程度[J].山西财经大学学报,2005(1):47-51.

[114] 谢洁萍.'96下半年消费品市场形势分析[J].商业经济研究,1996(11):51-53.

[115] 刘伟.中国经济增长与宏观调控问题论述[J].经济前沿,2006(7):4-9.

[116] 周叔莲,谭克文,林森木.基本建设战线过长的问题为什么长期不能得到解决[J].经济研究,1979(2):12-18.

[117] 薛暮桥.调整国民经济、搞好综合平衡[J].经济研究,1981(2):25-31.
[118] 樊纲,张曙光,王利民.双轨过渡与"双轨调控"(上):当前的宏观经济问题与对策[J].经济研究,1993(10):3-9,39.
[119] 张风波.当前宏观经济中若干问题的理论思考[J].经济研究,1987(2):29-36.
[120] 朱涵萍.我国当前经济增长速度与需求膨胀问题[J].经济研究资料,1985(9).
[121] 赵人伟.我国经济改革过程中的双重体制问题[J].经济研究,1986(9):12-23.
[122] 周林.投资规模膨胀与改革设想[J].经济研究,1986(2):22-29,36.
[123] 吴季,张军扩,岳冰,等.论经济增长的有效约束[J].经济研究,1986(6):19-24.
[124] 宋国青,张维迎.关于宏观平衡与宏观控制的几个理论问题[J].经济研究,1986(6):25-35.
[125] 余广人.巴山轮:为改革开辟航道[J].中国新闻周刊,2006(32):87.
[126] 李剑阁.也谈当前宏观经济政策问题[J].经济研究,1987(5):32-34.
[127] 国家信息中心研究所,中国社会科学院经济研究所通货膨胀研究课题组.我国通货膨胀的统合治理问题[J].经济研究,1989(3):3-10.
[128] 张立群,杨一,罗文.1993年经济形势分析与1994年展望[J].经济改革与发展,1993(10):39-45.
[129] 国家计委经济研究中心课题组.消费需求膨胀的症结及其治理[J].计划经济研究,1989(11):1-9.
[130] 许荣昌,耿书海,李洁,等.我国近几年通货膨胀的宏观分析与对策[J].计划经济研究,1988(5):22-28.
[131] 吴凯泰.国民经济治理整顿的目标、进程与成效[J].管理世界,1992(2):35-39.
[132] 荀大志,叶柏寿,方向东.三年经济调整政策评价与当前经济形势[J].计划经济研究,1992(3):10-22.
[133] 王建,刘夏平,张立群.1988—1989年我国经济形势的回顾与展望[J].计划经济研究,1989(4):18-23.
[134] 陈印歧,唐凌云.1988年货币、信贷执行情况分析和1989年宏观金融对策[J].计划经济研究,1989(4):23-27.
[135] 邱晓华,郑京平,刘秋生.对当前宏观紧缩的若干思考[J].计划经济研

究,1989(12):9-13.

[136] 刘文,唐柏飞,殷善文.市场由热变冷:我们面临的挑战与抉择[J].计划经济研究,1989(12):14-19.

[137] 王梦奎.当前经济形势和需要研究的一些问题[J].经济研究,1989(12):23-30.

[138] 胡家勇.中国私营经济:贡献与前景[J].管理世界,2000(5):541-548.

[139] 刘金海,杨雪婷.通涨的诱因及转型:2007年居民消费价格指数上涨因素的实证分析[J].开发研究,2008(2):1-4.

[140] 刘树成.论中国经济周期波动的新阶段[J].经济研究,1996(11):3-10.

[141] 张立群.我国经济的周期性波动与宏观调控[J].经济纵横,2007(3):30-33.

[142] 鲁宁.刺激内需再次走"老路"[J].社会观察,2008(12):34-35.

[143] 郭庆旺,贾俊雪.中国全要素生产率的估算:1979—2004[J].经济研究,2005(6):51-60.

[144] 乌家培.中国宏观调控的历史与现实[J].经济问题研究,1995(1):3-7.

[145] 汪同三.历次宏观调控的回顾与反思[J].瞭望新闻周刊,2005(27):26-27.

[146] 刘树成.我国五次宏观调控之比较[J].金融信息参考,2004(8):44-46.

[147] 钟鸣远.改革开放以来中国经济的周期性波动与宏观调控[J].世界经济情况,2006(7):24-27.

[148] 汪同三.改革开放以来历次宏观调控及其经验教训[J].新金融,2005(7):8-12.

[149] 戴双美.关于市场经济宏观调控中行政手段的运用[J].厦门大学学报,1995(4):103-106.

[150] 熊子永.对经济管理中行政手段的认识[J].华东经济管理,1995(6):8-10.

[151] 谢士强,余道春.正确认识宏观调控中的行政手段[J].经营与管理,2005(1):20-21.

[152] 李含琳.中西方宏观调控理论比较研究[J].江汉论坛,1994(6):23-26.

[153] 李健英.试论宏观调控理论基础的构建[C]//中国《资本论》研究会第13次学术研讨会代表论文集,福州:2006.

[154] 吴超林.1984年以来中国宏观调控中的货币政策演变[J].当代中国史研究,2004(3):35-45,126.

[155] 刘涛.中国经济波动的信贷解释:增长与调控[J].世界经济,2005(12):24-31,80.
[156] 刘霞辉.为什么中国经济不是过冷就是过热[J].经济研究,2004(11):58-68.
[157] 刘伟.中国经济增长与宏观调控问题[J].金融与经济,2005(8):3-7.
[158] 余华义.中央和地方政府财权、事权不统一是宏观调控效果弱化的一个重要原因[J].经济研究参考,2008(18):12.
[159] 钟晓敏,叶宁,金戈.中国经济宏观调控中的地方政府行为选择[J].财贸经济,2007(2):25-28.
[160] 陈东琪,宋立.党的十六大以来宏观调控的经验和启示[J].宏观经济管理,2007(11):8-19.
[161] 史蒂芬·罗奇.中国抑制经济过热还需更多行政手段[J].中国对外经贸,2006(9):8-9.
[162] 谢士强,余道春.如何正确看待目前宏观调控中的行政手段[J].河北经贸大学学报,2005(2):15-18.
[163] 乔新生.论市场经济条件下的行政手段[J].内部文稿,1995(4):6-7.
[164] 何相荣,邓新生.社会主义市场经济初始时期政府宏观调控价格仍需强化行政手段[J].价格月刊,1994(10):4-6.
[165] 纪岩.行政手段在宏观调控中的地位和作用[J].经济视角,1994(5):23-24.
[166] 杨帆.财政手段与货币手段功能混淆:我国宏观调控中的一个倾向性问题[J].财经研究,1996(9):3-7,64.
[167] 李晓西.转轨过程中的结构性通货膨胀[J].经济研究,1994(10):28-32.
[168] 余根钱.改革以来我国经济过热类型的变化[J].经济研究,1994(2):9-13.
[169] 杨坚白.论社会主义市场经济的宏观调控和计划[J].经济研究,1994(3):67-70,43.
[170] 黄如军.十一届三中全会前后的经济冒进与经济调整[J].当代中国史研究,1998(6):37-52.
[171] 王亚平.治理整顿时期中国经济发展的回顾与思考[J].中国经济史研究,1994(2):1-14.
[172] 胡鞍钢.中国经济为什么会大起大落[J].中国经济信息,1995(18):14-15.

[173] 周天勇.宏观经济:关键是要走出放热控冷的怪圈[J].中国党政干部论坛,2005(8):22-24.

[174] 肖冬连.1979年国民经济调整方针的提出与争论[J].党史博览,2004(10):4-10.

英文文献:

[1] Friedman, Milton. The Optimum Quantity of Money and Other Essays[M]. Chicago:Aldine, 1969.

[2] N. G. Mankiw, D. Romer. New Keynesian Economics[M]. Boston:MIT Press, 1991.

[3] Victor Murinde. Macroeconomic Policy Modelling for Developing Countries[M].Aldershat:Ashgate Publishing Limited, 1993.

[4] Klaus Schmidt-Hebbel. The Economics of Saving and Growth[M]. Cambridge:Cambridge University Press, 1999.

[5] Xiaowen Tian.Dynamics of Development in an opening Economy:China since 1978[M]. New York:Nova Science Publishiers.Lnc, 1998.

[6] Jun Ma. The Chinese Economy in the 1990s[M]. London:Macmillan Press LTD, 2000.

[7] Andrew Watson.Economic Roform and social change in China[M]. London:Chapman and Hall.LNC, 1992.

[8] William A.Byrd. The market Mechanism and Economic Reforms in China[M]. New York:M.E.Sharpe.LNC, 1991.

[9] Blanchard, O and F. Giavazzi.Macroeconomic Effects of Regulation and in Goods and labor Markets[J]. Quterly Journal of Economics, 2003(3):879-907.

[10] Rebelo.S. Long-Run Policy Analysis and Long-Run Growth[J].Journal of Politicas Economy, 1991(99):500-521.

[11] Lucas, Robert. On the Mechanics of Economic Development[J]. Journal of Monetary Economics, 1988(22):3-42.

[12] Dungey, M. and J.D, Pitchford. The Steady Inflation Rate of Economic Growth[J]. Economic Record, 2000(76):386-400.